Schriftenreihe
der Vierteljahrshefte für Zeitgeschichte
Band 55

Im Auftrag des Instituts für Zeitgeschichte

Herausgegeben von Karl Dietrich Bracher und Hans-Peter Schwarz

Redaktion: Wolfgang Benz und Hermann Graml

R. Oldenbourg Verlag München 1987

Anfangsjahre der Bundesrepublik Deutschland

Berichte der Schweizer Gesandtschaft in Bonn 1949–1955

Herausgegeben von Manfred Todt

R. Oldenbourg Verlag München 1987

CIP-Kurztitelaufnahme der Deutschen Bibliothek

Anfangsjahre der Bundesrepublik Deutschland:
Berichte d. Schweizer Gesandtschaft in Bonn 1949-1955 / hrsg. von Manfred Todt. –
München: Oldenbourg, 1987. (Schriftenreihe der Vierteljahrshefte für Zeitgeschichte; Bd. 55)
ISBN 3-486-64555-2
NE: Todt, Manfred [Hrsg.]; Schweiz / Gesandtschaft <Deutschland, Bundesrepublik>; Vierteljahrshefte für Zeitgeschichte / Schriftenreihe

Satz und Druck: Hofmann-Druck, Augsburg
Bindung: R. Oldenbourg Graphische Betriebe GmbH, München

ISBN 3-486-64555-2

Inhalt

Einleitung

Nach dem Zusammenbruch des nationalsozialistischen Deutschland waren die Hoheitsrechte des Deutschen Reiches auf die Sieger übergegangen, die sie im Alliierten Kontrollrat gemeinsam ausübten. Die Schwierigkeiten und das Scheitern des Vier-Mächte-Regiments über Deutschland, das schließlich im Herbst 1949 zur Gründung zweier deutscher Nachkriegsstaaten führte, sind bekannt und hinlänglich dargestellt.[1] Ebenso sind die Gründerjahre der Bundesrepublik, die in diesem Band dokumentiert sind – und zwar erstmals durch diplomatische Berichte –, bereits Gegenstand einer umfangreichen wissenschaftlichen Literatur[2], so daß Ereignisse, politische Entwicklungen und historische Details hier nicht weiter dargelegt oder erläutert werden müssen. Zur raschen Orientierung ist den Gesandtschaftsberichten jedoch eine knappe Zeittafel vorangestellt.

Diplomatische Beziehungen mit deutschen Stellen existierten in der Besatzungszeit nicht, das daran interessierte Ausland hatte seine Vertreter in Form von Militärmissionen beim Kontrollrat akkreditiert. Konsularische (oder diesen vergleichbare) Beziehungen bestanden auf zonaler Ebene, von normalem zwischenstaatlichem Verkehr konnte aber schon wegen der fehlenden Kompetenz auf deutscher Seite keine Rede sein. Die Schweiz spielte in gewisser Weise eine besondere Rolle, nicht zuletzt wegen des Kölner Generalkonsulats und der engen freundschaftlichen Verbindung zwischen dem langjährigen dortigen Amtsinhaber, Franz-Rudolph von Weiss, und Konrad Adenauer.[3] Die Wiederherstellung diplomatischer Kontakte war aber auch nach der Gründung der Bundesrepublik weder selbstverständlich noch eine Sache deutscher Kompetenz. Die fremden Diplomaten waren bei den Hohen Kommissaren der USA, Großbritanniens und Frankreichs, die auf dem Petersberg bei Bonn residierten, beglaubigt, denn bis 1951 waren die drei Westmächte für die auswärtigen Angelegenheiten der jungen

---

[1] Vgl. Wolfgang Benz, Potsdam 1945. Besatzungsherrschaft und Neuaufbau im Vier-Zonen-Deutschland, München 1986; ders., Die Gründung der Bundesrepublik. Von der Bizone zum souveränen Staat, München 1984; Dietrich Staritz, Die Gründung der DDR. Von der Sowjetischen Besatzungsherrschaft zum sozialistischen Staat, München 1984.

[2] Vgl. Hans-Peter Schwarz, Die Ära Adenauer 1949–1957, Gründerjahre der Republik, Stuttgart und Wiesbaden 1981.

[3] Auf die Bedeutung dieser Beziehungen ist für die Jahre 1946 bis Mai 1949 erstmals von Hanns Jürgen Küsters und Hans Peter Mensing aufmerksam gemacht worden: Konrad Adenauer zur politischen Lage 1946–1949, Aus den Berichten des schweizerischen Generalkonsuls in Köln Franz Rudolf v. Weiss, in: Vierteljahrshefte für Zeitgeschichte 32 (1984), S. 289–317. Mit der Anrede „Herr Minister" ist jedoch nicht, wie Küsters und Mensing annehmen, der Bundesrat Petitpierre gemeint, sondern der Chef der Abteilung für Politische Angelegenheiten des Eidgenössischen Departements für auswärtige Angelegenheiten (EDA), früher als Politisches Departement (EPD) bezeichnet. S.a. Hanns Jürgen Küsters und Hans Peter Mensing (Hrsg.), Kriegsende und Neuanfang am Rhein. Konrad Adenauer in den Berichten des Schweizer Generalkonsuls Franz-Rudolph von Weiss 1944–1945, München 1986.

Bundesrepublik ausschließlich zuständig, und bis 1955 übten sie mindestens formal weiterhin die Vormundschaft aus.

In den Briefköpfen, unter denen die in diesem Buch abgedruckten Berichte der Schweizer Diplomaten nach Bern gesandt wurden, ist die komplizierte Ausgangslage und die allmähliche Normalisierung augenfällig: Der erste Bericht (16.9.1949) ist auf einem Bogen mit dem Kopf „Schweizerische Hauptvertretung für die Britische Zone" geschrieben und die Berichte 2–4 sind auf Briefpapier des Schweizerischen Konsulats in Köln überliefert, dann (5, 7, 8, 11, 15–21) firmiert die eidgenössische Vertretung als „Schweizerische Diplomatische Mission bei der Alliierten Hohen Kommission in Deutschland", hierauf (9, 10, 12, 13) als „Schweizerische Diplomatische Mission in Deutschland" und schließlich ab 4. Juni 1951 (Berichte 22–83) heißt die Mission „Schweizerische Gesandtschaft bei der Bundesrepublik Deutschland".

Drei der im folgenden abgedruckten Berichte aus dem November und Dezember 1949 (Nr. 2–4) stammen noch aus der Feder des Generalkonsuls von Weiss. Nach Abschluß seiner juristischen Studien war er 1920 als Kanzleisekretär in das Schweizerische Generalkonsulat in Köln eingetreten, wo er dreißig Jahre lang tätig blieb. 1928 wurde er zum Vizekonsul, 1935 zum Konsul und 1943 zum Generalkonsul befördert. Nach und nach war es Weiss gelungen, vielseitige und andauernde Beziehungen zu einflußreichen Persönlichkeiten aus Politik, Wirtschaft und Kultur anzuknüpfen. In den letzten Kriegswochen bahnte er Kontakte zwischen amerikanischen Behörden und Adenauer an.

Die meisten Berichte schrieb Albert Huber (1, 5–50, 53–56, 59–67, 69–74, 79–83), der hauptamtliche Vertreter der Schweiz in Deutschland. Albert Huber hatte an der Universität Bern Rechtswissenschaften studiert und das sehr anspruchsvolle bernische Fürsprecherpatent erworben. Nach dem Ersten Weltkrieg war er Generalsekretär der dem Völkerbund unterstellten Gemischten Kommission für Oberschlesien in Kattowitz geworden. 1939 bis 1945 waltete er als schweizerischer Konsul und Generalkonsul in dem von Hitler-Deutschland besetzten Prag. 1948 wurde Huber zum Generalkonsul und Leiter der schweizerischen Vertretung in Frankfurt a.M. ernannt und fand dort rasch Kontakte zu den Politikern im Wirtschaftsrat der Bizone. Ein Jahr später erfolgte die Beförderung zum Minister und Chef der schweizerischen diplomatischen Mission bei der Alliierten Hohen Kommission und noch im gleichen Jahr zum Gesandten. 1957 erhielt er den Rang eines Botschafters.[4] Die Verbindungen, die Minister Huber zu den deutschen Politikern schuf, erwiesen sich als dauerhaft und als ein wertvolles diplomatisches Kapital, das für die schweizerisch-deutschen Beziehungen von bedeutendem Gewicht blieb. Albert Huber leistete eine hervorragende Aufbauarbeit, die, da der Krieg und das nationalsozialistische Regime eine tiefgreifende Entfremdung zwischen der Schweiz und Deutschland zurückgelassen hatten, großes Geschick er-

---

[4] Die Angaben verdanke ich dem Bundesarchiv Bern; vgl. „Bund", 3.1.1959; „Neue Zürcher Zeitung", 3.1.1959.

forderte. An Silvester 1958 starb der erst sechzigjährige hochqualifizierte Schweizer Diplomat nach längerem Krankenlager. Er hatte sich bei Adenauer und Heuss sowie bei allen wichtigen Dienststellen eines ungewöhnlichen Ansehens erfreut.

August Rebsamen, der die Berichte 51, 52, 57, 58, 68, 75–78 verfaßte, trat ebenfalls nach einem Studium der Rechtswissenschaften, das er mit der Promotion abschloß, 1945 beim Eidgenössischen Politischen Departement (EPD) als juristischer Beamter ein. 1951 wurde er ans Konsulat in Köln versetzt und blieb dort bis 1957. Von 1958 bis 1964 war er beim EPD in Bern Stellvertreter der Abteilung für Verwaltungsangelegenheiten und versah anschließend bis zu seinem Rücktritt Ende 1974 das Amt des Generalkonsuls in Frankfurt.[5]

Die in der folgenden Auswahl publizierten Berichte sind weitgehend ungekürzt, aber die im Verkehr mit Bern üblichen Anreden und Schlußformeln sind weggelassen worden. Die Fußnoten beschränken sich auf unumgänglich notwendige Erläuterungen, vorwiegend zu Personen. Berichtigt wurden im Text lediglich offensichtliche Schreibfehler, nicht jedoch sprachliche Eigenarten.

Die vorliegende Dokumentation ist mit freundlicher Unterstützung folgender Behörden und Personen entstanden: Das Eidgenössische Departement für auswärtige Angelegenheiten (EDA) bewilligte die Veröffentlichung der Politischen Berichte 1949–1955 der Schweizer Diplomaten in der Bundesrepublik Deutschland. Herr Dr. O. Gauye, Direktor des Schweizerischen Bundesarchivs, teilte mir wertvolle Hinweise über den persönlichen und politischen Werdegang der Schweizer Diplomaten mit. Herr Kohler vom Bundesarchiv erleichterte mit seiner Hilfsbereitschaft die Durchsicht des Quellenmaterials. Es liegt mir daran, dafür herzlich zu danken.

Langenthal, den 31. März 1987   Manfred Todt

---

[5] Mitteilung des Bundesarchivs Bern vom 10.1.1986; vgl. „Neue Zürcher Zeitung", 30.11./ 1.12.1974.

Zeittafel

14. 8.1949	Wahlen zum Ersten Deutschen Bundestag.
7. 9.1949	Konstituierung von Bundestag und Bundesrat.
12. 9.1949	Wahl von Theodor Heuss zum Bundespräsidenten.
15. 9.1949	Wahl von Konrad Adenauer zum Bundeskanzler.
21. 9.1949	Inkrafttreten des Besatzungsstatuts. Amtsantritt der Hohen Kommissare François-Poncet, Robertson, McCloy.
7.10.1949	Die Verfassung der DDR tritt in Kraft.
3.11.1949	Der Bundestag entscheidet sich für Bonn als Sitz der Bundesorgane.
9./10.11.1949	Außenministerkonferenz der drei Westmächte in Paris.
11.–14.11.1949	Besuch des amerikanischen Außenministers Acheson in der Bundesrepublik und Berlin.
22.11.1949	Petersberger Abkommen.
13.–15. 1.1950	Besuch des französischen Außenministers Schuman in Bonn
3. 3.1950	Unterzeichnung der französisch-saarländischen Abkommen in Paris.
10. 3.1950	Rechtsverwahrung der Bundesrepublik gegen die Saar-Konventionen.
31. 3.1950	Der Europarat lädt die Bundesrepublik und das Saarland zum Beitritt als assoziierte Mitglieder ein.
1. 4.1950	Errichtung der Dienststelle für Auswärtige Angelegenheiten im Bundeskanzleramt.
9. 5.1950	Bekanntgabe des Schuman-Plans in Paris und Bonn.
11.–13. 5.1950	Londoner Konferenz der drei Westmächte.
6. 6.1950	Polen und die DDR erklären die Oder-Neisse-Linie zur endgültigen deutsch-polnischen Grenze.
15. 6.1950	Bundestag beschließt Beitritt zum Europarat.
20. 6.1950	Eröffnung der Besprechungen in Paris über den Abschluß einer europäischen Montanunion unter Teilnahme Frankreichs, der Benelux-Staaten, Italiens und der Bundesrepublik, aber ohne Großbritannien.
25. 6.1950	Beginn des Korea-Kriegs.
26.10.1950	Vorlage und grundsätzliche Billigung des Pleven-Plans in der französischen Nationalversammlung. Ernennung von Theodor Blank zum Wehrbeauftragten des Bundeskanzlers für die mit der Vermehrung der alliierten Truppen zusammenhängenden Fragen.

3.11.1950	Die Sowjetunion schlägt in einer Note an die Westmächte eine Außenministerkonferenz der Vier-Mächte über Deutschland vor.
15. 2.1951	Beginn der Beratungen über den Pleven-Plan in Paris.
6. 3.1951	Revision des Besatzungsstatuts.
15. 3.1951	Wiedererrichtung des Auswärtigen Amts. Übernahme des Außenministeriums durch Bundeskanzler Adenauer.
18. 4.1951	Unterzeichnung des Vertrages über die Gründung der Europäischen Gemeinschaft für Kohle und Stahl (EGKS).
5. 7.1951	Beginn der Vorkonferenz zwischen der Bundesrepublik und den drei westlichen Großmächten über die deutschen Auslandsschulden in London.
10.–14. 9.1951	Außenministerkonferenz der drei Westmächte in Washington.
24. 9.1951	Beginn der Verhandlungen zwischen Adenauer und den Hohen Kommissaren über die Ablösung des Besatzungsstatuts.
20.–22.11.1951	Pariser Konferenz der drei Westmächte mit dem Bundeskanzler. Billigung des Entwurfs des Generalvertrags.
3.– 7.12.1951	Erster offizieller Besuch des Bundeskanzlers in London.
13.12.1951	Ratifizierung des Montanunion-Vertrags durch die französische Nationalversammlung.
21.12.1951	Aufhebung des Ruhrstatuts.
11. 1.1952	Ratifikation des Vertrags über die Gründung der Europäischen Gemeinschaft für Kohle und Stahl (EGKS) im Bundestag.
31. 1.1952	Normenkontrollklage der SPD gegen den EVG-Vertrag.
8. 2.1952	Grundsätzliche Zustimmung des Bundestages zum EVG-Vertrag.
28. 2.1952	Beginn der Londoner Schuldenkonferenz.
10. 3.1952	Stalin-Note zur Frage des deutschen Friedensvertrags.
20./21. 3.1952	Gespräche Adenauers mit Schuman und Eden in Paris über die Antwortnote an die Sowjetunion.
25. 3.1952	Antwortnote der drei Westmächte auf die sowjetische Note vom 10. März.
9. 4.1952	Sowjetunion bietet in neuer Note an die Westmächte freie gesamtdeutsche Wahlen an.
23. 4.1952	Adenauer erklärt Scheitern der deutsch-französischen Saarverhandlungen.
24.–26. 5.1952	Bonner Konferenz zwischen den drei Mächten und der Bundesrepublik.

26. 5.1952	Unterzeichnung des Generalvertrags (Deutschlandvertrag) und der Zusatzverträge in Bonn.
27. 5.1952	Unterzeichnung des Vertrags über die Europäische Verteidigungsgemeinschaft (EVG) in Paris.
6. 6.1952	Karl Georg Pfleiderer (FDP) entwickelt seine Vorschläge zur Wiedervereinigung.
25. 7.1952	Inkrafttreten des Vertrags über die Europäische Gemeinschaft für Kohle und Stahl.
1. 8.1952	Wiederaufnahme der deutsch-französischen Saargespräche.
20. 8.1952	Tod des SPD-Vorsitzenden Kurt Schumacher.
4.11.1952	Wahl Eisenhowers zum amerikanischen Präsidenten.
5.12.1952	Bundestag stimmt den Westverträgen in zweiter Lesung zu.
20. 1.1953	Vereidigung Eisenhowers als amerikanischer Präsident. John Forster Dulles US-Außenminister.
24. 4.1953	Bundesrat beschließt, Stellungnahme zu den Westverträgen bis zu einem Gutachten des Bundesverfassungsgerichts zu vertagen.
11. 5.1953	Premierminister Churchill fordert Ost-West-Gipfelkonferenz.
2. 7.1953	Bundestag verabschiedet Grundsätze zur Behandlung der Saarfrage.
10.–14. 7.1953	Washingtoner Außenministerkonferenz der drei Westmächte.
15. 7.1953	Die drei westlichen Großmächte schlagen eine Viermächte-Konferenz über Deutschland vor.
27. 7.1953	Waffenstillstand in Korea.
6. 9.1953	Wahlen zum Zweiten Deutschen Bundestag.
25. 1.–18. 2.1954	Außenministerkonferenz der Vier Mächte über Deutschland in Berlin.
9. 3.1954	Verhandlungen zwischen Adenauer und Bidault über die Saarfrage in Paris.
26. 4.1954	Beginn der bis 21. Juli andauernden Ostasienkonferenz in Genf.
19./20. 5.1954	Besprechungen zwischen Adenauer und dem stellvertretenden französischen Ministerpräsidenten Teitgen über die Saarfrage.
20. 6.1954	Adenauer fordert Souveränität auch unabhängig von Ratifizierung des EVG-Vertrags.
19.–22. 8.1954	Ablehnung des EVG-Vertrags durch die französische Nationalversammlung.

28. 9.– 3.10.1954	Londoner Neun-Mächte-Konferenz erarbeitet Neuregelung für Westintegration und Wehrbeitrag der Bundesrepublik.
17.12.1954	NATO-Rat beschließt Reduzierung der konventionellen Streitkräfte und verstärkte Ausrüstung mit taktischen Kernwaffen.
24.12.1954	Französische Nationalversammlung billigt französisch-deutsches Saarabkommen.
27.–30.12.1954	Beitritt der Bundesrepublik zur NATO und zur WEU von der französischen Nationalversammlung gebilligt.
15. 1.1955	Sowjetregierung spricht sich für Abhaltung freier Wahlen in Deutschland aus.
27. 2.1955	Bundestag ratifiziert Pariser Verträge.
23. 3.1955	Eisenhower spricht sich für Gipfelkonferenz der vier Großmächte aus.
27. 3.1955	Französischer Rat der Republik ratifiziert Pariser Verträge.
5. 5.1955	Inkrafttreten der Pariser Verträge.
6./ 7. 6.1955	Heinrich von Brentano wird Außenminister.
7. 6.1955	Einladung der Sowjetregierung an die Bundesregierung zu Verhandlungen über die Aufnahme diplomatischer Beziehungen.
18.–23. 7.1955	Genfer Konferenz der Regierungschefs der vier Großmächte.
9.–13. 9.1955	Verhandlungen zwischen Bundesregierung und Sowjetregierung in Moskau.
22. 9.1955	Erste Formulierung der „Hallstein-Doktrin" in einer Note der Bundesregierung an die Westmächte.
22./23. 9.1955	Bundestag billigt die Moskauer Vereinbarungen über die Aufnahme diplomatischer Beziehungen.
23.10.1955	Bevölkerung des Saarlandes lehnt mit 67,7% der abgegebenen Stimmen das Saar-Statut ab.
27.10.–16.11.1955	Genfer Außenministerkonferenz.

Berichte der
Schweizer Gesandtschaft

1949

16. September 1949

Am 12. September trat die deutsche Bundesversammlung, welche aus den 402 **1** Abgeordneten des Bundestages und 402 Delegierten der Länderparlamente besteht, zur Wahl des Bundespräsidenten zusammen. Die Wahl von Prof. Heuss[1] galt – zum mindesten für den dritten Wahlgang, wo das relative Mehr entscheidet – als gesichert, als knapp vor der Sitzung bekannt wurde, daß die Sozialdemokratie Dr. Schumacher[2] als Bundespräsidenten vorschlagen würde; in der Tat hatte die Kandidatur dieses im Rufe der Intransigenz stehenden Politikers kaum Aussichten, bei den anderen Parteien Stimmen zu gewinnen. Wenn die Parteien der Koalition geschlossen für Heuss gestimmt hätten, hätte er bereits im ersten Wahlgang mit sehr knapper Mehrheit gewählt werden können. Bezeichnend für das heterogene Gefüge der Koalitionsparteien war, daß es sich nicht als fest genug erwies: Es gab zwei Dutzend Enthaltungen in den eigenen Reihen, so daß die Entscheidung zugunsten Prof. Heuss' erst im zweiten Wahlgang fiel, als die Bayernpartei sich entschloß, Heuss ihr Votum zu geben. Dank diesem Sukkurs wurde Heuss mit einem schwachen Mehr von 13 Stimmen (416 von 804 Stimmen) zum Bundespräsidenten der Bundesrepublik Deutschland gewählt.

Die Stellung des Bundespräsidenten ist wesentlich verschieden vom Reichspräsidenten der Weimarer Republik. Während Ebert[3] und Hindenburg[4] die oberste politische Entscheidungsinstanz des Reiches bildeten, liegt jetzt das Schwergewicht auf dem Repräsentativen. Die Präsidialgewalt stand damals in Konkurrenz mit den dem Parlament zustehenden Gewalten und dominierte sogar in Zeiten des Staatsnotstandes. Gestützt auf die Erfahrungen des Jahres 1933 hat das Grundgesetz den Vorrang des Parlaments stärker fixiert. In der

[1] Heuss, Theodor (1884–1963), 1924–1928 und 1930–1933 MdR (DDP/Staatspartei), 1945/46 Kultusminister von Württemberg-Baden, 1946–1949 Vorsitzender der FDP in der amerikanischen Zone, 1948 Mitglied des Parlamentarischen Rats, 1949 Bundesvorsitzender der FDP, 1949–1959 Bundespräsident.

[2] Schumacher, Kurt (1895–1952), 1924–1931 MdL Württemberg, 1930–1933 MdR, dann Haft und KZ, seit 1946 Vorsitzender der SPD, seit 1949 MdB und Vorsitzender der SPD-Bundestagsfraktion.

[3] Ebert, Friedrich (1871–1925), seit 1912 MdR, seit 1913 im Parteivorstand der SPD, 1918 Vorsitzender des Rats der Volksbeauftragten, 1919–1925 erster Reichspräsident der Weimarer Republik.

[4] Hindenburg, Paul von Beneckendorff und von H. (1847–1934), Generalfeldmarschall, 1916 zusammen mit Ludendorff Übernahme der OHL, 1925–1934 Reichspräsident.

neuen Bundesrepublik wird es keine Präsidialregierung geben und auch kein Regieren auf der Grundlage eines Ermächtigungsgesetzes[5], wie dies zur Zeit der Weimarer Verfassung so oft der Fall war.

Als Begleiter alt Bundesrats Calonder[6] kam ich wiederholt mit Heussens Vorgängern, Reichspräsident Ebert und Hindenburg, zusammen. Welcher Kontrast zwischen der massiven Statur des Proletariersohnes bzw. des Feldmarschalls und der zerbrechlich wirkenden äußeren Erscheinung des Intellektuellen Heuss! Mit seiner schmächtigen Figur und seinem Kranz schneeweißer Haare wirkt der 65jährige bedeutend älter. Demokratie und Liberalismus – eine alte Tradition in der Familie Heuss – stecken dem neuen Bundespräsidenten im Blute. Sein Wirken als Hochschullehrer, Journalist und Politiker standen im Zeichen dieser Überlieferungen. Seine Herkunft aus Württemberg drückt sich nicht nur in seinem schwäbelnden Akzent aus, sondern vor allem in seinem natürlich-ungezwungenen Auftreten und Humor des Schwaben. Von tiefer Bildung, ist sein Geist auf Versöhnung, Verständigung und Ausgleich gerichtet. Im Parlamentarischen Rat hatte er sich immer wieder als Mann der ausgleichenden Mitte zwischen der Christlich Demokratischen Union und der Sozialdemokratie bewährt. Da diese Eigenschaften aus seinem Temperament fließen, werden sie ihm bei der Verwaltung seines Amtes jederzeit zur Seite stehen und ihn befähigen, die von der Verfassung ihm zugewiesene Aufgabe zu erfüllen. Die Bundesversammlung dürfte in Theodor Heuss den richtigen Mann gefunden haben.

Am Tag nach der Wahl gab der neue Bundespräsident einen Empfang in Godesberg. Ein kleiner Kreis von Gästen war geladen: die Hochkommissäre, die alliierten Gouverneure, die Ministerpräsidenten, die auswärtigen Vertreter, die Spitzen der parlamentarischen Fraktionen sowie die hohe Geistlichkeit. Die Gratulationscour wurde durch die drei Hochkommissäre McCloy[7], Robertson[8] und François-Poncet[9] eröffnet. Die Glückwunschadresse sprach

---

[5] Der Berichterstatter meint hier den Artikel 48 der Weimarer Reichsverfassung, den sogenannten „Notverordnungsparagraphen". Zur Wiederherstellung der öffentlichen Sicherheit und Ordnung konnte der Reichspräsident, wenn die „öffentliche Sicherheit und Ordnung erheblich gestört oder gefährdet" war, vorübergehend Grundrechte ganz oder teilweise außer Kraft setzen. Das am 24.3.1933 vom Reichstag verabschiedete „Ermächtigungsgesetz", das die Gesetzgebung an die Regierung übertrug und den Reichstag zu einem bloßen Zustimmungsorgan herabsetzte, ist in diesem Bericht nicht gemeint.

[6] Calonder, Felix (1863–1952), Schweizer Politiker, 1913 Bundesrat, 1918 Bundespräsident, 1921–1937 Vorsitzender der deutsch-polnischen Kommisson für die Wirtschaftsverhandlungen über Oberschlesien.

[7] McCloy, John Jay (geb. 1895), 1941–1945 Staatssekretär im US-Kriegsministerium, 1947–1949 Präsident der Weltbank, 1949–1952 Hoher Kommissar der USA für Deutschland.

[8] Robertson, Sir Brian Hubert (1896–1974), brit. General, 1946/47 stellv. Militärgouverneur für die brit. Besatzungszone, 1947–1949 Militärgouverneur, 1949/50 Britischer Hoher Kommissar in der Bundesrepublik.

[9] François-Poncet, André (1887–1978), 1931–1938 französischer Botschafter in Berlin,

François-Poncet im Namen der Hochkommissäre, der drei Regierungen und ihrer Staatschefs. Dann kam die Reihe an die auswärtigen Vertreter. An der Spitze der ausländischen Gratulanten stand der Apostolische Visitator. Insgesamt hatte ein Dutzend Staaten sich vertreten lassen: nahezu alle westeuropäischen (mit Ausnahme Schwedens) und mehrere überseeische Länder (Australien, Argentinien, Venezuela, Indien). Rußland und seine Satelliten fehlten natürlich. Als die Reihe an mich kam und der Protokollchef mich vorstellen wollte, winkte Heuss lachend mit den Worten ab: „Wir kennen uns ja bereits". Ich sprach ihm die Gratulationen des Bundesrates aus und insbesondere seine Wünsche für ein segensreiches Wirken zum Wohle seines Landes und Volkes. Heuss dankte sehr herzlich. Obwohl bloß ein Akt der Courtoisie, war er zweifellos dazu angetan, die gewünschten faktischen Beziehungen anzubahnen.

Der Bundespräsident ist mit sehr knappem Mehr gewählt worden. Die Hoffnung, daß die Wahl des ersten Bundespräsidenten auf breiterer Basis zustandekäme als die Koalitionsregierung, hat sich nicht erfüllt. Indessen ist zu hoffen, daß der Hader der Parteien über die Bundespräsidentschaft sich verflüchtigen wird dank der Eigenschaften der Neutralität und Gerechtigkeit, welche Heuss eigen zu sein scheinen.

25. November 1949

[...] Meine Eindrücke aus dieser bewegten Sitzung[10] darf ich wie folgt zusammenfassen: Herr Bundeskanzler Dr. Adenauer brachte in klarer Formulierung die Erfolge, die er auf dem Petersberg gehabt hat, zum Ausdruck, und seine Darlegungen waren nicht bloße, wahrscheinliche Hoffnungen seiner Besprechungen mit den alliierten Hohen Kommissaren. Trotz ihrer größten Angriffe konnte die Opposition die Stellung Adenauers nicht erschüttern. Der Bundeskanzler griff dreimal in die Debatte ein, und durch taktisches Geschick, und nicht zuletzt durch die Tatsache, daß die Gewerkschaft sich noch während der Sitzung sehr positiv in den großen Industriestädten auf Seite des Bundeskanzlers stellte bzw. zugunsten des Akommens geäußert hatte, konnte Dr. Adenauer jedesmal klare Erfolge erzielen. Die Nervosität der Sozialisten war umso größer als am Anfang der Sitzung die Argumentierung der Freunde Schuma-

2

1949–1955 französischer Hochkommissar bzw. Botschafter in der Bundesrepublik Deutschland.

[10] In der 18. Sitzung des Bundestags am 24. und 25. November hatte Adenauer eine Regierungserklärung über die Verhandlungen mit den Hohen Kommissaren abgegeben, an die sich eine lebhafte Aussprache anschloß. Schumacher, der wegen des Zurufs „Kanzler der Alliierten" für 20 Tage von den Sitzungen des Bundestags ausgeschlossen wurde, hatte sich von Adenauer provoziert gefühlt, der das Nein der SPD zur deutschen Beteiligung an der Ruhrbehörde mit der Zustimmung zu weiteren Demontagen gleichgesetzt hatte. Deutscher Bundestag, Sten. Berichte, S. 449–527.

chers insofern von Seiten des Bundesjustizministers Dehler[11] erleichtert wurde, da dieser, wie bereits erwähnt, sehr ungeschickt versucht hatte, die Regierungsmeinung zu verteidigen. Dann kam der totale Umschwung, das Verwirren der Sozialisten, und am Ende die Ausdrücke Schumachers, die besser als irgend ein anderer Kommentar den Groll des Oppositionsführers gegen seinen erfolgreichen Gegner zum Ausdruck brachten. Der klare Sieg Adenauers ist doch nicht so zu bewerten, als ob er nur einen augenblicklichen Erfolg erzielt hätte. Die Opposition, die in ihrer Haltung jetzt einen äußerst anti-adenaurischen Kurs einschlägt, wird nicht imstande sein, den Kanzler zum Fall zu bringen, da selbst zwei Oppositionsparteien für die Annahme der Zielsetzung der Politik Adenauer gestimmt haben.

Doch wird die Aufgabe Adenauers auf innerpolitischem und außerpolitischem Gebiet nicht erleichtert: Die Sozialdemokraten haben mehr denn je à tout prix ihre Haltung gegen die Regierung kundgegeben. Sie spekulieren auf eventuelle Rückschläge der Außenpolitik Adenauers, Rückschläge bei den nächsten Landtagswahlen und überhaupt den Bundeswahlen 1953, die der Opposition zugute kommen könnten.

Die ganze Debatte zeigte einmal mehr, daß alle Abgeordneten sich der Tatsache bewußt sind, daß Adenauer der einzige Mann ist, der jetzt regieren kann. Die Majorität bewies es, indem sie seine Politik unterstützte; die Sozialdemokraten, indem sie trotz ihres Mißtrauensantrags keinen Mann vorgeschlagen haben, der laut dem Grundgesetz sich gegen den Kanzler hätte aufstellen lassen können.

7. Dezember 1949

3 Der Streitfall zwischen dem Bundeskanzler Dr. Adenauer und dem Führer der sozialdemokratischen Partei, Dr. Schumacher, ist zwar wieder beigelegt worden, wirkt aber sowohl im Bonner Bundeshaus wie in der deutschen Bevölkerung stark nach. Am bedenklichsten für die Sozialdemokratie ist der Gegensatz in den eigenen Reihen, der sich im Anschluß an die Fehde zwischen Adenauer und Schumacher erst mit aller Deutlichkeit gezeigt hat. Mehrere SPD-Abgeordneten haben ganz offen ihr Mißfallen über die Haltung des Parteivorsitzenden geäußert. Es war dabei weniger der unglückliche Zuruf „Kanzler der Alliierten", der zu einer nur mühsam verhinderten offenen Meuterei führte, als die aufgespeicherte Mißstimmung über die diktatorischen und vor allem die nationalistischen Neigungen Dr. Schumachers. Dieser ist zweifellos ein gewandter und schlagfertiger Redner, aber als Westpreuße und Schwerkörperbehinderter ist er gleichzeitig ein fanatischer Besserwisser, der innerhalb seiner

---

[11] Dehler, Thomas (1897–1967), Rechtsanwalt, bis 1933 Mitglied der DDP, dann in einer liberalen Widerstandsgruppe tätig und verhaftet, 1945 Landrat, 1946 Generalstaatsanwalt, 1947 Oberlandesgerichtspräsident in Bamberg, FDP-Landesvorsitzender in Bayern, 1949–1967 MdB, 1949–1953 Bundesjustizminister, 1954–1957 FDP-Vorsitzender.

Partei keine andere Meinung gelten läßt. Man muß ihn einmal in einer Bundes-tagssitzung beobachten, wie er seine Fraktion geradezu dirigiert. Er winkt den einzelnen Abgeordneten zu, damit sie sich zu Wort melden sollen, äußerst un-verhohlen sein Mißfallen, falls einer der sozialdemokratischen Redner etwas sagt, was ihm nicht gefällt, und gibt sogar Zeichen, wenn ein Redner seiner Partei Schluß machen soll. Man kann sich leicht denken, daß nicht alle Abge-ordneten der SPD mit dieser Bevormundung einverstanden sind.

Daß Dr. Schumacher bisher diese Diktatur ausüben konnte, liegt nicht zu-letzt an dem Mangel fähiger Persönlichkeiten innerhalb der SPD. Bei den ande-ren Parteien liegen die Dinge zwar nur um einige Grade besser, aber als Regie-rungsparteien (bis auf einige kleine Gruppen) stehen sie praktisch unter der Führerschaft Dr. Adenauers, der wirklich großen politischen Figur des Bon-ner Bundestages. In der Sozialdemokratie ist die einzige populäre Persönlich-keit Professor Carlo Schmid[12]. Er ist ein guter Redner, witzig, gebildet, aber kein Politiker von Format. Auch ist er im Grunde kein Sozialist. Er wurde aus politischem Ehrgeiz im Jahre 1946 Mitglied der SPD, da er glaubte, die SPD werde die beherrschende Partei in Deutschland werden. Die echten Sozialde-mokraten trauen diesem Neuling in ihrer Reihe nicht recht, weil sie ihn für ei-nen Linksliberalen halten. Neben Schumacher und Carlo Schmid hat die Partei nur Funktionäre, Redaktoren und ein paar Verwaltungsfachleute, aber keinen einzigen Politiker, der für den Durchschnittsdeutschen ein Begriff wäre.

Die deutsche Öffentlichkeit hat das Verhalten Dr. Schumachers sehr kritisch aufgenommen. Die Sitzung, in der der Zwischenruf des sozialdemokratischen Parteiführers gefallen war, wurde durch den Rundfunk übertragen, so daß auch der einfache Mann den aggressiven Ton Schumachers feststellen konnte. Man hätte sicherlich darüber hinweggesehen, wenn er sich später entschuldigt hätte. Aber die Hartnäckigkeit, mit der er zunächst jede Versöhnung ablehnte, und vor allem seine offene Drohung, die Straße gegen Adenauer zu mobilisie-ren, haben einen denkbar schlechten Eindruck hinterlassen. Schon ein paar Ta-ge darauf hat die SPD in Essen bei der Oberbürgermeisterwahl die Quittung erhalten. In Essen war diese Wahl notwendig geworden, weil in der Stadtver-tretung 25 Stadträte für den Kandidaten der CDU und 25 Stadträte für den SPD-Kandidaten stimmten und nach einem neuen Gesetz des Landes Nord-rhein-Westfalen bei Stimmengleichheit nicht mehr das Los entscheidet, son-dern die Bürgerschaft den Oberbürgermeister wählen muß. Der Kandidat der CDU, Hans Toussaint[13], erhielt 115416 Stimmen, sein SPD-Gegenkandidat

---

[12] Schmid, Carlo (1897–1979), 1949–1953 Professor für Völkerrecht in Tübingen, 1953–1964 Professor für politische Wissenschaft in Frankfurt/M., seit 1945 SPD, 1946–1947 Präsident des Staatssekretariats Württemberg-Hohenzollern, 1947–1948 stellv. Staats-präsident, 1947–1950 Justizminister, 1948–1949 Mitglied des Parlamentarischen Rats, 1949–1972 MdB.

[13] Toussaint, Hans (1902–1977), 1947–1958 MdL Nordrhein-Westfalen (CDU), 1949–1956 Oberbürgermeister von Essen, 1957–1965 MdB.

aber nur 54 551 Stimmen. Der Wahlausgang war, worüber man sich auch in den Kreisen der SPD völlig klar ist, eine Folge der Bonner Vorkommnisse. Demnächst wird eine ähnliche Wahl auch in Köln, wo sich 22 zu 22 Stimmen im Stadtrat gegenüberstehen, notwendig werden, und es kann schon jetzt mit Bestimmtheit gesagt werden, daß der CDU-Kandidat, Dr. Ernst Schwering[14], mit großer Stimmenmehrheit gewählt wird. Mit Recht wirft man Dr. Schumacher vor, kein Demokrat zu sein und die Demokratie, die in Deutschland besonders pfleglich behandelt werden muß, immer von neuem in Gefahr zu bringen.

Zum Hauptgespräch in der deutschen Bevölkerung ist in den letzten Tagen die Frage einer Remilitarisierung Westdeutschlands geworden: Die überwiegende Mehrheit der Deutschen lehnt heute jedes Soldatenspielen ab. Ganz einhellig aber will man kein Landsknechtstum, wie es offenbar von amerikanischer Seite gewünscht wird. Dr. Adenauer hatte zwar jüngst von einem deutschen Kontingent in einer europäischen Streitmacht gesprochen, falls die Alliierten dies verlangen sollten, ist aber von dieser Äußerung wieder ein Stück abgerückt, indem er diesen Fall als hypothetisch und noch in weiter Ferne liegend bezeichnete. Wenn die Alliierten aber einmal die deutsche Mitwirkung bei der Sicherung Westeuropas fordern sollten, so ließ Adenauer durch einen Regierungssprecher erklären, dann könne die Aufstellung eines deutschen Kontingents nur in der Form geschehen, wie sie in den westlichen Demokratien üblich sei. Eine Aufstellung deutscher Freiwilligenverbände lehnte der Bundeskanzler ab, weil diese „nur den Wert von Söldnern und Landsknechtshaufen" hätten. Diese Erklärungen Adenauers geben genau die Auffassung breiter deutscher Kreise wieder und sind im Grunde nur eine Wiedergabe der deutschen Reaktion auf die Fühler, die der Bundeskanzler vor einigen Wochen durch Interviews ausgestreckt hatte, deren Wiedergabe in der Presse er jetzt nachträglich als „irreführend" hinstellt. Eine eigene Armee wird Deutschland auf längere Zeit hinaus mit eigenen Kriegswaffen nicht aufstellen können. Eine deutsche Aufrüstung könnte nur mit amerikanischen Waffen vorgenommen werden. Daß die Amerikaner eine Remilitarisierung Westdeutschlands wünschen, steht außer Zweifel. Ob sie sie in Kürze amtlich vorschlagen werden, hängt davon ab, wann sie den Widerstand vor allem der Franzosen in dieser Frage beseitigen können. Eins aber ist sicher: eine Bewaffnung Deutschlands würde mit einem Schlag die gesamteuropäische Situation von Grund auf verändern.

19. Dezember 1949

4 Mit dem Empfang der Leiter der in Westdeutschland tätigen diplomatischen Missionen bei der alliierten Kommission auf dem Petersberg hat ein neues Ka-

---

[14] Schwering, Ernst (1886–1962), 1924–1933 Vorstandsmitglied der Zentrumspartei in Köln, 1948–1956 Oberbürgermeister von Köln, 1950–1962 MdL Nordrhein-Westfalen (CDU).

pitel in der Geschichte der westdeutschen Bundesrepublik begonnen. Die zwölf ausländischen Missionen sind zwar bei der alliierten Kommission akkreditiert, aber die Beziehungen zur Bundesregierung können informell ohne Beanspruchung des alliierten Sekretariates geführt werden. Man erwartet, daß diese informelle Fühlungnahme sehr bald über wirtschaftliche Fragen hinaus sich auf das politische Gebiet erstrecken wird. Bundespräsident Heuss und Bundeskanzler Adenauer hatten es übrigens ausdrücklich abgelehnt, einer diplomatischen Handlung beizuwohnen, die nicht zu den Hoheitsrechten der Bundesrepublik gehört.

Der Bundeskanzler Dr. Adenauer hatte in diesen Tagen die Liebenswürdigkeit, mich zu einer einstündigen Unterredung zu empfangen. Er dankte mir in warmen Worten, wobei er meine beiden Hände ergriff, für die treue Freundschaft, die ich ihm in drei Jahrzehnten und auch in den schweren Tagen des Nazi-Regimes bewahrt hätte und die er mir nie vergessen werde. Ich könne seiner ehrlichen Freundschaft stets gewiß sein, und er betonte, daß er jedesmal, wenn er die Schweiz besuche, mein Gast sein werde. Er versprach mir, unsere Freundschaft auch auf meine Heimat zu übertragen. Zu meiner größten Überraschung erhielt ich einen Tag nach meinem Besuch von Herrn Adenauer ein kostbares Geschenk in Form einer großen silbernen Schale. Mit eigener eingravierter Schrift erinnerte er in der Widmung an die verschiedenen Etappen unserer 30jährigen Freundschaft: Köln, Rhöndorf, Godesberg, Bonn, Köln. Adenauers Liebe zu der Schweiz wird sich, dessen bin ich gewiß, auf die Tätigkeit des Herrn Ministers Huber günstig auswirken. Nur ganz selten dürfte ein ausländischer Vertreter in einem so engen Vertrauens- und Freundschaftsverhältnis zu dem leitenden Staatsmann eines fremden Landes gestanden haben, wie ich zu dem Bundeskanzler Dr. Konrad Adenauer. Ich hoffe, diese so engen Beziehungen auch nach Erreichung der Altersgrenze noch lange zum Wohle meiner Heimat nutzen zu können. Dr. Adenauer bat mich, auf jeder Reise, die mich später wieder nach Deutschland brächte, unbedingt sein Gast zu sein.

Auch mit dem Kölner Erzbischof, Kardinal Dr. Frings[15], hatte ich eine mehr als einstündige Unterredung, bei der er mir gegenüber die freundschaftlichsten Gefühle zum Ausdruck brachte. Ganz spontan kündigte er mir seinen Besuch in der Schweiz an, sobald ich nach dort übergesiedelt sei. Es ist bekannt, daß Kardinal Dr. Frings ein aufrechter Freund unserer Heimat ist, und ich darf mir schmeicheln, daß diese Liebe des höchsten deutschen Kirchenfürsten zur Schweiz durch meine enge Verbindung zu ihm und zu seinem hochseligen Vorgänger, Kardinal Dr. Schulte, mindestens stark vertieft worden ist.

Sie werden sich aus meinen früheren Berichten vielleicht erinnern, daß auf den beiden letzten Bundesfeiertagen Dr. Ernst Schwering als Vertreter Kölns unseren Landsleuten die Grüße dieser Stadt überbrachte. Dr. Schwering ist jetzt wieder Oberbürgermeister der Stadt Köln geworden. In ihm besitzt die

---

[15] Frings, Joseph (1887–1978), Kardinal, 1942–1969 Erzbischof von Köln.

Schweiz ebenfalls einen ausgesprochenen Freund. Er ist darüber hinaus ein genauer Kenner der Geschichte und der politischen Einrichtungen unserer Heimat, über die er längere wissenschaftliche Abhandlungen geschrieben hat. Mit Herrn Oberbürgermeister Dr. Schwering verbindet mich gleichfalls eine sich über drei Jahrzehnte erstreckende Freundschaft. Dr. Ernst Schwering war bis 1933 einer der engsten Mitarbeiter Dr. Adenauers, und da er Mitglied des Bundestages ist, steht zu erwarten, daß seine politische Laufbahn noch keineswegs abgeschlossen ist. Ich bin überzeugt, daß alle diese Beziehungen, die sich in dem deutsch-schweizerischen Verhältnis schon sehr fruchtbringend ausgewirkt haben, auch nach meinem Weggang von hier nicht abreißen werden, und daß ich auch in nichtamtlicher Eigenschaft unserer Heimat eben über die Freundschaft mit so maßgebenden deutschen Persönlichkeiten wertvolle Dienste leisten kann.

Es ist zu hoffen, daß der neue Leiter der schweizerischen Mission von meiner dreißigjährigen Tätigkeit in Köln und meinen vielen Freundschaften und engen Beziehungen zu – ich kann wohl sagen – allen maßgebenden Männern und Frauen des hiesigen öffentlichen Lebens entsprechenden Nutzen ziehen wird. Was im Rahmen meiner Kräfte steht, werde ich, solange ich hier bleibe, tun, um Herrn Minister Huber überall einzuführen und ihm auch die Wege zu ebnen, die für denjenigen, der mit dem Genius loci noch nicht eng vertraut sein kann, schwer zugänglich sind. Ich habe ihm in dieser Hinsicht, wie ich hoffe, schon wertvolle Dienste geleistet und werde mich auch weiterhin bemühen, unserer Mission, wenn möglich, zu einer bevorzugten Stellung zu verhelfen.

20. Dezember 1949

5 Die schweizerische diplomatische Mission bei der Alliierten Hohen Kommission in Deutschland ist am 15. Dezember durch Überreichung meines Beglaubigungsschreibens ins Leben getreten. Der feierliche Akt der Akkreditierung der 12 ausländischen Missionen war in mehrfacher Hinsicht ohne Präzedenzfall in der Geschichte. Entsprechend dem Besetzungsstatut, das die Führung der Außenpolitik den Besetzungsmächten vorbehält, fand die Akkreditierung der in Deutschland tätigen Missionen nicht beim Bundespräsidenten in der Bundeshauptstadt statt, sondern auf dem Petersberg, dem Sitz der Hohen Kommission in Abwesenheit aller deutschen Vertreter. Ein Unikum war auch, daß die Missionsschefs gleichzeitig ihre Beglaubigungsschreiben überreichten. Von den Ländern hinter dem eisernen Vorhang erschien selbstverständlich kein Vertreter. Dagegen waren nahezu alle europäischen Staaten außerhalb des russischen Einflußbereiches vertreten mit Ausnahme von Norwegen, Portugal und Irland. Sehr beachtet war, daß der Vatikan nicht vertreten war.

Was den Charakter der Missionsschefs anbetrifft, so ist die Mehrzahl (Belgien, Dänemark, Griechenland, Luxemburg, Spanien, Italien und die Schweiz) durch Minister vertreten; nur die Staaten des britischen Commonwealth Kanada, Südafrika und Indien entsandten Generäle. Doyen der Missionschefs ist der Kanadier General Lt. Pope, der gleichzeitig auch Doyen der Militärmission in Berlin ist. Die Schweiz steht nach der ordre de préséance an 10. Stelle. Niemand kann uns somit vorwerfen, daß wir verfrüht vorprellten.

Das Zeremoniell des Beglaubigungsaktes war einfach, aber würdig. Eine Ehrenkompagnie, bestehend aus einem amerikanischen, britischen und französischen Kontingent, erwies bei Ankunft und Abfahrt die militärischen Ehren. Die Vorstellung der Missionschefs erfolgte durch den Doyen. Dieser hielt eine kurze Ansprache, auf die Botschafter François-Poncet antwortete. Da Frankreich in diesem Monat den Vorsitz in der Hohen Kommission führt, wurden die Ansprachen in französischer Sprache gehalten. Anschließend an den diplomatischen Akt fand ein Frühstück statt. Bei diesem hatte ich eine interessante Unterhaltung mit dem amerikanischen Hochkommissar McCloy.

Das Gespräch kam auf das Interesse Amerikas für Kapitalinvestitionen in Deutschland. McCloy meinte, daß die Haltung der Schweiz für allfällige amerikanische Kreditgeber von großer Bedeutung sein könne. Wenn die Schweizer Banken, die in Amerika wegen ihrer objektiven und konservativen Kreditpolitik hohes Ansehen genießen, sich für Kredite in Deutschland interessieren würden, dann würde dies sehr stimulierend auf amerikanische Geldgeber wirken. Ich erwiderte ihm, daß eine Kreditgewährung seitens schweizerischer Geldgeber nur in Frage kommt, wenn eine Regelung der deutschen Altverschuldung zustande käme. Dies sei die conditio sine qua non. Dagegen sei meines Erachtens dieses Problem praktisch durchaus lösbar. Die Summen und Zahlen, die in Frage kommen, seien nicht von astronomischer Größenordnung, sondern bewegten sich auf einer zugänglichen Ebene. Der wiederauflebende Handelsverkehr schaffe Gegebenheiten, in deren Rahmen Lösungen sich finden ließen. Man müßte die Bankiers zunächst einmal unter sich reden lassen.

McCloy sagte mir, er beabsichtige im Laufe der nächsten Monate seine Frau in die Schweiz zu begleiten und es würde ihn freuen, mit seinen alten Freunden und Bekannten sich auszusprechen und von der schweizerischen Warte auf die europäischen Verhältnisse zu sehen. Ich encouragierte ihn kräftig in seiner Absicht und stellte mich mit Vergnügen der Ausführung seiner Pläne zur Verfügung.

Mc Cloy sprach dann von den Sorgen, die ihm augenblicklich die von Westdeutschland im Zeichen der Liberalisierung des Handels geschlossenen Abkommen bereiteten. Sie hätten in den letzten Monaten ein Defizit von 80 Millionen Dollars ergeben. Ich wies sofort darauf hin, daß der Warenaustausch mit der Schweiz im Gleichgewicht sei und daß unser Land wegen der Politik seiner offenen Tür der prädestinierte Partner für einen von staatlicher Kontrolle befreiten Handelsverkehr sei. McCloy pflichtete auch meiner weiteren Bemerkung zu, daß die „liberalisation of commerce" die Formel für den Aufbau Europas sei und daß die Ausdehnung des intereuropäischen Handels von größter Bedeutung, nicht nur für dessen wirtschaftliche, sondern moralische und politische Gesundung sei. Ich unterstrich die große Bedeutung, unserem Handelsabkommen, welches bahnbrechend in der Richtung der Befreiung des Handels sei, zu einem sichtbaren Erfolg zu verhelfen.

In einem vorsichtig geführten Gespräch mit dem Generalsekretär und dem Protokollchef brachte ich die für uns so wichtige Frage der Einführung der Missionschefs bei der deutschen Regierung zur Sprache. Es wurde mir eine Mitteilung in Aussicht gestellt. Nach erfolgter Akkreditierung, erklärte François-Poncet, es sei für Anfang Januar eine Vorstellung der Missionsschefs bei Bundespräsident Heuss und Bundeskanzler Adenauer vorgesehen. Damit ist die Bahn zur Kontaktnahme mit der deutschen Regierung geöffnet und eine heikle, aber wichtige Frage vor ihrer Lösung.

1950

23. Januar 1950

[...] Herr Adenauer amtiert in einer palaisartigen Villa. Der deutsche Proto- **6**
kollchef und sein Kabinettschef wohnten der Unterredung bei. Dagegen waren
hier keine alliierten Vertreter zugegen.

Adenauers Äußeres ist sehr einprägsam. Wer ihn einmal gesehen hat, vergißt
ihn nicht wieder. Frappant ist das mongolisch anmutende Gesicht und seine
nach rückwärts geneigte und steife Haltung. Er zeigte sich äußerst freundlich,
was – wie ich von deutscher Seite vernahm – Deutschen gegenüber nicht immer
der Fall ist. Mitarbeitern, selbst Ministern gegenüber kann er sehr herrisch, ja
autoritär auftreten. Nachdem ich bereits eine größere Anzahl der Kabinettsmitglieder kennengelernt habe, finde ich die Feststellung, daß er sie um Haup-
teslänge überragt, mehr als richtig. Auch in der Hochkommission begegnet
man dem zu Schweigsamkeit neigenden alten Mann mit Respekt, ja sogar mit
einer gewissen Scheu. Es dürfte derzeit kaum einen andern Deutschen geben,
der den deutschen Standpunkt mit mehr Autorität vertreten könnte. Adenauer
wird als mißtrauisch geschildert. Die menschliche Wärme, die Heuss charakterisiert, strahlt von ihm nicht aus. „Eiskalter Verstand" sagen die Leute, die ihn
kennen. Männer, die sich seiner intimen Freundschaft rühmen können, gebe es
nur ganz wenige. Adenauer bewältigt eine schier übermenschliche Arbeitslast
bei seinen 73 Jahren.[16] Drei Ämter: zunächst das des Bundeskanzlers; da es
kein Außenministerium aber viele außenpolitische Probleme gibt, muß er seinen eigenen Außenminister spielen und schließlich ist er Parteichef der Christlich Sozialen Union[17], dieser größten aber konfessionell und sozial so hetero-
gen zusammengesetzten Partei, daß deren Kohäsion und Leitung einer sehr festen und ständig lenkenden Hand bedarf. Jedes der drei Ämter würde für sich
allein die volle Kraft eines Mannes absorbieren. Viele fragen sich denn auch, ob
er wird durchhalten können. Von seiner physischen Widerstandskraft hängt
viel ab. Wenn er gesundheitlich durchhält, könnte sein Kabinett trotz der ver-
schwindend kleinen Mehrheit im Parlament für die Dauer der Legislatur am
Ruder bleiben. Nach der Verfassung kann ihn ein bloßes Mißtrauensvotum
nicht stürzen. Dazu wäre erforderlich, daß sich die Opposition auf einen
Nachfolger einigt, was bei der jetzigen Konstellation unwahrscheinlich ist. Ein

---

[16] Adenauer war am 5.1.1950 74 Jahre alt geworden.
[17] Richtig: „Christlich Demokratische Union" (CDU).

aus Gesundheitsgründen erzwungenes Abtreten könnte dagegen die politische
Konstellation völlig ändern und die Kombination der „großen Koalition" –
Eintritt der Sozialisten in die Regierung – aktuell machen.

Bei meinem Besuch fand ich den Bundeskanzler ausnehmend frisch. Er gab
sich von der liebenswürdigsten Seite. Zunächst lenkte er das Gespräch auf die
Schweiz, sprach mit Worten größter Hochachtung von ihren Traditionen und
erging sich mit sichtlichem Behagen in Reminiszenzen an seine Aufenthalte in
Chandolin[18]. Dann durchbrach das Gespräch den protokollarischen Rahmen
und es kam zu einem kurzen tour d'horizon schweizerisch-deutscher Fragen.
Einige Hauptpunkte: Adenauer möchte sobald als möglich die von den Alliierten zugestandenen Handels- und Konsularvertretungen in der Schweiz errichten. Er begrüßte lebhaft den Aufstieg des schweizerisch-deutschen Handels.
Ich schilderte die großen Möglichkeiten, die sich aus diesem Aufschwung ergeben, um in Zukunft auch den Personen- und Geldverkehr zu liberalisieren und
auf wirtschaftlichem und kulturellem Gebiet zu den traditionellen Formen der
Beziehungen zurückzufinden. Der Kanzler bezeichnete es als eine seiner wichtigsten Aufgaben, das Ausland für Kapitalinvestitionen zu interessieren. Meiner Bemerkung, die Regelung der Altverschuldung sei dafür die conditio sine
qua non, pflichtete er voll bei – nicht nur das Interesse, sondern vor allem der
gute Name gebieten eine solche Regelung. Ich brach auch eine Lanze für die
Ingangsetzung des Reiseverkehrs und stieß auf Zustimmung. Über weitere
Einzelheiten der Unterhaltung werde ich in separaten Briefen berichten.

24. Januar 1950

7 Bedenkt man, daß Adenauer sein Leben lang für den Gedanken einer deutsch-
französischen Verständigung eintrat und daß Schuman[19] dafür sein prädesti-
nierter Gesprächspartner ist, so tauchen unwillkürlich Erinnerungen an die
Namen von Briand[20] und Stresemann[21] und Hoffnungen auf Locarno und
Thoiry auf. Durch die Saarfrage ist diese Entwicklung in eine ernste Krise geraten. Diese Krise ist um so schwerer als das Saarproblem eine Angelegenheit ist,
„qui frappe les imaginations" und dadurch breiteste Kreise der Öffentlichkeit
erfaßt und die Gemüter erhitzt. Die Saarfrage läuft Gefahr, eine Prestige-An-

---

[18] Dorf im Wallis.

[19] Schuman, Robert (1886–1963), französischer Politiker, 1919–1940 Abgeordneter, 1940
Unterstaatssekretär, Deportation nach Deutschland, 1942 Flucht, Resistance, 1946–1947
Finanzminister, 1947/48 Ministerpräsident, 1948–1952 Außenminister, im Mai 1950 ver-
kündete er den Plan einer europäischen Montanunion vor der Nationalversammlung,
1955–1956 Justizminister, 1958–1960 erster Präsident des Europäischen Parlaments.

[20] Briand, Aristide (1862–1932), mehrfach französischer Ministerpräsident, 1924–1932 Außenminister.

[21] Stresemann, Gustav (1878–1929), 1907–1912 und 1914–1929 MdR, nationalliberal, 1918
Mitgründer der DVP, 1923 Reichskanzler, 1923–1929 Außenminister.

gelegenheit zu werden. Das höhere Problem der deutsch-französischen Verständigung droht über eine Frage zu stolpern, die zwar für beide Teile wichtig, aber nicht vital ist. Dies sehen viele ein, aber daraus die praktischen Konsequenzen zu ziehen und die Unpopularität auf sich zu nehmen, dazu dürfte außer Adenauer kaum ein anderer deutscher Staatsmann imstande sein.[22]

Bei der Behandlung der Saarfrage ist bis jetzt der psychologische Fehler begangen worden, daß die Situation nicht genügend realistisch betrachtet wurde. Um die sich anbahnende deutsch-französische Verständigung nicht zu stören, wurden die Dinge nicht bei ihrem Namen genannt. Die These „wirtschaftlicher Anschluß der Saar an Frankreich ohne Annexion" hat für Deutsche und Franzosen zwei ganz verschiedene Bedeutungen. Die Franzosen verstanden darunter Loslösung von Deutschland und Errichtung eines selbständigen politischen Gebildes. In Deutschland interpretierte man: wirtschaftlicher Anschluß an Frankreich unter Beibehaltung der politischen Zugehörigkeit zu Deutschland. Kann man sich ein wirtschaftlich an Frankreich angegliedertes Saarland denken, das politisch ein Teil Deutschlands bleibt? Diese Inkompatibilität wurde bisher umgangen.

In Bonn herrschte nach der Abreise Schumans große Enttäuschung. Zwar ging der Besuch in guter Atmosphäre zu Ende. Niedergeschlagenheit erzeugte Achesons[23] Erklärung, daß er die französische Auffassung in der Saarfrage decke. Die Isolierung Deutschlands wurde offenbar. In dieser Situation entschloß sich der Bundeskanzler unvermutet zu seinem Besuch bei McCloy, der am Vorabend seiner längst festgelegten Reise nach Washington stand. Über den Ausgang waren in Bonn keine Anzeichen einer Befriedigung zu bemerken. Selbstverständlich konnte die Unterredung keine Ergebnisse zeitigen, denn bei der jetzigen Lage der Dinge kann über die amerikanische Einstellung nur Truman[24] entscheiden. Die amerikanische Politik wird auf den französischen Verbündeten und speziell darauf, daß Frankreich seine Stellung als erste Macht des Kontinents nicht einbüßt, größte Rücksicht nehmen. Bei den Engländern hat sich die Atmosphäre auch verschlechtert. Anderseits hat bei den Amerikanern die Überlegung immer großes Gewicht, daß man Deutschland wirtschaftlich wieder auf eigene Füße stellen müsse. Es bestehen daher doch noch Aussichten, daß Lösungen zustande kommen, die das Pflänzchen der deutsch-französischen Verständigung nicht verschütten.

In der Saarfrage steht die Opposition geschlossen hinter der Regierung Adenauer. Über Nacht ist eine außenpolitische Einheitsfront unter den Parteien

---

[22] Vom 13.–15.1.1950 besuchte Schuman die Bundesrepublik in Bonn, um das Saarproblem mit Adenauer zu erörtern.

[23] Acheson, Dean Gooderham (1893–1971), amerikanischer Politiker, 1941–1947 Staatssekretär im Außenministerium, 1949–1953 Außenminister der USA, außenpolitischer Berater der Präsidenten Kennedy und Johnson.

[24] Truman, Harry Spencer (1884–1972), amerikanischer Politiker, 1945 Vizepräsident unter Roosevelt, 1945–1953 Präsident der USA.

entstanden. Wie ich aus bester Quelle hörte, hat die Außenpolitische Kommission beschlossen und den Kanzler ersucht, im Falle einer profranzösischen Entscheidung Protest einzulegen. Nach Meinung der politischen Auguren würde der Kanzler auch nicht zurücktreten, sondern durch einen Protest von den getroffenen Entscheidungen abrücken und seine Stellung innehalten.

21. März 1950

8 Ich war vergangene Woche bei einem von der Stadt Köln gegebenen Nachtessen Nachbar des Bundeskanzlers und hatte Gelegenheit, mich über verschiedene Fragen zu unterhalten. Da die Gespräche nicht unter vier Augen, sondern bei Tisch stattfanden, konnte es sich nicht um einen tour d'horizon, sondern um einen mehr fragmentarischen Gedankenaustausch handeln. Der Kanzler, der – bei seiner Umgebung bis hinauf zu den Ministern – im Ruf der Unnahbarkeit steht, zeigte sich von einer völlig neuen Seite. Obwohl er, wie er mir sagte, einen sehr anstrengenden Tag hinter sich hatte und mit einstündiger Verspätung zum Essen eintraf, wirkte der 74jährige nicht nur erstaunlich frisch, sondern, angeregt durch die Anwesenheit seiner alten Kölner Freunde und ehemaligen Kollegen, jung und fröhlich wie ein Student, daß es mich zur Bemerkung veranlaßte: „Herr Bundeskanzler, Sie feiern heute Ferien vom Bundeskanzler."

[. . .] Wir sprachen über die Schweizer Reisen der Kabinettsmitglieder Minister Erhard[25], Minister Storch[26] und Vizekanzler Blücher[27]. Herr Adenauer äußerte sich sehr befriedigt über die warme Aufnahme, die seine Kollegen in Bern fanden; diese Besuche, obwohl inoffiziellen Charakters, lassen persönliche Kontake entstehen, die höchst wichtig sind für vertrauensvolle Beziehungen. „Das Paradoxe ist, daß ich, der die ältesten und intensivsten Beziehungen zur Schweiz habe, noch nicht dazu gekommen bin, Ihr Land aufzusuchen." Ich fragte ihn, ob er nicht die Absicht hätte, die Tradition seiner Aufenthalte in Chandolin im Wallis wieder aufzunehmen. Er antwortete mir, er denke sehr daran, indessen werden alle seine guten Vorsätze, sich von den Geschäften freizumachen, immer wieder durch die Politik zunichte gemacht. Aber er wolle gerne an diesen Plan denken. Allerdings befürchte er, daß Vorkehrungen für

---

[25] Erhard, Ludwig (1897–1977), 1945/46 im bayerischen Kabinett Hoegner (SPD) Minister für Handel und Gewerbe, 1948/49 Direktor der Verwaltung für Wirtschaft des Vereinigten Wirtschaftsgebiets, seit 1949 MdB, 1949–1963 Bundeswirtschaftsminister, 1957–1963 Vizekanzler, 1963–1966 Bundeskanzler, 1966/67 Parteivorsitzender der CDU.

[26] Storch, Anton (1892–1975), 1949 –1965 MdB (CDU), 1949–1957 Bundesminister für Arbeit, 1958–1965 Mitglied des Europäischen Parlaments.

[27] Blücher, Franz (1896–1959), 1945 Mitgründer der FDP in Essen, ab 1946 Finanzminister in Nordrhein-Westfalen, 1947 MdL, ab Juni 1947 Mitglied des Frankfurter Wirtschaftsrates, 1949–1958 MdB, 1949–1957 Vizekanzler und Bundesminister für Angelegenheiten des Marshallplans bzw. wirtschaftliche Zusammenarbeit.

seine Sicherheit getroffen werden müßten. Auf meinen fragenden Blick antwortete er mit einem betrübten Lächeln: „Ja, ja, es ist leider so; selbstverständlich denke ich dabei nicht an Ihre Landsleute."

Sehr erfreut und befriedigt äußerte sich der Kanzler über die starke Ausweitung, die die schweizerisch-deutschen Handelsbeziehungen erfahren haben und gab der Hoffnung Ausdruck, daß die errungenen Positionen hüben und drüben befestigt werden könnten.

Adenauer streifte die Saarfrage und bedauerte, daß Minister Schuman seinen dringenden Rat nicht beherzigt hätte, die Saarfrage wenigstens bis zum Eintritt Deutschlands in die Europa-Union ruhen zu lassen.[28] Adenauer fügte noch bei, er hätte in seiner Pressekonferenz stark nationale Töne anschlagen müssen, um einer nationalistischen Welle zuvorzukommen und die Führung der Angelegenheit in Händen zu behalten. Er hätte insbesondere der Gefahr begegnen müssen, daß eine Stimmung für eine Ostorientierung eintrete; diese Richtung hätte durch die Behandlung, welche die Saarfrage erfuhr, Auftrieb bekommen. Er hätte das Gefühl, daß unter den Abgeordneten des Bundestages und sogar seiner eigenen Partei solche Neigungen entstanden seien. Der Gefahr einer solchen Schwenkung hätte er begegnen müssen, indem er sich an die Spitze der kritischen Einstellung stellte. Adenauer befürchtet, daß der Beitritt der Bundesrepublik zum Europarat augenblicklich sich im Parlament kaum durchsetzen ließe.

Befriedigt und zuversichtlich äußerte sich Adenauer über die Wahrung des sozialen Friedens in Westdeutschland. Dank diesem Umstand könne das Land im Konkurrenzkampf bestehen.

Es war vielleicht kein Zufall, daß Adenauer über seinen deutsch-französischen Unionsplan kein Wort sagte. Glaubt er daran? Ich habe nicht den Eindruck. Er wollte damit mit aller Deutlichkeit zeigen, daß er trotz der Zuspitzung der Saarfrage an der deutsch-französischen Verständigung festhält. Der Gedanke hat in Deutschland keine Resonanz gefunden; trotz des Echos von General de Gaulle[29] bleibt die Aufnahme kühl bis ablehnend. In hiesigen französischen Kreisen ist man gar nicht erbaut; stark kritisiert wird auch die Form: die Umgehung des normalen diplomatischen Weges, die Diplomatie des Interviews.

Die Demission des britischen Hochkommissars General Robertson wirkte überraschend. Der Wechsel fand erstaunliche Kommentare. Angesehene ame-

---

[28] Adenauer hatte am 7.3.1950 in einem Interview eine politische Union zwischen Deutschland und Frankreich vorgeschlagen. Am 31.3.1950 hatte der Europarat die Bundesrepublik und das Saarland zum Beitritt als assoziierte Mitglieder eingeladen.

[29] De Gaulle, Charles (1890–1970), französischer Militär und Politiker, 1940 General, Führer des Widerstands gegen die deutsche Besatzung und die Vichy-Regierung, 1943 Präsident des Comité Français des Libération Nationale, 1945/46 Ministerpräsident und provisorisches Staatsoberhaupt, 1958–1969 Präsident der französischen Republik.

rikanische Journalisten sprachen davon, daß die Ernennung Sir Kirkpatricks [30] die Abschaffung der Hochkommission und die Einführung einer anderen Kontrollform einleite. Dies sind, vorläufig wenigstens, verwegene Annahmen, denn gemäß den Vereinbarungen der drei Besetzungsmächte kann frühestens nach Ablauf dieses Jahres an eine Revision des Besatzungsstatuts herangetreten werden.

Robertson, dessen Aspirationen auf militärischem Gebiet liegen, war seit dem Abgang der Generäle Clay [31] und Koenig [32] der einzige Militär unter den drei Hochkommissaren. Insofern lag seine Ersetzung in der Luft. Der letzte der Generäle auf dem Petersberg wird durch den Diplomaten ersetzt! Dazu kam, daß Robertson sich in letzter Zeit auf Befehl Londons durch die rücksichtslose Durchsetzung der Demontage außerordentlich exponieren mußte. „Der Mohr hat seine Pflicht getan . . ." Robertson hat es verstanden, mit den Deutschen ein gutes, persönliches Verhältnis zu unterhalten. Der Bundeskanzler schätzte seine Bemühungen, den deutschen Fragen gerecht zu werden. Man wußte indessen, daß die Deutschlandpolitik nicht von ihm, sondern von Bevin [33] gemacht wurde. Ob vom Nachfolger, Sir Ivone Kirkpatrick, der seit Jahr und Tag Leiter der Deutschlandabteilung und Bevins erster Berater in allen Deutschlandfragen war, ein Kurswechsel zu erwarten ist, ist zumindest zweifelhaft.

26. April 1950

9 Eine andauernde Trübung charakterisiert seit Jahresbeginn die Atmosphäre der Beziehungen zwischen Bonn und Petersberg. Zuerst kam es zu heftigen, fast bloßstellenden Kritiken an der deutschen Wirtschaftspolitik; es folgte der schwere Dissens über die Saarfrage und die Demontagen. Nun wirft die bevorstehende Außenministerkonferenz in London [34] ihre Schatten voraus. Adenauer, besorgt, ob er im Parlament den Beitritt zum Europa-Rat durchbringen werde, hascht nach einem außenpolitischen Erfolg, um diese Sache mit mehr Gewicht vor dem Bundestag vertreten zu können. Unbeirrt durch die alliierten

---

[30] Kirkpatrick, Sir Ivone Augustine (1897–1964), britischer Diplomat, 1933–1938 an der Botschaft in Berlin, 1948 Leiter der Deutschland-Abteilung des Foreign Office, 1950 britischer Hoher Kommissar in Deutschland.

[31] Clay, Lucius Dubignon (1897–1978), amerikanischer General, 1945–1947 stellvertretender, 1947–1949 Militärgouverneur der amerikanischen Zone in Deutschland.

[32] Koenig, Pierre (1898–1970), französischer General, 1945–1949 Militärgouverneur der französischen Zone in Deutschland, 1951 Mitglied der Nationalversammlung, 1954/55 französischer Verteidigungsminister.

[33] Bevin, Ernest (1881–1951), britischer Politiker, 1940–1945 Arbeitsminister, 1945–1951 Außenminister (Labour Party).

[34] Die Konferenz der Außenminister der drei Westmächte über die Deutschlandfrage fand vom 11.–13.5.1950 in London statt.

und deutschen Kritiken setzt er seine Methode der Diplomatie durch Interviews fort, die bald im Ton von Kritiken, bald von Forderungen gehalten sind. Er stellte u.a. die Frage der Revision des Besatzungsstatuts und der Errichtung deutscher diplomatischer Vertretungen zur Debatte, alles noch verfrüht und ohne Aussicht auf sofortige Verwirklichung.

Ein weiterer Vorfall erhöht die Spannung in der Atmosphäre. Die Alliierte Hochkommission legte dieser Tage hintereinander gegen zwei vom Bundestag angenommene Gesetze ihr „vorläufiges Veto" ein: das Beamtengesetz und das neue Einkommenssteuergesetz. Letzteres ist ein beachtenswerter Reformversuch des Finanzministers Schäffer[35]: Die exorbitante Steuerprogression paralysiert bekanntlich den Sparwillen und untergräbt die Steuermoral. Der Steuerpflichtige verzichtet lieber auf eine Steigerung seines Einkommens, weil dies infolge der Progression keinen höheren Nettoverdienst erbringt. Durch vermehrtes Sparen soll der Wirtschaft Investitionskapital zugeführt werden. Minister Schäffer – ein erfahrener und seriöser Finanzmann – hofft, daß die Ausfälle infolge Senkung der Steuersätze wettgemacht werden durch eine Erhöhung des steuerbaren Einkommens. Die Hochkommission dagegen befürchtet vor allem die schlechte optische Wirkung einer Steuersenkung in Deutschland auf den amerikanischen Steuerzahler. Angesichts der sehr dehnbaren Bestimmungen des Besatzungsstatuts läßt sich über die rechtliche Fundierung des Vetos endlos debattieren. Dem Bund soll die volle gesetzgebende Gewalt zustehen. Die Steuern gehören nicht zu den Reservatrechten, die sich die Alliierten vorbehielten. Gegen Maßnahmen auf diesem Gebiet sollte grundsätzlich nur interveniert werden, falls wesentliche Besetzungsziele gefährdet werden.

Gewichtiger als die rechtliche und wirtschaftliche Seite des Problems ist der politische Aspekt. In einem Land, wo die Demokratie Fuß fassen soll, ist ein Veto gegen einen legislativen Akt vom politischen Standpunkt bedenklich. Der Vorfall zeigt die ganze Problematik der „Erziehung zur Demokratie" durch eine Besetzungsmacht, da sie letzten Endes mit einem Mittel operieren muß, das Antipode demokratischer Willensbildung ist: dem Befehl, dem „arrêt du prince". Die Häufung des Vetos ist aber ein psychologischer Fehler, weil dies das Ansehen von Regierung und Parlament bei den Deutschen aushöhlt. Die Schwäche der bizonalen Verwaltung war, daß sie im Rufe stand, alliierte Instruktionen in die Gesetzesform umzugießen. Die Propaganda des Ostens gewinnt das Argument, die Bundesrepublik werde vom Westen gegängelt. Daß solche Erwägungen nicht in den Wind geschlagen werden dürfen, zeigt eine Untersuchung der Deutschen Wirtschaftspolitischen Gesellschaft, die in einer Enquête nach den Methoden des Gallup-Instituts feststellte, daß das Einver-

---

[35] Schäffer, Fritz (1888–1967), 1920–1933 MdL Bayern, 1929–1933 Vorsitzender der Bayerischen Volkspartei, 1931–1933 als Staatsrat Leiter des Finanzministeriums, 1945 Ministerpräsident, 1949–1957 Bundesfinanzminister, 1957–1961 Bundesjustizminister, 1949–1961 MdB (CSU).

ständnis der Bevölkerung mit der Regierung Adenauer seit Januar 1950 von 33 % auf 23 % zurückgegangen sei, weil „Adenauer der Kirche und den Alliierten hörig sei".

Die Situation ist ernst; die Blätter sprechen von einem Sturz der Regierung, die Fraktionen von einer Rückgabe der Verantwortung an die Alliierten bei einer Fortdauer der Vetopolitik, Adenauer selbst erklärte in seiner neulichen Rede in Bad Ems, daß die Regierung ihren Rücktritt erwogen habe. Ich glaube nicht, daß eine dieser Drohungen wahrgemacht werde. Ich glaube auch nicht, daß die Hochkommission durch ihr wiederholtes Veto den Sturz der Regierung Adenauer anstrebt. Sachlich dürfte eine Überbrückung der Differenzen möglich sein; Verhandlungen sind im Gange und werden hoffentlich zu einem Ausgleich führen. Was übrig bleibt, sind psychologische Schäden am Vertrauen. Wie zur Zeit der Weimarer Republik empfängt die deutsche Regierung von den Alliierten zu wenig Ermutigungen. Angesichts der wachsenden Spannungen in der Welt ist die augenblickliche Auseinanderentwicklung bedauerlich. Daß die Eingliederung Westdeutschlands an der Tafelrunde der Völkergemeinschaft von Schwierigkeiten begleitet sein würde, war zu erwarten. Der Prozeß der völkerrechtlichen Mündigsprechung vollzieht sich nie ohne Krisen, weil der Kandidat sich schon vor der formellen Aufnahme für mündig hält und mitsprechen will.

25. Mai 1950

10 Die Deutschland-Deklaration der Londoner Außenministerkonferenz[36] läßt bedeutsame Änderungen erwarten; dem Besetzungsregime wird ein neuer Sinn gegeben: Schutzorganisation im gemeinsamen Interesse Deutschlands und Europas. Das Communiqué brachte die Ankündigung der Revision des Besatzungsstatuts, verhieß ausdrücklich Befreiung „von den zur Zeit noch auferlegten Kontrollen" sowie Wiederherstellung der Souveränität. Für alles das wurden zwar keine festen Termine genannt. Vielmehr die Erfüllung dieses Programms von der Bedingung abhängig gemacht, daß in Deutschland „ein Zustand echter Demokratie" Platz greife. „Dies certus, incertus quando . . ." Mit der Revision des Besatzungsstatuts dürfte bereits für den Herbst zu rechnen sein. Eine Studienkommission wurde mit dieser Aufgabe betraut. An ihr sollen auch Deutsche beteiligt werden; ein wichtiger Punkt, nicht nur wegen der Sachverständigkeit der Deutschen für deutsche Fragen, sondern weil das künf-

---

[36] In einer Erklärung zur Deutschlandpolitik war die Revision des Besatzungsstatuts angekündigt worden. Zur deutschen Einheit legten die Außenminister fest, daß der erste Schritt zur Wiedervereinigung freie Wahlen zu einer gesamtdeutschen Konstituante sein müßten. Nach der Bildung einer gesamtdeutschen Regierung durch diese Versammlung könnten sich die Vier Mächte der Friedensregelung zuwenden. Gleichzeitig mit dieser Deklaration eröffneten die Westmächte einen Notenwechsel mit der UdSSR über gesamtdeutsche Wahlen.

tige Statut damit das Odium des Diktats verlöre. Das gegenwärtig in Kraft stehende Besatzungsstatut ist, wenn nicht tot, so doch deutlich ausgehöhlt. Eine Illustration: Deutsche und Franzosen verhandeln – ohne Briten – über den Schuman-Plan[37]. Niemand kümmert sich darum, ob solche separaten Verhandlungen dem Statut entsprechen. Das natürliche Gefälle der Politik geht in Richtung Wiederherstellung der Souveränität. Der bekannte amerikanische Journalist Lippmann[38] hat diese neue Lage in einer scharf pointierten Formel zusammengefaßt: „The Western Allies can retain the supreme authority only if they do not exercise it against the will of the German government." Richtung und Ziel dieser Evolution ist, daß aus den alliierten Hochkommissaren Botschafter ohne Regierungsbefugnisse und mit wenigen Kontrollkompetenzen [werden].

Wir werden gut beraten sein, die Konsequenzen aus dieser Situation rechtzeitig zu ziehen. Die Zeit der Abkommen, wo Deutschland tangierende Fragen ohne Mitwirkung von Deutschland verhandelt wurden, ist schon lange vorbei. Wir müssen bedacht sein, Bande aus dieser Periode zu lockern und jedenfalls alles vermeiden, was sie befestigt. Wie bisher oder vielleicht noch mehr als bisher sollten wir die politischen und psychologischen Reaktionen unseres nördlichen Nachbarn in Rechnung stellen.

Ich hatte gestern Gelegenheit, Wirtschaftsminister Erhard unmittelbar nach seiner Besprechung mit Monnet[39] zu sprechen. Ich war gespannt, wie sich der klassische Liberalist äußern würde über diese Begegnung mit einem großen Vertreter des Dirigismus und Planismus. Erhard drückte sich durchaus positiv aus. Man habe hauptsächlich über Fragen des Vorgehens gesprochen. Bei den kommenden Besprechungen sollen zunächst die Regierungsvertreter zu Wort kommen. Für die Beratung und die Einigung über die Einzelfragen des Planes sieht Minister Erhard erhebliche Schwierigkeiten voraus. Indessen sieht er im großen ganzen optimistisch. Für beide Seiten komme es darauf an, daß man nicht einen großen und guten Gedanken fallen lasse wegen der Erhaschung oder des Verlustes eines Einzelgewinnes.

29. Juni 1950

Der Kriegsausbruch in Korea hat hier, wo die Demarkationslinie zwischen Ost **11** und West mitten durchs Land verläuft, tiefsten Eindruck, jedoch keine Panik verursacht. Das Schicksal Koreas weist unheimliche Parallelen zu dem deut-

---

[37] Der Schuman-Plan zur Errichtung einer „Europäischen Gemeinschaft für Kohle und Stahl" wurde am 9.5.1950 in Paris und Bonn bekanntgegeben.

[38] Lippmann, Walter (1889–1974), amerikanischer Publizist, Mitarbeiter verschiedener Zeitungen, vor allem der „New York Herald Tribune", wurde durch seine politischen Kommentare bekannt.

[39] Monnet, Jean (1888–1979), französischer Politiker, 1950 Entwicklung des Plans eines Zusammenschlusses der westeuropäischen Schwerindustrie (Schuman-Plan), 1952–1955 Vorsitzender der Hohen Behörde der Montanunion.

schen auf. Beide Länder sind geteilt in eine russische und amerikanische Besetzungszone, in beiden wurden Regierungen gebildet, die ein Abbild der Anschauungen der Besetzungsmächte waren: kommunistisches Regime im einen, demokratisches im andern. Als die Regierung in Nord-Korea genügend gefestigt erschien, glaubte der Kreml, den Rückzug der Besatzungen vornehmen zu können. Der moralische Druck, der von dieser Maßnahme ausging, war so stark, daß auch die Amerikaner ihre Truppen zurückzogen. Bekanntlich lag eine solche Anregung auch in Deutschland in der Luft. Nach den Ereignissen in Korea dürfte indessen die Parole von der Evakuierung Deutschlands kaum mehr Echo bei der Bevölkerung finden.

Die kühne und schnelle Intervention der U.S.A. in Korea wird hier im allgemeinen gebilligt, ja sogar mit Erleichterung aufgenommen, denn man befürchtete, daß bei einem passiven oder bloß verbalen Verhalten die koreanische Methode bald gegenüber andern Fortsetzung fände. Mit äußerster Spannung wartet man, ob eine russische Gegenintervention stattfindet. Was dieses Risiko des dritten Weltkrieges anbetrifft, sind die Meinungen geteilt, aber die Auffassung, daß die Sowjets nicht zum Kriege entschlossen sind, überwiegt. Diese Meinung vertreten insbesondere diejenigen, die Rußland oder die Russen aus eigener Anschauung kennen. Ihres Erachtens habe Rußland an diesem Probefall die Festigkeit der amerikanischen Außenpolitik ergründen wollen, aber mit einer so entschlossenen Reaktion Amerikas nicht gerechnet. Für diese Auffassung militiert, daß der wirkliche Krieg als totale Überraschung eingeleitet würde.

Die letzte Londoner Außenministerkonferenz hatte eine Revision des Besatzungsstatuts beschlossen, ohne indessen einen Termin zu nennen. Nächstens tritt ein Studienkomitee zusammen, um zu prüfen, ob Lockerungen und Liberalisierungen der alliierten Kontrollen stattfinden sollen. Von meinen Kontakten mit dem amerikanischen, britischen und französischen Political Adviser gewann ich den Eindruck, daß ziemliche Divergenzen in ihren Ansichten bestehen. McCloy deutete in seiner kürzlichen Rede in Hannover an, daß keine Aufsehen erregenden Änderungen zu erwarten seien. Die britischen und französischen Auffassungen scheinen weiter zu gehen. Was die Deutschen anbetrifft, so sind sie – wie gewöhnlich – voll der hochgespanntesten Erwartungen.

Während bisher eher die Amerikaner die Schrittmacher für Lockerungen waren, scheinen in der Frage der Revision des Besatzungsstatuts die Briten diese Rolle übernommen zu haben. Ich hatte den Eindruck, daß sie die direkten Kontrollen der innerdeutschen Angelegenheiten als ein überlebtes System fallen lassen wollen. Sie scheinen dazu zu neigen, Deutschland eine beschränkte Souveränität zu gewähren und aus der Hochkommission einen alliierten Botschafterrat zu machen, mit einem Vetorecht in Notfällen. Zurückhaltender sind die Briten hinsichtlich der Lockerung der wirtschaftlichen Kontrollen.

Die Amerikaner scheinen, wie gesagt, mehr für die Beibehaltung der bisherigen Kontrollen für eine weitere Zeit zu sein. Für sie ist die Demokratisierung

Deutschlands der Hauptpunkt. Sie wollen die Lockerungen abhängig machen von den Ergebnissen der Erziehung zur Demokratie. Ob dieses Ziel durch ein System von Kontrollen und direkten Einwirkungen der Besatzungsmächte besser erreicht wird? Diese Erziehung muß die deutsche Regierung besorgen und vor allem das deutsche Volk selbst!

In der französischen Politik, welche von den Anglosachsen oft als obstruktionistisch empfunden wurde, scheint in Zusammenhang mit dem Schuman-Plan eine Änderung ihrer Einstellung zum deutschen Problem sich abzuzeichnen. Sie äußern überraschend liberale Auffassungen, was die Gestaltung des Besatzungsstatuts anbetrifft, und insbesondere eine gewisse Bereitschaft, die direkten Regierungsbefugnisse, welche das Okkupationsstatut gibt, abzubauen und sich solche Eingriffe nur für Notfälle vorzubehalten. Sie sind zurückhaltender hinsichtlich der deutschen Souveränität.

Bereits im Zeichen dieser Gedankengänge liegt die jüngste Ankündigung Frankreichs, am 3. Juli die Beendigung des Kriegszustandes zu beantragen. Diese offiziell und öffentlich abgegebene Erklärung dürfte bei den übrigen Alliierten Nachahmung finden. Die Begründung ist mehr als einleuchtend: nachdem infolge der bedingungslosen Kapitulation der ehemalige Gegner nicht mehr in Erscheinung trete, bestehe auch der Kriegszustand im juristischen Sinne nicht mehr. Selbstverständlich zielt die französische Initiative nicht auf einen Separatfrieden mit Westdeutschland ab. Ein solcher Abschluß würde die Zweiteilung Deutschlands sanktionieren und die gegenüber Rußland übernommene Verpflichtung, keinen Separatfrieden abzuschließen, verletzen. Die Beendigung des Kriegszustandes würde vielen Diskriminierungen ein Ende setzen, denen deutsche Staatsangehörige, deutsches Vermögen und Transaktionen bis zur Stunde noch ausgesetzt sind, und vor allem das politisch-psychologische Klima weiter aufhellen.

20. Juli 1950

Ich machte gestern meinen Antrittsbesuch beim neuen britischen Hochkommissar, Sir Ivone Kirkpatrick. Das britische Hauptquartier zeigt ein verändertes Gesicht: es hat seine bisherigen militärischen Züge gänzlich abgestreift; nicht mehr Adjutanten, sondern Beamte des Foreign Service empfangen und geleiten den Besucher. Sir Ivone Kirkpatrick ist Diplomat von Karriere, wirkte von 1933–1938 an der Britischen Botschaft in Berlin und in den letzten Jahren als Leiter der deutschen Abteilung im Londoner Außenamt. Er kennt somit die deutsche Frage aus langjähriger Erfahrung und beherrscht auch die Sprache des Landes fließend. **12**

Ich gewann denn auch den Eindruck, daß Sir Ivone großzügig und aufgeschlossen den deutschen Fragen entgegentritt. Mit der Lage in Deutschland ist er in den großen Zügen zufrieden. Ernste Bedenken bereitet ihm das Aufkommen der Flüchtlingspartei: es sei anzunehmen, daß sie in allen Ländern mit vielen Flüchtlingen große Erfolge erringen und in den Fragen der innern und äußern Politik Verwirrung stiften werde. Sehr ablehnend und temperamentvoll äußerte sich Kirkpatrick zu Adenauers Bestrebungen, die „kleine Koalition", welche die Formel der Bundesregierung ist, in den verschiedenen Ländern durchzusetzen. Er verstehe nicht, warum die Sozialdemokratie unnötig in schärfere Opposition getrieben werden solle.

Wir sprachen dann von den schweizerisch-deutschen Beziehungen. Ich umschrieb als Ziel meiner Mission die Normalisierung und Wiederherstellung des traditionellen Waren-, Geld- und Personenverkehrs und bezeichnete dieses Bestreben als einen wirksamen Beitrag zur Stabilisierung Deutschlands, und zwar nicht nur der ökonomischen, sondern auch der politischen Konsolidierung, indem intensivierte Kontakte mit einem neutralen und demokratischen Land wie der Schweiz sich fördernd auf die politische Konsolidierung auswirken. Sir Ivone nahm diesen Gedanken sofort auf und bekannte sich spontan und ausdrücklich zu seiner Richtigkeit. Er erkundigte sich, wie ich mit der Gestaltung der Beziehungen zur Bundesregierung zufrieden sei. Ich erwiderte ihm, daß diese sich in sehr angenehmen Formen abspielen. Ich benutzte aber auch die Gelegenheit, um Klagen, die von unseren Handelsdelegationschefs oft geäußert wurden, zu Gehör zu bringen. Bei unseren zwischenstaatlichen Verhandlungen erwiese sich der Mechanismus als äußerst schwerfällig. Vereinbarungen, die von unseren Delegationen fertig ausgehandelt wurden, brauchten Monate, bis sie ratifiziert werden. Es seien Fälle vorgekommen, wo das Ratifikationsverfahren mehr als die Hälfte der Laufzeit der Vereinbarungen ausmachte. Ich verschwieg auch nicht, wie hemmend es für unsere Delegationsführer sei, wenn gegen ausgehandelte Vereinbarungen im Ratifikationsverfahren Veto eingelegt wird.

Das Gespräch wandte sich der internationalen Lage zu. Sir Ivone Kirkpatrick ist nicht pessimistisch. Für die unmittelbare Zukunft hegt er keine Befürchtungen. Daß die Amerikaner in Korea den Handschuh aufnahmen, kam für die Russen völlig überraschend. Wäre dies nicht geschehen, so wäre es zu einer Katastrophe gekommen. Er glaubt nicht an eine direkte militärische Intervention der Russen weder im Korea-Konflikt noch anderswo. Die Gerüchte über Jugoslawien hält er für übertrieben; bei einem Vorgehen von Bulgarien, Rumänien oder Ungarn wäre es übrigens zweifelhaft, wer den kürzern ziehen würde. Nach seinem Dafürhalten wird die Lage in 3 – 4 Jahren wirklich kritisch werden, falls es der westlichen Welt nicht gelingt, in der Zwischenzeit sich militärisch zu stärken und politisch zu festigen.

Sir Kirkpatrick kam soeben von seinem offiziellen Besuch in Berlin zurück. Zum Empfang, der veranstaltet wurde, seien auch die Russen gekommen und seien zu ihm von ausnehmender Liebenswürdigkeit gewesen.

9. August 1950

Nach wie vor ist man hier wegen der internationalen Lage außerordentlich **13**
präokkupiert. Indessen wird die Rückkehr der sowjetischen Delegation zu den
Beratungen der UNO als Indiz gegen militärische Absichten Rußlands gedeu-
tet. Nachdem der Nachrichtendienst in Korea total versagt hat, ist man skeptisch geworden. Immerhin bleibt zu registrieren, daß die Amerikaner, welche
sehr vorsichtig und ängstlich geworden sind, nichts über Konzentrationen in
der sowjetischen Zone wissen wollen. Ein Anmarsch von Truppen in der erforderlichen Stärke könnte nicht völlig unbemerkt bleiben. Unter den Amerikanern selbst herrscht große Ängstlichkeit. Eine Reihe von Beamten hat es
vorgezogen, ihre hiesigen Anstellungsverhältnisse zu künden und nach den
Vereinigten Staaten heimzukehren.

Was die Besatzungstruppen in Deutschland anbetrifft, so sind sie bekanntlich von sehr geringer Stärke. Ihre Qualität hat sich erheblich verbessert. Insbesondere war die amerikanische Armee in den Jahren unmittelbar nach Beendigung der Feindseligkeiten in ihrem Kampfwert sehr gesunken: alle kriegser-
fahrenen Truppen waren entlassen und durch junge und kaum ausgebildete
Leute ersetzt, deren Disziplin durch die Verwendung als Besatzungstruppe
nicht stieg, sondern eher sank. Seit 1948, unter der Leitung des Oberkomman-
dierenden General Clarence Huebner, hat diese Truppe durch zielbewußtes
militärisches Training und zahlreiche Manöverübungen wieder ein befriedi-
gendes militärisches Niveau erreicht.

Mit gemischten Gefühlen wurde von der deutschen Seite die Nachricht aufgenommen, daß die 26 000 Angehörigen der in amerikanischem Dienst stehenden Arbeitskompanien bewaffnet werden sollen. Die Mehrzahl der Leute sind
Deutsche. Die Angehörigen dieser Arbeitseinheiten waren als Hilfspersonal in
Armeewerkstätten, Flugplätzen, Magazinen und im Transportwesen beschäf-
tigt, ein Teil auch im Bewachungsdienst. In ihrer jetzigen Form handelt es sich
um eine militärisch wertlose Gruppe. Ein sehr großer Teil habe übrigens die
Annahme von Waffen abgelehnt. Die Maßnahme erscheint ziemlich ungeschickt, da sie militärisch mehr oder weniger wertlos und nur dazu angetan ist,
der andern Seite noch mehr Anlaß zum Ausbau ihrer militärischen Vorbereitungen zu geben.

Unter dem Druck der Lage hat die Hochkommission beschlossen, einer Erhöhung der deutschen Polizeimannschaften um 10 000 Mann zuzustimmen.
Diese Formationen sollen kaserniert, motorisiert und mit einer noch nicht näher definierten „Sonderbewaffnung" versehen werden. Indessen soll es sich
dabei nicht um eine Bundespolizei handeln, sondern um Mannschaften, die
den Landesregierungen unterstehen. Immerhin soll ein zentraler Einsatz und
ein zentraler Befehl für Notstandfälle vorgesehen sein. Die bisherigen Polizei-
einheiten in den Ländern sollen etwa 100 000 Mann zählen.

Alle offiziellen Stimmen lehnen nach wie vor die Wiederbewaffnung

Deutschlands ab. Indessen ist mit den oben geschilderten Maßnahmen dieses Prinzip zweifellos verlassen worden und ein Weg beschritten, von dem man noch nicht weiß, wohin er führt.

10. Oktober 1950

14 Bei meiner Rückkehr nach Frankfurt fand ich bei Deutschen wie Alliierten eine beruhigtere Stimmung vor. Die in Korea eingetretene militärische Wendung trug das ihrige bei, obwohl es allgemeine Überzeugung ist, daß die mit der Überschreitung des 38. Breitengrades einsetzende zweite Phase des koreanischen Krieges diplomatisch noch heikler werden dürfte. Stark zur Beruhigung der Gemüter haben beigetragen die Erklärungen der Washingtoner Außenministerkonferenz, daß die drei Besetzungsmächte auf eine Aggression auf Westdeutschland wie auf einen Angriff auf sich selbst reagieren würden. Dies ist wesentlich mehr als bisher versprochen wurde: bis anhin handelte es sich lediglich um Hinweise der Hochkommissare, daß ein Angriff auf die Truppen der Besetzungsmächte automatisch zum Kriege führen würde. Nunmehr wurde von höchster Stelle ausdrücklich und feierlich versichert, daß eine Aggression Westdeutschlands den casus belli bedeuten würde. Die Sicherheit der Bundesrepublik wurde dadurch in nicht zu unterschätzender Weise gestärkt. Das weitere Versprechen, die Bestände der alliierten Truppen in Westdeutschland zu erhöhen, hat die Deutschen weniger beruhigt. In der Tat kann kaum damit gerechnet werden, daß eine wesentliche Verstärkung vor dem Sommer 1951 erfolgen könnte.

Es ist somit gerade während der kritischsten Phase, wo die Verteidigung im Aufbau steht, noch nicht mit einem wirksamen militärischen Schutz zu rechnen. Dies ist auch der Hauptgrund für die Zurückhaltung der Deutschen – Regierung, Opposition und Öffentlichkeit – gegenüber der deutschen Wiederaufrüstung.

Die kommunistischen Demonstrationen in den westdeutschen Städten sind gänzlich erfolglos verlaufen. Der Fehlschlag war noch vollkommener als in Österreich, weil die Manifestationen bei der Bevölkerung keinerlei Resonanz fanden; 2000 Demonstranten in Hamburg war das Maximum. Die Polizei war überall und in jedem Moment Herr der Lage. Sie operierte geschickt und es gelang ihr namentlich, massiven Zuzug aus der Ostzone zu unterbinden. Indessen ist jederzeit mit Wiederholung solcher Aktionen zu rechnen. Die Streikwelle, von der seit dem Sommer die verschiedenen Gebiete der deutschen Produktion erfaßt werden, steht damit in keinem Zusammenhang; sie hat keinen politischen Charakter. Es handelt sich um echte Lohnkämpfe, die nicht ohne Berechtigung sind. Schon zur Zeit der Abwertung im September 1949 standen die deutschen Löhne auf des Messers Schneide. Nach der Abwertung setzten langsam aber unaufhaltsam Erhöhungen der Lebenskosten ein, die sich seit dem Krieg in Korea stark steigerten. Lohnerhöhungen sind daher seit langem fällig und Lohnverhandlungen auf der ganzen Linie im Gange. Augenblicklich ist die ganze deutsche Binnenschiffahrt durch Streiks lahmgelegt und die Kette der Streiks dürfte nicht so bald abreißen. Andererseits zeichnet sich eine wachsende Konjunktur seit dem koreanischen Konflikt ab. In der stahl- und eisenverarbeitenden Industrie sind die Auftragsportefeuilles dick gefüllt; die Arbeitslosigkeit hat stark nachgelassen: die Zahl der Arbeitslosen ist von dem Höchststand im Frühling von 2 Millionen auf 1,2 Millionen gesunken. Dazu hat das Arbeitsbeschaffungsprogramm der Regierung – wegen seines langsamen Anlaufens – nur wenig beigetragen. Die Exporte steigen und das Defizit der Außenhandelsbilanz vermindert sich mit jedem Monat. Im Dezember 1949 betrug das Passivum der Außenhandelsbilanz 75 Millionen Dollars und im August 1950 29 Millionen. Das Problem der Dollarlücke erfährt auch in Westdeutschland eine rasch zunehmende Entspannung.

Das Ansehen des Parlaments erleidet augenblicklich einen schweren Stoß durch einen gravierenden Bestechungsskandal. Es scheint sich zu erweisen, daß verschiedene Abgeordnete des Bundestages Bestechungsgelder angenommen haben, als es galt, Frankfurt oder Bonn als provisorische Hauptstadt zu bezeichnen. Durch diesen Bestechungsskandal wird nicht nur das Parlament sondern alle Institutionen des Staates bei den Massen schwer diskreditiert, von denen schon bis anhin nicht behauptet werden konnte, daß sie bereit wären, für die Verteidigung der staatlichen Einrichtungen auf die Barrikaden zu steigen.

Eine schleichende Krise besteht auch in der Regierung Adenauer; nicht eine Regierungskrise in dem Sinne, daß der Bundeskanzler im Parlament gestürzt werden könnte, aber eine Krise innerhalb seines Kabinetts. Es fehlte in der letzten Zeit wiederholt an der Kohäsion des Kabinetts. Gezwungen durch die Verhältnisse, aber auch seinem Temperament entsprechend, verfährt der Kanzler bisweilen eigenmächtig, ohne die zuständigen Ressortminister zu konsultieren. Dies hat zu einem Konflikt mit dem Innenminister Heinemann[40], dem Exponenten der protestantischen Kreise, geführt. Indessen ist nicht mit einer Regierungskrise zu rechnen.

Die Washingtoner Außenministerkonferenz konzedierte Westdeutschland ein Außenministerium. Die Besetzung dieses Amtes wird in politischen Kreisen viel erörtert. Dem Bundeskanzler wird die Absicht zugeschrieben, das künftige Außenministerium zu übernehmen. Diese Personalunion wird von der Opposition kategorisch abgelehnt, aber auch von vielen Mitgliedern der Regierungspartei. Der Kanzler sei durch die vielfältigen Aufgaben seines Am-

---

[40] Heinemann, Gustav (1899–1976), Rechtsanwalt, nach 1933 in der Bekennenden Kirche, 1945 Mitgründer der CDU in Essen, 1946–1949 Oberbürgermeister in Essen, 1949–1955 Präses der Synode der Evangelischen Kirche in Deutschland, 1949/50 Bundesinnenminister, 1952 Austritt aus der CDU und Gründung der Gesamtdeutschen Volkspartei (GVP), 1957–1969 MdB (SPD), 1966–1969 Bundesjustizminister, 1969–1974 Bundespräsident.

tes bereits derart in Anspruch genommen, daß die Übernahme des Außenministeriums durch ihn die Bewältigung der außenpolitischen Aufgaben in Frage stelle. Obwohl sich im Parlament die Mehrheit für die Übernahme des Außenministeriums durch eine selbständige Persönlichkeit aussprechen würde, ist es fraglich, ob sich diese Richtung durchsetzen wird, denn gemäß Verfassung kann über die Frage – sonderbarerweise – die Exekutive ohne Befassung des Parlaments entscheiden.

5. Dezember 1950

15 Ich hatte dieser Tage Gelegenheit, mich mit einer hohen, dem Bundeskanzler nahestehenden Persönlichkeit über verschiedene aktuelle Fragen zu unterhalten und erlaube mir, Ihnen einige Aufzeichnungen über die gewonnenen Eindrücke zu geben.

Den Landtagswahlen in Hessen[41], Württemberg[42] und Bayern[43], welche der Christlich-Demokratischen Union schwere Verluste und den Sozialdemokraten namhafte Gewinne eintrugen (im hessischen Parlament errangen sie die absolute Mehrheit, im württembergischen und bayerischen werden sie zur stärksten Partei) kommt viel mehr als regionale Bedeutung zu. Daß sie sich indirekt gegen die Bonner Regierung richten, ist nicht zu leugnen. Indessen darf ihre Bedeutung nicht überschätzt werden. Zunächst scheidet eine Regierungskrise aus. Wer den Kanzler kennt, weiß, daß er mit seiner parlamentarischen Mehrheit von zwei Stimmen und selbst in die Minderheit versetzt, weiter regieren wird, denn gemäß der Verfassung muß er nur zurücktreten, wenn das Parlament sich auf einen neuen Kandidaten einigt. Die parteipolitische Konstellation macht dies unwahrscheinlich. Dagegen wird der Wahlausgang Schumachers Ruf nach Neuwahlen starken Auftrieb geben und da der Kanzler diesem Begehren wohl kaum entsprechen dürfte, wird die Spannung zwischen Regierung und Opposition sich noch mehr verschärfen. Deutschland, das in der letzten Zeit eine Periode relativer Stabilität hatte, geht einem Zustand vermehrter politischer Labilität entgegen.

Es wäre falsch, in dem Wahlresultat ein Plebiszit gegen Adenauer zu sehen. Dem „einsamen Kanzler", obwohl er Westdeutschlands stärkste staatsmännische Begabung sein dürfte, wird eine „nota censoria" erteilt. Dies liegt stark an seiner kalten Natur, die nur an den Verstand appelliert und deshalb die Massen nicht mitzureißen vermag. Wenn Adenauer als autoritär hingestellt wird, so

---

[41] Landtagswahlen in Hessen vom 19.11.1950: SPD 44,6 %, FDP 31,8 %, CDU 18,8 %; Mandate: SPD 47, FDP 21, CDU 12.

[42] Landtagswahlen in Württemberg-Baden vom 19.11.1950: SPD 33 %, CDU 26,3 %, DVP/FDP 21,1 %, DG/BHE 14,7 %; Mandate: SPD 34, CDU 28, DVP/FDP 22, DG/BHE 16.

[43] Landtagswahlen in Bayern vom 26.11.1950: SPD 28 %, CSU 27,4 %, BP 17,9 %, BHE/DG 12,3 %, FDP 7,1 %; Mandate: SPD 63, CSU 64, BP 39, BHE/DG 26, FDP 12.

wird man ihm nicht gerecht. Die Aufgabe, einen Staat wie Westdeutschland in kürzester Zeit aufzubauen und noch dazu unter dem Druck einer drohenden internationalen Lage, zwingt ihn, aktiv und rasch zu verfahren, besonders wenn man bald 75 Jahre alt ist. Ein autoritäres Regime widerspräche den Grundlagen seiner Weltanschauung. Nicht nur aus politischer, sondern aus ethischer Überzeugung fühlt er sich seiner Verantwortung gegenüber der Demokratie bewußt. An Hilfen seitens der Alliierten hat es ihm bisher gefehlt. Sie halten mit Konzessionen, für die der psychologische Moment längst gekommen ist, zurück, ähnlich wie seinerzeit gegenüber Reichskanzler Brüning[44]. Adenauer brauchte in der Frage der Gleichberechtigung Deutschlands einige für die Massen sichtbare Erfolge, um ihre geschlossene Gefolgschaft zu gewinnen.

Die Wahlen als Veto gegen die Remilitarisierung anzusprechen wäre unrichtig. Die Wahlkampagne wurde nicht unter dieser Parole geführt. Wie das Volk in diesem Punkt denkt, ist allerdings eine ganz andere Frage. Gäbe es eine Volksabstimmung (die deutsche Verfassung kennt sie nicht!), so wäre nur mit einer knappen Mehrheit zu rechnen. Die Einstellung zum Militär hat sich in Deutschland grundlegend gewandelt!

Es sei so gut wie beschlossen, daß das künftige Außenministerium nicht vom Bundeskanzler geführt werde. Adenauer scheint bereit, diesem allerseits geäußerten Wunsch zu entsprechen. Über die Person ist noch kein Entschluß gefaßt. Einer der möglichen Kandidaten könnte der gewesene Rektor der Universität Frankfurt: Professor Hallstein[45] sein, den der Kanzler in letzter Zeit wiederholt mit wichtigsten Aufträgen betraute: Leitung der deutschen Delegation bei der Schuman-Plan-Konferenz und bei den Verhandlungen des Ministerrates der Europäischen Union in Rom.

Ich erkundigte mich bei meinem Gewährsmann, was er von den Gerüchten halte über einen Kurswechsel der Wirtschaftspolitik und einer Ersetzung des Bundeswirtschaftsministers Erhard. Wie Sie wissen, ertönt seit der deutschen Zahlungskrise bei vielen statt des bisherigen „Hosianna" ein „Kreuziget ihn!" Mein Gewährsmann erklärte mir auf das Bestimmteste, daß der Kanzler völlig hinter Erhard und seiner Wirtschaftspolitik stehe, insbesondere soll an der Liberalisierung und der Währung festgehalten werden.

Wir berührten das Problem der von den Alliierten geforderten Anerkennung der Auslandsschulden des Reiches. In Kreisen der Parlamentarier macht sich ein zunehmender Widerstand geltend gegen die Anerkennung. Der Bun-

---

[44] Brüning, Heinrich (1885–1970), 1924–1933 MdR (Zentrum), seit 1929 Fraktionsführer, 1930–1932 Reichskanzler, 1934 Emigration in die USA.

[45] Hallstein, Walter (1901–1982), Professor für Privat- und Gesellschaftsrecht, 1950 Leitung der deutschen Delegation für die Pariser Schuman-Plan-Konferenz, 1950 Staatssekretär im Bundeskanzleramt, 1951 Staatssekretär im Auswärtigen Amt, 1958 Präsident der EG-Kommission in Brüssel, 1969–1972 MdB (CDU).

deskanzler beabsichtigte aber getreu seinen bisherigen Äußerungen, die Anerkennung auszusprechen; er ist im Begriff, den Gedanken sich zu eigen zu machen, daß die Bundesrepublik nicht nur Rechtsnachfolgerin des ehemaligen Reiches, sondern mit ihm identisch sei. Ich machte meinen Interlocutor darauf aufmerksam, daß der von den Alliierten vorgelegte Text für die Anerkennung die Schweiz gar nicht befriedige, denn er decke eine für uns wesentliche Kategorie von Reichsschulden nicht. Mein Gesprächspartner erwiderte, daß mit der These von der Identität der Bundesrepublik mit dem Reich das Problem der Anerkennung der schweizerischen Forderungen seine automatische Lösung fände. Das Kabinett hat über den ganzen Fragenkomplex noch nicht Beschluß gefaßt, indessen bewege sich die Auffassung des Kanzlers in der beschriebenen Richtung. Was das Parlament anbetrifft, so beabsichtige Adenauer vor Abgabe irgendwelcher Erklärungen an die Alliierten, die Kommission für Auswärtige Angelegenheiten zu konsultieren. Dem Plenum würde die Frage zur Ratifizierung vorgelegt.

Was die augenblickliche Kriegsgefahr anbetrifft, so faßte Herr N. seine Meinung dahin zusammen: Die Lage sei so schlecht, daß der Krieg eigentlich von einem Tag zum andern ausbrechen könnte, indessen glaubte er doch nicht an den fatalen Ausgang, insbesondere nicht an eine militärische Initiative der Russen. Ein verhängnisvolles Element für die Entwicklung schuf die mißverstandene Erklärung Trumans betreffend den Einsatz der Atombombe. Im koreanischen Krieg könnte ihr Einsatz kaum Abhilfe bringen, dagegen könnten Trumans Äußerungen bei den Russen eine Panik vor dem nicht lokalisierten Einsatz der Atomwaffe auslösen. In der gegenseitigen Furcht sieht er das gefährliche Imponderabil.

18. Dezember 1950

16 Die verschiedenen Fragen, die derzeit im Vordergrund der deutschen Politik sind: Schuldenanerkennung, Revision des Besatzungsstatuts und Remilitarisierung, stehen im Zeichen gravierender Verwicklungen. Als ich vor zehn Tagen den Bundeskanzler sprach, äußerte er sich bezüglich der Schuldenanerkennung erstaunlich zuversichtlich. Inzwischen hat der Auswärtige Ausschuß, durch den sich Adenauer decken lassen wollte, diese Rückendeckung nicht erteilt. Im Gegenteil, die Debatte – der der Kanzler wegen Verhandlungen mit der Hochkommission nicht beiwohnen konnte – zeigte stärkste Widerstände nicht nur bei der Opposition, sondern auch in den Fraktionen der Koalition. Der Chef der Opposition, Schumacher, stieß die vehementesten Warnungen aus gegen Adenauers Absicht, einen „Blankoscheck" auszustellen. Es ginge zu weit, aus diesen Stimmen den Schluß zu ziehen, die Opposition sei grundsätzlich gegen jede Schuldenanerkennung. Das ist nicht der Fall. Jedenfalls sprach unter diesen Umständen Adenauer die wiederholt angekündigte Anerkennung noch nicht aus. Anderseits würde ein Abbruch der Verhandlungen ihn in eine schwere Krise mit den Besatzungsmächten stürzen und die Revision des Besatzungsstatuts in die Ferne rücken.

Der Kanzler befindet sich zwischen Skylla und Charybdis. Trotzdem habe ich triftige Gründe anzunehmen, daß die Schuldenerklärung doch demnächst zustande kommen wird.

Die andere Frage, welche stark auf die Stellung der Bundesregierung drückt, ist der deutsche Beitrag zur Verteidigung des Westens. Die Kompromißvorschläge (Spofford-Plan)[46] der vorbereitenden Ausschüsse des Atlantikpaktes – deutsche Kontingente von begrenzter Stärke (6000 Mann) und ohne schwere Bewaffnung – stoßen in Deutschland wegen ihres diskriminierenden Charakters auf allgemeine Ablehnung. Das böse Schlagwort vom „deutschen Kanonenfutter" geht um. Dazu kommt die steigende Besorgnis der Bevölkerung wegen der deutschen Sicherheit infolge des ungenügenden militärischen Schutzes der Besetzungsmächte. In der Tat ist bis zur Stunde keine ins Gewicht fallende Verstärkung der Besatzungstruppen erfolgt. Übernimmt die Brüsseler Konferenz die Empfehlungen des Spofford-Planes in Bausch und Bogen, so werden nicht nur die Verhandlungen mit der Bundesregierung sich sehr schwierig gestalten, sondern Adenauer gerät in eine schwere Lage. Indessen dürfte mit Rücksicht auf die geplante Vierer-Konferenz das Tempo in der Frage der deutschen Bewaffnung wahrscheinlich nicht sehr eilig sein, um nicht das Prinzip der Konferenz zum vornherein zu präjudizieren.

Die Lage ist auch insofern nicht ausweglos, als die deutschen Politiker grundsätzlich weder gegen die Schuldenanerkennung noch gegen den Verteidigungsbeitrag sind, sondern nur gegen die Modalitäten, unter denen diese Beiträge eingeräumt werden sollen. Durch die bisherige Behandlung der Frage sind allerdings Deutschland und der Westen sich nicht etwa näher gekommen, sondern haben sich eher voneinander entfernt. Die Situation ist dadurch besonders kompliziert, daß die Verhandlungen zwischen Bundesregierung und den Besetzungsmächten tief in den Fesseln der Innenpolitik stehen, und zwar hüben und drüben, insbesondere in Frankreich und in Deutschland.

Es lassen sich bereits Stimmen aus alliierten Kreisen registrieren, wonach es ein Fehler war, die Revision des Besatzungsstatuts – eine rein politische Frage – mit einer Finanzfrage: der Schuldenanerkennung zu koppeln. Diese Verbindung werde später als Bumerang wirken. Ich glaube daher, wir sind gut beraten, wenn wir bei der Behandlung der Frage unserer allfälligen Akkreditierung bei der Bundesrepublik ein analoges Junktim vermeiden.

---

[46] Charles M. Spofford (geb. 1902), US-Diplomat und amerikanischer Vertreter im NATO-Stellvertreterrat, hatte diese Kompromißformel vorgeschlagen.

1951

4. Januar 1951

17 Der hiesige Neujahrsempfang für die Missionschefs fand am 4. Januar statt. Eine Innovation war, daß es deren zwei waren; dem Empfang am Petersberg bei den Hochkommissaren am Vormittag folgte am Nachmittag ein Empfang beim Bundespräsidenten Heuss. Die akkreditierten Missionen, zwanzig an der Zahl, beteiligten sich vollzählig an beiden Zeremonien. Der Doyen – augenblicklich der luxemburgische Minister – brachte die Glückwünsche dar; beim Bundespräsidenten Heuss in deutscher Sprache und in betont warmem Ton, was beachtenswert ist, da der Sprecher vier Jahre lang politischer Gefangener der Nazis war. Er würdigte die von der Bundesrepublik geleistete Aufbauarbeit in wirtschaftlicher und sozialer Beziehung sowie speziell ihre Entwicklung zu internationaler Geltung.

Vom Empfang bei den Hochkommissaren ist ein Passus aus ihrer Antwort hervorzuheben: Sir Ivone Kirkpatrick erklärte, es sei das letzte Mal, daß die Hohen Kommissare die Missionschefs in ihrer bisherigen Eigenschaft empfangen. Dieser Hinweis ist festzuhalten; er bedeutet Aufforderung zur Akkreditierung der ausländischen Missionen bei der Bundesrepublik und legt den Schluß nahe, daß Staaten, die von der Akkreditierung bei der Bundesrepublik nicht Gebrauch machen, sich eines Tages vis-à-vis de rien befinden könnten.

Beim Empfang am Petersberg hatte ich Gelegenheit, mich mit dem amerikanischen Hochkommissar McCloy zu unterhalten. McCloy zeigte sich sehr besorgt über die Entwicklung in Korea. Noch besorgter fast äußerte er sich über die Angriffe gegen Acheson und die Gegenströmungen der öffentlichen Meinung in Amerika, welche Ausdruck fand in der isolationistischen Rede des Expräsidenten Hoover[47]. Eine ernste außenpolitische Auseinandersetzung kündige sich an. Er selbst sei in den letzten Wochen nicht in Amerika gewesen, könne daher die Stimmung nicht aus eigener Wahrnehmung ermessen, dagegen stimmten ihn Privatbriefe seiner politischen Freunde, auf deren Urteil er viel gebe, nachdenklich. Die amerikanische Öffentlichkeit sei in einem Maße, das zum Aufsehen mahnt, enttäuscht über die „lauwarme" Verteidigungsbereitschaft Europas. Die europäische Haltung werde von weiten Kreisen in den USA als zweideutig empfunden. Die undurchsichtige Stellungnahme der deut-

---

[47] Hoover, Herbert Clark (1874–1964), 1929–1932 Präsident der Vereinigten Staaten (Republikaner).

schen Öffentlichkeit schreibt er der irrigen Auffassung vieler Deutscher zu, wonach die Amerikaner sie vorschieben wollten, um die Kastanien aus dem Feuer zu holen. Ein weiteres Moment sei die Furcht. Interessant ist der Vergleich, der ihm dabei einfiel; er erzählte, daß ihm u. a. ein erbeutetes deutsches Dokument mit einem Bericht betreffend die Schweiz vorgelegt worden sei. Darin wurde ausgeführt, daß die Schweiz, wenn von Deutschland angegriffen, sich unter allen Umständen und mit ihrer ganzen Kraft zur Wehr setzen werde, was den Verlust von fünf oder sechs Divisionen kosten würde, die Deutschland nicht entbehren könne. Der Bericht folgerte, daß unter diesen Umständen ein Angriff auf die Schweiz nicht lohne.

Ihre Entschlossenheit habe der Schweiz den Krieg erspart und, daß sie diese – trotz der damit verbundenen Gefahren – jedermann und jederzeit manifestierte. Ich erwiderte, daß die Entschlossenheit unseres Landes, sich gegen jeden zu verteidigen, der seine Neutralität und Grenzen verletzte, sich nicht geändert habe.

McCloy bestätigte, daß er dieses Jahr mit seinem Stab von Frankfurt nach Bonn übersiedeln werde. In Frankfurt müsse den militärischen Kommandos Platz gemacht werden; da diese verstärkt werden, genügt Heidelberg nicht mehr. Amerikanisches militärisches Zentrum wird Frankfurt. Auf meine Frage, ob Eisenhower[48] etwa sein Quartier in Heidelberg aufschlagen werde, zuckte McCloy lächelnd mit den Schultern. Was die amerikanische Verstärkung anbetrifft, sagte mir McCloy, eine Division werde für Februar erwartet. Gleichzeitig sollte eine weitere Division in Deutschland eintreffen und zwar war die Division vorgesehen, die in der Folge in Hungnam eingeschlossen und dann evakuiert wurde. Dieser Vorfall illustriert schlagend die Knappheit der USA an militärischen Reserven.

Zeigte dieses Gespräch mit McCloy auf, wie verwurzelt im Ausland die Auffassung ist, daß wir uns jedem Angriff gegenüber zur Wehr setzen, so zeigte eine andere kleine Episode des Neujahrsempfangs, wie lebendig die Vorstellung von der helfenden Rolle unseres Landes ist. Beim Bundespräsidenten Heuss stand ich neben meinem italienischen Kollegen und hatte, da dieser nicht deutsch und Heuss nicht französisch kann, als Dolmetscher einzuspringen. Diese Hilfe gab Anlaß zu einem Exkurs in das Thema von der helfenden Rolle der Schweiz im internationalen Leben. Die Schweiz als „Helferin in der Reserve" war das Stichwort, das sowohl von Heuss wie von meinem italienischen Kollegen in verschiedenen Abwandlungen variiert wurde. Die Episode zeigt, eine wie große Bedeutung darauf zu legen ist, diese Vorstellung von der helfenden Schweiz durch ununterbrochene Fortführung der Tradition zu stärken.

---

[48] Eisenhower, Dwight David (1890–1969), amerikanischer Militär und Politiker (Republikaner), 1944 OB der Invasionsstreitkräfte in Nordfrankreich, 1945 General of the Army (höchster US-Militärrang), 1950–1952 OB der NATO-Streitkräfte, 1952–1961 Präsident der Vereinigten Staaten.

Da wir in sehr vielen Situationen besondere Rücksichtnahme beanspruchen
und den „Sonderfall Schweiz" plädieren müssen, ist es wichtig, daß wir auch
das „Pendant", die Überzeugung von unserer helfenden und vermittelnden
Rolle, wach erhalten, da dies die beste Begründung für unsere These des Son-
derfalles Schweiz bildet.

11. Februar 1951

18 In alliierten wie deutschen Kreisen zirkuliert das Gerücht, wonach Rußland an
der geplanten Viermächtekonferenz mit dem Vorschlag hervortreten würde,
Deutschland zu vereinheitlichen, zu räumen, zu entwaffnen und zu neutrali-
sieren. Die Gegenleistung für den Verzicht auf die Remilitarisierung wäre
demnach ein vereinheitlichtes, durch die Großmächte garantiertes Deutschland: ein entwaffneter Pufferstaat! Ob der Kreml tatsächlich derartiges plant,
ist schwer zu beantworten; verschiedene Indizien sprechen dafür, aber auch
manche dagegen. Wie dem auch sei, jedenfalls sah sich Bundeskanzler Adenauer veranlaßt, jetzt schon sich mit diesen Gedanken auseinanderzusetzen. Er
behandelte dieser Tage das Thema sogar in zwei Reden.

Adenauer lehnt eine Neutralisierung der Bundesrepublik ab. Er bezeichnete
eine solche Konzeption als ein Unglück für Europa und für das deutsche Volk.
Eine Neutralität könne nur aufrechterhalten werden, wenn sie mit Waffen verteidigt werde. Er wies auf das Schicksal vieler neutraler Staaten in den beiden
Weltkriegen hin, deren militärische Kraft für eine Verteidigung ihrer Neutralität nicht ausgereicht habe. Als Gegenbeispiel zitierte er die Schweiz: „Die
Schweiz dagegen, die bis an die Zähne bewaffnet ist, ist ein Musterbeispiel für
eine verteidigungsfähige Neutralität." Ein neutralisiertes, aber entwaffnetes
Deutschland wäre preislos den Sowjets überlassen.

Adenauer scheint zu befürchten, der den Russen zugeschriebene Plan könnte in Frankreich Echo finden. Er postulierte daher, daß die Bundesrepublik
über jede Phase der Viererkonferenz unterrichtet werde. Er erklärte, Amerika
und Großbritannien hätten ihm dies zugesichert und „es wäre ihm außerordentlich erwünscht, wenn er auch von Frankreich eine entsprechende Erklärung bekommen würde". In diesem Passus drückt sich Adenauers „cauchemar" aus, Deutschland könnte als „monnaie d'échange" an der Viererkonferenz verwendet werden. Mit Nachdruck betonte der Bundeskanzler, daß
Deutschland die Beschlüsse der „Großen Vier" über das künftige Schicksal
Deutschlands nur annehmen könne, wenn sie mit den Interessen des deutschen
Volkes übereinstimmten. Dabei schlug er einen neuen Ton an, der die verän-
derte politische Stellung Deutschlands zeigt: „Als Chef der deutschen Bundesregierung muß ich sowohl den Osten als auch den Westen darauf aufmerksam
machen, daß wir uns nicht mehr im Jahre 1945 befinden."

Adenauer äußerte sich auch über das Kriegsrisiko. Seiner Ansicht nach wolle
die Sowjetunion keinen Krieg heraufbeschwören; er argumentierte mit dem

Übergewicht des industriellen Potentials im Westen, das die Sowjets kennen und daher wissen, „daß am Ende eine Niederlage des Ostens stände". Der Kanzler wandte sich auch gegen die Ansicht, daß 10–15 deutsche Divisionen von der Sowjetunion als Bedrohung aufgefaßt werden könnten.

Der Kanzler hat sich scharf gegen eine Neutralisierung ausgesprochen. Er sieht darin keine Sicherheit für Deutschland. Er ist der Auffassung, der Vorschlag einer Neutralisierung wäre in erster Linie dazu bestimmt, die Solidarität unter den westlichen Staaten und innerhalb Deutschlands zu zerstören. In der Tat dürfte der Gedanke der Neutralisierung spaltend wirken. Die Deutschen stehen diesem neuen Problem zunächst ziemlich ratlos gegenüber, wie seinerzeit bei der Frage der Wiederbewaffnung. Der sozialdemokratische Pressedienst erklärte, eine Viermächtegarantie für ein neutrales und entwaffnetes Deutschland „sei schon nicht mehr höchste Gefahr, sondern ausgesprochenes Todesurteil." Demgegenüber trat einer der angesehensten sozialdemokratischen Abgeordneten, Professor Baade[49], für eine Viermächtegarantie ein. Diese Gegensätzlichkeit des Urteils innerhalb der homogensten Partei illustriert, welcher Riss durch das Aufwerfen dieser Frage durch das ganze Volk gehen könnte.

23. Februar 1951

Dieser Tage besuchte ich den Führer der deutschen Sozialdemokratie, Dr. **19** Schumacher. Er lud mich in sein prächtig gelegenes Haus am Venusberg ein, von dem der Blick Bonn und das Rheintal beherrscht. Das elegante Haus, im modern, sachlich-komfortablen Stil, steht inmitten eines großen Gartens, der fast als Park wirkt; ein großes Auto steht vor der Tür.

Zur Begrüßung reicht mir Schumacher die linke Hand – den rechten Arm hat er im ersten Weltkrieg verloren; er kann nicht aufstehen – das linke Bein ist amputiert. Seine Zähne sind Stümpfe, seine Lunge angegriffen. Das haben zwölf Jahre Konzentrationslager aus dem hochgewachsenen Mann gemacht. In diesem Torso, mit den berüchtigt reizbaren Nerven, brennt ein gesteigerter Wille. Vor seiner Autorität beugen sich letzten Endes alle Häupter seiner Patei: die Fraktion, der Parteiausschuß, der Parteivorstand, der Gewerkschaftsbund, die häufig dissentierenden sozialistischen Ministerpräsidenten der Länder Hamburg, Bremen, Hannover, Hessen.

Daß sich zwischen diesem Mann und der ebenso herrischen Persönlichkeit des Kanzlers die Zusammenarbeit: Regierungschef und Oppositionsleader schwer gestaltet, liegt auf der Hand. Dabei sind es auf dem Gebiet der auswärtigen Politik nicht fundamentale, sachliche Divergenzen, die sie trennen, im Gegenteil, in den Zielen stimmen sie weitgehend überein! Auch Schumacher

---

[49] Baade, Fritz (1893–1974), Professor für Wirtschaftswissenschaft, 1930–1933 MdR (SPD), 1948–1961 Leiter des Instituts für Weltwirtschaft in Kiel, 1949–1965 MdB (SPD).

bekämpft die Demontage, auch er will die Wiedervereinigung Deutschlands, die Gleichberechtigung, den militärischen Beitrag an der Verteidigung des Westens; auch er lehnt die Neutralisierung ab. Alle diese Programmpunkte Adenauers erstrebt auch er. Die Divergenzen beziehen sich auf die Methode, das Tempo, die Taktik des Vorgehens. Manche Unterschiede sind bloße Nuancen. Trotzdem kam es zwischen diesen beiden gegensätzlichen Naturen zu unerhörten Zusammenstößen: „Sie sind der Kanzler der Alliierten!" rief Schumacher dem Kanzler im Plenum des Parlamentes zu.[50]

Wir sprechen von politischen Tagesfragen. Auch Schumacher ist bereit, zur militärischen Verteidigung des Westens beizutragen, allerdings erst, wenn der Schutz der alliierten Truppen so effektiv ist, daß Deutschland nicht Gefahr läuft, Schlachtfeld zu werden. Adenauer ist dazu sofort bereit und ohne Gegenleistung, da er es für die Pflicht der Deutschen hält, sich an der Verteidigung ihres Landes zu beteiligen. Schumacher bezeichnet dies als eine nicht angebrachte „Vorleistung"; er will für den deutschen Beitrag etwas einhandeln. Dieses Beispiel illustriert die Männer und ihre Methoden. Schumacher erwartet, daß die Russen die Neutralisierung und Räumung Deutschlands vorschlagen werden; auch er lehnt sie ab, nur etwas verklausulierter als der Kanzler. „Was würde die Räumung Deutschlands bedeuten? Die Amerikaner hätten sich um 5000 km hinter den Atlantischen Ozean zurückzuziehen, die Sowjets hinter die Oder – 90 km östlich von Berlin!" Dagegen plädiert Schumacher für die Veranstaltung gesamtdeutscher Wahlen. „Die Taktik des Westens ist zu defensiv, sie muß offensiv werden", erklärte er mir und führte weiter aus: „Die Volksmassen werden verwirrt, wenn der Westen die Parole der gesamtdeutschen Wahlen nicht aufgreift; die Schlagwörter: Räumung, Wiedervereinigung, Entwaffnung, Neutralisierung Deutschlands wirken bei dem kleinen Mann zu verlockend."

Was die Kriegsgefahr anbetrifft, ist er nicht schwarz pessimistisch. Den Militarismus in Deutschland hält er für keine aktuelle Gefahr; die Gloriole des Soldatentums sei erloschen. Den militärischen Beratern des Kanzlers, den Generälen Speidel[51] und Heusinger[52], zollt er vorbehaltlose Anerkennung. Ich erkundige mich, was er von einer Wiederkehr des Nationalsozialismus halte. Schumacher macht ein bedenklicheres Gesicht. Die Anhängerschaft an die nationalsozialistischen Führer – großen und kleinen – sei keine Gefahr; dagegen leben viele Ideen weiter und haben ihre Anhänger behalten. Schumacher schil-

---

[50] In der Bundestagssitzung vom 24./25. November 1949, vgl. Anm. 10.

[51] Speidel, Hans (1897–1984), General, 1951–1954 zusammen mit Heusinger Chefdelegierter bei der Konferenz zur Bildung einer Europäischen Verteidigungsgemeinschaft (EVG), 1954/55 Vertretung der Bundesrepublik bei den Verhandlungen über den Eintritt in die NATO, 1955 Generalleutnant der Bundeswehr.

[52] Heusinger, Adolf (1897–1982), General, 1952 Leiter der militärischen Abteilung im späteren Verteidigungsministerium, 1955 Generalleutnant der Bundeswehr.

dert sein Verhalten zum Kommunismus. Obwohl er während des Nationalsozialismus Seite an Seite mit ihm litt und stritt, vollzog er 1945 sofort den Bruch.
Dies sei ihm übrigens von den Alliierten nicht leicht gemacht worden, denn
von ihnen habe er nur Empfehlungen bekommen, mit dem Kommunismus zu-
sammenzuspannen.

Wir sprechen von seinen Beziehungen mit Schweizer Parteifreunden. Er
kennt die Nationalräte Dr. Bringolf[53] und Oprecht[54]; er erwähnt Bundesrat
Nobs[55] und Nationalrat Grimm[56]; er geht aber auf das Thema nicht näher ein.
Ich habe den Eindruck, daß seine Beziehungen zur Schweiz nicht besonders
eng sind.

Dieser Tage kam es – zum ersten Mal seit Monaten – wieder zu einer Aussprache zwischen Adenauer und Schumacher. Die Unterredung fand unter
vier Augen statt und es zirkulieren vorläufig nur Mutmaßungen. Indessen
scheint sie diesmal keinen dramatischen Verlauf genommen zu haben. Aus sehr
direkter Quelle vernahm ich vielmehr, daß Adenauer von dem Gespräch sehr
befriedigt sei. Zweifellos dürften die gesamtdeutschen Wahlen, für die sich
Schumacher anläßlich meines Besuches ereifert hatte, im Mittelpunkt gestanden haben. Aber vielleicht ging es in dieser Unterredung auch um mehr. Sollte
sich in außenpolitischen Fragen ein gemeinsames Vorgehen mit der Sozialdemokratischen Partei anbahnen? Oder hatte ich einen zukünftigen Bundesminister besucht? Soweit ist es vorläufig sicher noch nicht! Mein Gewährsmann
sagte mir, die Unterredung sei ein „Gespräch", keine Verhandlung, gewesen.
Leute, die das Gras wachsen hören, wollen es nicht für ausgeschlossen halten,
daß die Sozialisten unter dem Druck der internationalen Lage eine Beteiligung
an der Regierung, die sie bis zur Stunde striktest ablehnen, erwägen. Wenn
man den Ereignissen noch weiter vorgreifen wollte, so wäre eine der Möglichkeiten der zukünftigen Entwicklung: Schumacher als Bundeskanzler. Käme es
nämlich wirklich zu gesamtdeutschen Wahlen, so könnte die sozialistische
Partei mit dem Zuwachs der Stimmen aus der Ostzone leicht zur stärksten Partei werden; bei den letzten Parlamentswahlen von 1949 war der Vorsprung der
Christlich Demokratischen Union ein minimaler; CDU und SPD hielten sich
fast die Waage (CDU 7,3 Millionen, SPD 6,9 Millionen Stimmen). Schumachers lebhaftes Interesse an gesamtdeutschen Wahlen könnte u. a. auch auf solche Überlegungen der praktischen Politik beruhen. Aber dies ist vorläufig rei-
ne Zukunftsmusik, denn damit wirklich freie gesamtdeutsche Wahlen zustan-

---

[53] Bringolf, Walter (geb. 1895), Schweizer Politiker, 1921–1932 Redakteur, 1924 Mitglied
des Großen Rates des Kantons Schaffhausen, ab 1933 Stadtpräsident von Schaffhausen.

[54] Oprecht, Hans (1894–1978), Schweizer Publizist und Politiker, seit 1925 Mitglied des
Nationalrates in Bern, 1936 Präsident der Sozialdemokratischen Partei der Schweiz.

[55] Nobs, Ernst (1886–1957), Schweizer Politiker, 1942 Stadtpräsident von Zürich, 1943
Mitglied des Bundesrates, 1948 Bundespräsident.

[56] Grimm, Robert (1881–1958), Schweizer Politiker, 1918–1938 Mitglied des Berner Groß-
rates, 1944 Vizepräsident des schweizerischen Nationalrates (Soz. Dem. Partei).

dekommen, müßten an der Viererkonferenz Wunder geschehen, die hier niemand erwartet.

5. März 1951

20 In Westdeutschland stehen in der allernächsten Zeit drei wichtige außenpolitische Ereignisse bevor: Deutsche Schuldenanerkennung, Errichtung eines Außenministeriums sowie Anbahnung direkter Beziehungen mit dem Ausland und Schuman-Plan.

Übermorgen wird Bundeskanzler Adenauer in einem Notenwechsel mit der Hochkommission die grundsätzliche Anerkennung der deutschen Verschuldung aussprechen; Zug um Zug wird die Alliierte Hohe Kommission die Gegenleistung, die sogenannte „kleine Revision" des Besatzungsstatuts, verkünden. Damit wird die Bundesregierung ermächtigt zur Errichtung eines Außenministeriums und zur Aufnahme direkter diplomatischer Beziehungen mit den ausländischen Regierungen. Soweit vorauszusehen ist, dürften alle bei der Alliierten Hohen Kommission vertretenen Staaten von dieser Ermächtigung Gebrauch machen. Sie dürften kaum zögern, zwischen West- und Ostdeutschland zu wählen. In der Tat ist die junge parlamentarisch und von demokratischen Staatsmännern regierte Bundesrepublik ganz anders für das deutsche Volk repräsentativ als die Deutsche Demokratische Republik. Dort regiert eine verschwindende Minderheit, die sich nur mit Gewalt an der Herrschaft erhält. Vom Standpunkt der schweizerischen Wirtschafts- und Vermögensinteressen ist die Bundesrepublik ein entwicklungsfähiges Gebilde. In der Ostzone stehen leider fast alle unsere Interessen auf dem Liquidationsetat.

Es ist dies die erste Revision des im September 1949 erlassenen Besatzungsstatuts; sie war insofern überfällig, als diese Reformen bereits im September 1950 durch die New Yorker Konferenz der Außenminister grundsätzlich beschlossen worden waren. Obwohl die Errichtung eines Außenamtes und die Aufnahme direkter Beziehungen mit dem Ausland einen bedeutsamen Schritt auf dem Wege zur Wiederherstellung der deutschen Souveränität darstellt, wird dieser Akt von Presse und Öffentlichkeit ohne viel Enthusiasmus aufgenommen. Es ist zu viel Zeit verstrichen zwischen Ankündigung und Verwirklichung; der psychologische Moment wurde verpaßt! Die Revision erscheint in den Augen der Deutschen nicht mehr als ein von den Alliierten freiwillig gemachtes Zugeständnis, sondern als eine mit der Schuldenanerkennung erkaufte Gegenleistung.

Infolgedessen wird bereits mit Nachdruck das Postulat auf Abschaffung des Besatzungsstatuts und seiner Ersetzung durch bilaterale vertragliche Abmachungen zwischen Deutschland und den Besatzungsmächten erhoben. Die Alliierten sagen nicht nein, aber sagen auch nicht ja; sie wollen ihre Trümpfe behalten, um von den Deutschen gegebenenfalls mit Nachdruck militärische oder wirtschaftliche Beiträge verlangen zu können. Bei dieser Politik „Schritt um Schritt" und des Aushandelns der Souveränität gegen deutsche Konzessionen kommt es aber begreiflicherweise nie zum richtigen stimmungsmäßigen Widerhall im deutschen Volk. Wie dem auch sei, die Bundesrepublik erhält einen wesentlichen Teil ihrer Souveränität zurück; sie wird ermächtigt, in gewissem Rahmen wieder eigene Außenpolitik zu treiben. Daß dieser Rahmen durch die Praxis täglich ausgedehnt und eines Tages sogar gesprengt wird, ist eine unaufhaltsame Entwicklung.

Unterdessen erhebt sich natürlich die Diskussion um die Person des ersten Außenministers. Zahlreiche Vorschläge zirkulieren. Soll der erste Repräsentant einer deutschen Außenpolitik nach dem Kriege ein Politiker, ein Gelehrter, ein Parlamentarier oder „gar" ein Berufsdiplomat sein? Die Freie Demokratische Partei erhebt, gestützt auf ihre jüngsten Wahlerfolge Anspruch auf den Außenminister und denkt dabei an Vizekanzler Blücher. Die Kandidatur von Staatssekretär Hallstein – gewesener Rektor der Universität Frankfurt a. M. und Leiter der deutschen Schumanplan-Delegation – wurde genannt und – dementiert! Für das Wahrscheinlichste halte ich, daß Adenauer sein eigener Außenminister werden wird. Angesichts der zugespitzten internationalen Lage will er die Kontinuität seiner Außenpolitik voll bewahren. Selbstverständlich fehlt es nicht an Stimmen, die das kritisieren, besonders scharf die Sozialdemokraten. Aber auch unter den Freunden und Anhängern des Kanzlers sind viele, die sich fragen, ob Adenauer, der für so vieles die Verantwortung trägt und unter einer unglaublichen Arbeitsüberlastung leidet, rein technisch und physisch im Stande sei, dieses neue Amt mit seinen vielfältigen Anforderungen zu übernehmen.

Schuman-Plan. Die Hoffnungen steigen, daß es innert zwei Wochen zu einer Paraphierung kommt. Bekanntlich erhob sich in den Kreisen der Industriellen und des Parlaments in der letzten Zeit ernste Opposition. Sie wollen als Preis für den Schuman-Plan die Abschaffung der Ruhrbehörde und Milderungen in der Dekartellisierung! Es scheint, als ob es in diesem Punkt zu einem gewissen Einlenken der Alliierten, zu halben Versprechen – nicht schriftlichen, aber mündlichen – käme: die Ruhrbehörde im Laufe des Jahres in der Schumanplan-Behörde aufgehenzulassen. Adenauer setzt das ganze Gewicht seiner Autorität *für* den Plan ein. Er stößt aber sogar in den eigenen Reihen (Freie Demokraten) auf Widerstand. Adenauer war von Anfang bis Schluß unentwegter Verfechter des Schuman-Plans; weil er in ihm das geeignete Instrument für eine dauernde deutsch-französische Annäherung sieht. Überdies gibt er sich Rechenschaft, daß eine Nichtunterzeichnung des Schuman-Plans einen gefährlichen Rückschlag in der amerikanischen Politik und öffentlichen Meinung gegenüber Deutschland hervorrufen würde, der auch auf die Bereitwilligkeit des Kongresses zur Fortführung der Hilfen für Deutschland (Marshallplan etc.) sich auswirken würde.

13. März 1951

21 Das Bonner Parlament hatte letzte Woche einen – nicht gerade häufig vorkommenden – „großen Tag". Die Sitzung vom 9. März stand schon ganz im Bann der geplanten Viermächtekonferenz. Reden und Resolutionen waren hauptsächlich an die Adresse der Konferenzpartner gerichtet. Bundesregierung und Bundestag forderten die Westalliierten auf, sich in der Konferenz für gesamtdeutsche Wahlen einzusetzen. Mit dieser Kundgebung wurde dreierlei bezweckt: Vor allem wollte man urbi et orbi zeigen, wie sehr die Wiedervereinigung Deutschlands das erste und wichtigste Postulat der Regierung Adenauers sei; sodann sollte der russischen Propaganda, welche sich als Champion der deutschen Wiedervereinigung gebärdet, der Wind aus den Segeln genommen werden. Schließlich entsprang die Kundgebung Adenauers cauchemar, daß an der Viermächtekonferenz allfällige Kompromisse auf Kosten der deutschen Interessen gefunden werden könnten. Um dieser Gefahr entgegenzutreten, erhob er mit Nachdruck die Forderung, daß keine Regelung der Deutschlandfrage ohne Zustimmung des deutschen Volkes erfolgen dürfe.

Adenauer zeigte folgenden Weg für die Wiederherstellung der deutschen Einheit: Aus gesamtdeutschen Wahlen sollte ein gesamtdeutsches Parlament hervorgehen mit dem Mandat, eine gesamtdeutsche Verfassung auszuarbeiten und bis zu deren Inkrafttreten eine provisorische deutsche Regierung zu schaffen. Scharf abgelehnt hat Adenauer den von der Ostzone gemachten Vorschlag, *ohne Wahlen* einen konstituierenden Rat einzuberufen. Dieser Vorschlag würde zur Bolschewisierung Westdeutschlands führen, indem in dieser Konstituante nach russischem Rezept die Bundesrepublik mit ihren 47 Millionen Einwohnern genau so viele Mitglieder erhalten sollte wie die Sowjetzone mit ihren bloß 18 Millionen Einwohnern. Gleichzeitig formulierte der Kanzler die Voraussetzungen, die in der Ostzone erfüllt sein müßten, damit man von wirklich freien und geheimen Wahlen sprechen könne: Wiederherstellung einer unabhängigen Rechtspflege, Freilassung der politischen Gefangenen und Auflösung des Staatssicherheitsdienstes. Nur dann wären die rechtlichen und psychologischen Voraussetzungen für wirklich freie Wahlen geschaffen. Überdies müßten die Wahlen durch internationale Maßnahmen gesichert werden. Endlich müßte dafür gesorgt werden, daß niemand nach der Wahl wegen seiner Stimme zur Rechenschaft gezogen werden könne. Die Freiheit der Personen und der Entscheidung müsse nicht nur rechtlich, sondern tatsächlich gewährleistet werden.

Der Bundestag zeigte bei der Behandlung dieser Traktanden eine seltene Einmütigkeit. Sämtliche Parteien der Regierungskoalition und der überwiegende Teil der Oppositionsparteien: Sozialdemokratische Partei, Zentrum und die Bayern-Partei stimmten der Entschließung zur Wiederherstellung der deutschen Einheit zu. Der Chef der Opposition, Dr. Schumacher, hielt eine seiner brillantesten Reden; es fiel auf, daß die üblichen Hiebe auf Adenauer diesmal fehlten. Die geistreichen Formulierungen Schumachers fanden wiederholt den einmütigen Beifall des Hauses, sowohl der Koalition wie der Opposition. Ungeteilten und anhaltenden Beifall erntete u. a. sein Satz „Wir werden uns unsere Bundesgenossen nicht aus der Steppe holen", desgleichen der Passus „Die Propagandawelle der Kommunisten wird weitergehen, aber die politische Aktion ist gescheitert; die politische Eroberung der deutschen Bundesrepublik durch den Kommunismus findet nicht statt". Scharf wandte er sich gegen die Zustimmung der Ostzonenregierung zur Oder-Neiße-Linie als endgültige Grenze: „Wir wollen die Freundschaft mit dem polnischen Volk, aber nicht um den Preis des deutschen Selbstmords; die Kommunisten haben nicht das Recht, auf Gesetze und Gebiete Deutschlands zu verzichten, die ihnen doch nicht gehören." Einmütigen Applaus fand sein Appell an die volksdemokratische Polizei der Sowjetzone, „wie lange sie noch den Weg unter den Fahnen des Kommunismus gegen ihr eigenes Vaterland weiter marschieren werde?"

Auch die anderen außerhalb der Koalition stehenden Parteien – das Zentrum und der Block der Heimatvertriebenen – stellten sich ohne Einschränkung hinter die Erklärung der Bundesregierung. Lediglich die Kommunisten und die Loritz-Partei[57] verweigerten der Regierungserklärung ihre Zustimmung.

Die Akkreditierungen beim Bundespräsidenten Heuss laufen an. Meine holländischen und indischen Kollegen berichteten mir, daß sie am selben Tag, wo die Alliierten zur Aufnahme der diplomatischen Beziehungen ermächtigten, der Bundesrepublik die Bereitschaft ihrer Länder zur Errichtung gegenseitiger Botschaften mitteilten. Belgien gab inzwischen gleiche Erklärungen ab. Überraschend prompt handelte auch der Heilige Stuhl. Der Vatikan teilte der Bundesregierung mit, daß der Papst den bisherigen Regens der Apostolischen Nuntiatur, Erzbischof Muench, zum Nuntius ausersehen habe. Jeder dieser Schritte ist bemerkenswert: der indische, weil er von einem Staat ausgeht, der auf Moskau, wo immer nötig, Rücksichten zu nehmen pflegte; die holländische und belgische Demarche, weil es sich um ehemalige Kriegführende handelt, in deren Bevölkerung das Ressentiment gegenüber Deutschland noch lebhaft ist. Auch der römischen Kurie fiel der Schritt nicht leicht, wegen der großen katholischen Interessen, die sie in der Ostzone zu verteidigen hat.

4. Juni 1951

Saarfrage: Ein relativ belangloses Ereignis in der Saar – das Verbot einer Partei, **22** der Sympathien zu Remer[58] nachgesagt wurden – hat wiederum gezeigt, wie sehr die Saarfrage die Gefühle aufzuwühlen vermag. Über Nacht sah sich Ade-

---

[57] Die von Alfred Loritz gegründete Wirtschaftliche Aufbau-Vereinigung (WAV) war in Bayern vorübergehend erfolgreich.

[58] Remer, Otto-Ernst (geb. 1912), Mitbegründer der rechtsradikalen Sozialistischen Reichspartei (SRP), Landesvorsitzender der SRP in Schleswig-Holstein.

nauer einer Stimmung gegenüber, die vieles wegzuschwemmen drohte, was er an deutsch-französischer Verständigung bisher aufgebaut hatte. In der parlamentarischen Debatte gab sich der Bundeskanzler alle Mühe, die Leidenschaften zu dämpfen. Es gelang ihm bis zu einem gewissen Grad mit der These, das endgültige Schicksal des Saargebietes sei nicht präjudiziert, die Entscheidung sei dem Friedensvertrag vorbehalten; er vermied Kritiken an Paris, diese wandten sich ausschließlich gegen die Saarregierung. Was er an die Adresse Frankreichs sagte, war ein Angebot friedlicher Verständigung über die Saar. Während die Voten der Koalitionsparteien sich an diese Parole hielten, klagte die Opposition Paris an, die Loslösung der Saar sei trotz Schuman-Plan Bestandteil der französischen Politik geblieben. Immerhin war bei aller Schärfe der Kritik ein Bestreben, Maß zu halten, erkennbar, schon dadurch, daß nicht Schumacher, sondern Professor Carlo Schmid als Wortführer auftrat.

Wie dem auch sei, der Vorfall zeigt, daß die Saarfrage dazu angetan ist, der deutsch-französischen Annäherung empfindliche Rückschläge zu versetzen. Es ist zu befürchten, daß jedesmal, wenn im Saargebiet eine französische Maßnahme in den Verdacht kommt, die Loslösung von Deutschland vorzubereiten, Flammen ausbrechen.

Remilitarisierung: In diesen Tagen findet in der Ostzone die „Volksbefragung gegen die Remilitarisierung und für den Abschluß eines Friedensvertrages mit Deutschland" statt. Angesichts dieser suggestiven Fragestellung und des ausgeübten Druckes – die Abstimmung erfolgt meist offen und die Wähler müssen vielfach geschlossen zum Wahllokal marschieren – ist das übliche hundertprozentige Ja zu erwarten. In der Bundesrepublik läuft eine Unterschriftensammlung. Einstweilen scheint aber diese Kampagne bei der westdeutschen Bevölkerung keinen nennenswerten Erfolg zu haben. Die Volksbefragung wird hier als Farce aufgefaßt.

Aufbau der auswärtigen Beziehungen: Die Kontakte Adenauers mit dem Ausland knüpfen sich immer enger. Der britische Außenminister Morrison[59] weilte während vier Tagen zum Besuch der Bonner Regierung in Deutschland. Besuche Schumans und Achesons waren ihm vorausgegangen. Adenauer war im April in Paris[60], Anfang Mai in Straßburg. Staatspräsident Einaudi[61] hat Adenauer für Mitte Juni zu einem Staatsbesuch in Rom eingeladen. Für die

---

[59] Morrison, Herbert (1888–1965), britischer Staatsmann, 1929–1945 mehrere Ministerposten, 1945 stellvertretender Ministerpräsident und Fraktionsvorsitzender der Labour Party, 1951 Außenminister.

[60] Am 18.4.1951 wurde in Paris der Vertrag über die Gründung der Europäischen Gemeinschaft für Kohle und Stahl (EGKS) unterzeichnet. Adenauer kam bei dieser Gelegenheit zum ersten Mal in die französische Hauptstadt.

[61] Einaudi, Luigi (1874–1961), italienischer Politiker, ab 1925 Gegner des Faschismus, 1943 Emigration, 1945–1948 Gouverneur der Banca d'Italia, 1947/48 stellvertretender Ministerpräsident und Haushaltsminister, 1948–1955 Staatspräsident.

zweite Augusthälfte erhielt Adenauer eine Einladung zu einem offiziellen Besuch in London. Ein Empfang beim König ist vorgesehen.

Man erwartet in Bonn von diesen Besuchen und den dabei sich ergebenden Gesprächen keine umwälzenden Abmachungen, aber man begrüßt es, daß nunmehr mit den Regierungen der Besatzungsmächte nicht nur über den Umweg des Petersberg, sondern durch unmittelbare Kontaktnahmen und direkten Gedankenaustausch verkehrt werde. In diesem Zusammenhang ist auch zu erwähnen, daß die erste diplomatische Vertretung der Bundesrepublik begründet wurde. Herr von Brentano[62] überreichte soeben dem italienischen Staatspräsidenten sein Beglaubigungsschreiben als Botschafter.

Aktionen der Rechtsparteien: Nach dem Wahlerfolg General Remers in Niedersachsen[63] verfolgt man mit doppelter Aufmerksamkeit Symptome des Übergreifens der rechtsradikalen Bewegung auf die anderen Länder. Ein aufschlußreiches Barometer hierfür sind die Treffen, die die Teilnehmer des Zweiten Weltkrieges zu veranstalten anfangen, seitdem die Remilitarisierung Deutschlands zur Debatte steht und die ehemaligen Militärs nicht mehr proskribiert sind. Mit einer gewissen Spannung sah man auf das Treffen der Angehörigen des früheren Panzerkorps „Großdeutschland" am 2./3. Juni in Kassel. Man befürchtete, eine Tagung von Berufsoffizieren und Kriegsfreiwilligen werde im Stile und im Geiste Remers abgehalten. Das Treffen verlief diszipliniert und es wurde kein politisches Porzellan zerschlagen. Remer selbst blieb der Tagung fern. General von Manteuffel[64], einer der letzten Kommandeure des Panzerkorps, erklärte unter dem Beifall der ganzen Versammlung, daß ein früherer Angehöriger des Korps politisch einen völlig falschen Weg beschritten habe, auf dem ihm keiner der alten Soldaten folgen werde. Damit distanzierte sich die Versammlung deutlich von Remer. An den Bundespräsidenten wurde ein Telegramm gesandt, daß sich die Versammlung hinter die demokratischen Prinzipien des neuen Staates stelle. In seiner Rede bekannte sich Manteuffel zu einem Beitrag Deutschlands zur Erhaltung der Freiheit. Dies sei das wesentliche Ziel für Deutschland und dieses Ziel weise den Weg nach dem Westen; der Weg nach dem Osten sei ungangbar. Die Neutralität lehnte Manteuffel ab, da Deutschland dazu nicht stark genug sei. François-Poncet, mit dem ich gestern über die Sache sprach, war auch angenehm überrascht. „Toutefois, une hirondelle ne fait pas le printemps"!

---

62 Brentano, Clemens von (1886–1965), seit 1919 im diplomatischen Dienst, zuletzt an der Botschaft beim Vatikan, 1946 Leiter der badischen Staatskanzlei, 1950 Generalkonsul bzw. Botschafter in Rom.

63 Landtagswahlen in Niedersachsen vom 6.5.1951: SPD 33,7%, Niederdeutsche Union (DP/CDU) 23,8%, BHE 14,9%, SRP 11%, FDP 8,4%, Zentrum 3,3%, DRP 2,2%, KPD 1,8%, DSP 0,8%, Mandate: SPD 64, NU 35, BHE 21, SRP 16, FDP 12, Z 4, DRP 3, KPD 2, DSP 1.

64 Manteuffel, Hasso von (1897–1978), deutscher General und Politiker, 1953–1957 MdB (FDP).

26. Juni 1951

23 *Militaria:* Der Koreakrieg stellte die deutsche öffentliche Meinung quasi über Nacht vor die Frage einer deutschen Beteiligung an der Verteidigung Europas. Der Gedanke wurde von Adenauer und seiner Regierung sofort angenommen, aber vom übrigen Deutschland damals ziemlich einmütig abgelehnt. Kommunisten, Sozialisten, ehemalige Militärs, die evangelische Kirche, die Neutralisten um Professor Noack[65], die Jugend, die Universitäten, die Presse bildeten eine Mauer der Absage. Das Schlagwort „Ohne uns" fand allgemeine Verbreitung. Der sozialistische Leader, Professor Carlo Schmid, verstieg sich zu dem defaitistischen Wort „Uns ist es lieber, es werden heile Menschen in Häusern bolschewisiert als Krüppel in Erdlöchern". Der bekannte Pastor Niemöller[66], Kirchenpräsident von Hessen, erklärte „Wir dürfen uns um keinen Preis gegen unsere eigenen Brüder bewaffnen lassen, selbst dann nicht, wenn drüben im Osten die Menschen mit Gewalt bewaffnet werden." Bundesinnenminister Heinemann folgte ihm und demissionierte. Professor Noack und sein Kreis, die den weltfremden Gedanken einer unbewaffneten Neutralität vertreten, die Militärs, verbittert wegen ihrer jahrelangen Proskribierung, sie alle lehnten den deutschen Verteidigungsbeitrag ab. Hätte damals eine Volksbefragung stattgefunden, so wäre eine überwiegende Verwerfung ihr Schicksal gewesen. Anläßlich seines Deutschlandbesuches erkannte Eisenhower sofort die Verfahrenheit der Situation und veranlaßte, daß die Durchführung der kurz vorher – im Dezember 1950 – in Brüssel gefaßten Beschlüsse betreffend die deutsche Remilitarisierung aufgeschoben werden.

Nun hat vor kurzem der amerikanische Hochkommissar in Deutschland, McCloy, im Laufe seiner „Hearings" vor der Senatskommission in Washington erklärt, daß seiner Ansicht nach die Stellungnahme Westdeutschlands zum Problem der Remilitarisierung sich sehr gewandelt habe und daß bei behutsamer Behandlung der Frage, Westdeutschland in absehbarer Zeit zu aktiver Beteiligung an der Verteidigung des Westens gebracht werden könnte. Von einer Wandlung zu reden, wäre m. E. verfrüht. Indessen werden Anzeichen für eine Tendenzänderung sichtbar. Die Einstellung der Massen dürfte zwar nach wie vor negativ, zum mindesten passiv sein. Indessen kommt es beim Herdentrieb der Deutschen entscheidend auf die führenden Schichten an und bei diesen zeichnet sich ein gewisser Umschwung ab. Die Kritik in der Presse ist verstummt; die großen Blätter zeigen eine zunehmend aufgeschlossenere Hal-

---

[65] Noack, Ulrich (1899–1974), Professor für Geschichte, 1941–1945 in Greifswald, ab 1946 in Würzburg, Mitbegründer der CDU in Berlin, 1947 Austritt aus der CDU, Begründer des neutralistischen „Nauheimer Kreises".

[66] Niemöller, Martin (1892–1984), Pastor, im Ersten Weltkrieg U-Boot Kommandant, als Mitglied der Bekennenden Kirche 1937–1945 in KZ-Haft, 1945 Mitglied der Evangelischen Kirchenleitung Deutschlands, 1947–1964 Kirchenpräsident der Landeskirche Hessen und Nassau.

tung. Ebenso wichtig ist, daß eine Reihe ehemaliger Militärs sich zur Notwendigkeit einer Verteidigung bekannten. Ich berichtete neulich über die Erklärungen des ehemaligen Kommandanten der Panzerdivision „Großdeutschland", General von Manteuffel. Der neugewählte Präsident des Deutschen Gewerkschaftsbundes sprach sich für einen deutschen Verteidigungsbeitrag aus. Pastor Niemöller schweigt und die Neutralisten um Professor Noack haben kein nennenswertes Echo gefunden. Bei all dem handelt es sich zwar um bloße Indizien neuer Tendenzen, die nicht überschätzt werden dürfen, aber immerhin wert sind, registriert zu werden, umsomehr als die fortschreitende Verstärkung der alliierten Besetzungstruppen diese Richtung begünstigt, indem sie den Faktor Furcht bei der deutschen Bevölkerung reduziert.

Unterdessen haben die Vorbesprechungen zwischen alliierten und deutschen militärischen Experten einen Abschluß gefunden. Wie ich aus direkter Quelle erfuhr, kam über alle wesentlichen Punkte eine Einigung zu Stande. Selbstverständlich handelt es sich vorläufig nur um eine Einigung im Schoße der Experten, die noch der Genehmigung der amerikanischen, britischen, französischen und deutschen Regierung bedarf. Zunächst wurde Meinungsübereinstimmung erzielt über die Frage der Größe der deutschen Verbände, welche so viel Staub aufgewirbelt hatte. Man einigte sich – über die Selbstverständlichkeit – daß auch die deutschen Kontingente in Divisionsstärke aufgestellt würden. Insgesamt sind 12 Divisionen vorgesehen. Die für die Aufstellung dieser Truppe erforderliche Zeit wird auf zwei Jahre geschätzt. Mein Gewährsmann glaubt aber, daß die Frage nunmehr in Fluß kommen könnte und daß es bereits um die Jahreswende 1951/52 zur Aufstellung der ersten drei Divisionen kommen könnte. Auch über den Einsatz dieser Truppe wurden Regeln vorgesehen: so würden die 12 deutschen Divisionen nicht geschlossen zu einem einzigen Verband zusammengefaßt werden, sondern würden in Gruppen à je drei Divisionen eingesetzt werden, so daß rechts und links andere alliierte Verbände zu stehen kämen.

Mit der Verstärkung der alliierten Truppen wird Ernst gemacht. Nach Meinung meines Gesprächspartners dürfte damit zu rechnen sein, daß die Amerikaner ihre Besatzung bald auf sechs und bis Jahresende auf etwa zehn Divisionen erhöhen werden; die britischen Truppen dürften auf sechs Divisionen steigen und die Franzosen auf eine Stärke, die etwas darunter liegt. Alles in allem ergäbe sich eine Truppenmacht, die einen Vormarsch in Richtung zur Atlantikküste nicht zu einem bloßen militärischen Spaziergang machen würde.

10. Juli 1951

Beendigung des Kriegszustandes mit Deutschland: Großbritannien, Australien, Neuseeland und die Südafrikanische Union haben am 9. Juli den Kriegszustand mit Deutschland für beendet erklärt. Die Vereinigten Staaten, Frankreich und Italien haben die für die Beendigung des Kriegszustandes erforderli- **24** chen letzten Schritte eingeleitet: Präsident Truman forderte den Kongreß auf, den Kriegszustand mit Deutschland für beendet zu erklären; die französische Regierung billigte einen entsprechenden Erlaß. Von den übrigen ehemals Kriegführenden dürften die meisten diesem Beispiel bald folgen.

Mit diesen Maßnahmen wird eine Anomalie beseitigt. Das Weiterbestehen des Kriegszustandes mit Deutschland entsprach schon seit langem nicht mehr dem effektiven Stand der Beziehungen der Kriegführenden zu Deutschland. Da die tatsächliche Entwicklung der rechtlichen bereits voraus war, wird die Maßnahme keine sensationellen Auswirkungen auf das Verhältnis zwischen den Besatzungsmächten und der Bundesrepublik haben. Das Besatzungsregime und der derzeitige Status der Hochkommissare wird durch diesen Schritt nicht direkt berührt; allerdings bereitet die Beendigung des Kriegszustandes psychologisch und rechtlich die geplante Umgestaltung des Besatzungsregimes vor und ist ein Vorbote der baldigen Ersetzung des auf der Kapitulation beruhenden Besatzungsstatuts durch zweiseitige Vereinbarungen zwischen den Besatzungsmächten und der Bundesrepublik.

Die Hauptwirkungen dürfte die Beendigung des Kriegszustandes für die deutschen privatrechtlichen Belange in den ehemals kriegführenden Staaten äußern. Bis jetzt galten die deutschen Staatsbürger gemäß der weitergeltenden Kriegsgesetzgebung als feindliche Ausländer; durch die neuen Maßnahmen erhalten nunmehr deutsche Privatpersonen im Ausland eine den anderen Ausländern gleichberechtigte Stellung. Deutsche werden künftig berechtigt sein, Geschäfte abzuschließen, Eigentum zu erwerben und vor allem auch die Gerichte des Auslandes anzurufen. Im privaten Sektor kommt es zu einer „Ersatz-Friedensregelung". Welche Folgen die Beendigung des Kriegszustandes auf die Maßnahmen gegen das deutsche Auslandsvermögen hat, dürfte noch im Einzelnen abzuklären sein. Dem Vernehmen nach soll das deutsche Eigentum in den Vereinigten Staaten weiterhin beschlagnahmt bleiben; indessen dürften sich auch in dieser Richtung in absehbarer Zeit Lockerungen ergeben.

Alles in allem ist die Maßnahme ein weiterer Schritt auf dem Wege zur Wiederherstellung der deutschen Unabhängigkeit.

20. Juli 1951

25 Ich war gestern beim britischen Hochkommissar Sir Ivone Kirkpatrick zu Gast. Im Laufe des Gesprächs erkundigte ich mich nach der geplanten Stärke der alliierten Besatzungstruppen in Deutschland. Sir Ivone zögerte nicht, auf die Frage einzugehen; nach seiner Meinung dürften bis Jahresende 18 alliierte Divisionen in Deutschland stationiert sein: 6 amerikanische, 4 britische, 6 französische, 2 belgische und außerdem noch eine geringe Zahl von holländischen und norwegischen Besatzungstruppen. Hinsichtlich Ausrüstung ist eine starke Ausstattung mit Panzerwagen vorgesehen. Diese Truppe wird als genügend angesehen um eine Verteidigung zu führen und insbesondere eine „promenade militaire" auszuschließen.

Was die russischen Kräfte anbetrifft, so werden die in der Sowjetzone stationierten Divisionen auf 22 geschätzt. Es liegen keine Meldungen vor, wonach diese Einheiten in der letzten Zeit verstärkt worden wären. Aufschlußreich sei in dieser Hinsicht die Beobachtung, daß keine Anlagen für Benzinlager erstellt werden, wenigstens nicht in einem Umfang, der auf große Truppenbewegungen schließen ließe. Das gleiche gilt für das Eisenbahnnetz; im Jahre 1945 wurden bekanntlich verschiedene Eisenbahnen von den Russen demontiert oder doppelgleisige Anlagen auf eingleisige umgebaut (z. B. die Linie Berlin-Dresden). Es liegen keine Meldungen vor, wonach an der Wiederherstellung oder dem Ausbau neuer Bahnlinien gearbeitet würde.

Und die Reaktion Rußlands auf eine deutsche Wiederaufrüstung? Bundeskanzler Adenauer äußerte sich kürzlich zu diesem Punkt und sagte, er glaube nicht, daß die Sowjetunion wegen 12 deutschen Divisionen einen Krieg mit dem Westen anfangen werde. Der schwedische Gesandte, der kürzlich aus Stockholm zurückkehrte, berichtete mir, daß auch dort diese Meinung vorherrsche, aber die Angelegenheit doch für sehr heikel, ernst und aleatorisch betrachtet werde. Sir Ivone Kirkpatrick neigt eher der Auffassung Adenauers zu. Zusammenfassend äußerte er sich hinsichtlich der Gefahr eines Weltkonfliktes nicht pessimistisch, jedenfalls beurteile er die allgemeine Lage nicht schlechter als vor Jahresfrist.

1. August 1951

Der Vorstand des deutschen Gewerkschaftsbundes (abgekürzt: DGB) faßte **26** dieser Tage den überraschenden Beschluß, der Leitung des DGB zu empfehlen, alle Gewerkschaftsvertreter, die bisher in Organen der Wirtschaftspolitik mitwirkten, abzuberufen. Der Beschluß kam wie ein Blitz aus heiterem Himmel! Zwischen Regierung und DGB bestand seit Jahr und Tag eine relativ gute Zusammenarbeit. Der DGB hatte oft Mäßigung an den Tag gelegt und seinem Verständnis in Lohnfragen war es zu verdanken, daß in Deutschland die Lohn-Preis-Spirale nicht in Aktion trat, was den wirtschaftlichen Aufstieg Westdeutschlands in Frage gestellt hätte. Noch kürzlich bekannte sich der neugewählte Präsident des DGB, Herr Fette[67] bei seinem Amtsantritt zu maßvollen Anschauungen. Es wurde allgemein sehr beachtet, daß Fette dabei in zwei Hauptfragen Stellungen bezog, die von denjenigen des sozialistischen Leaders Schumacher diametral abweichen: er erklärte sich *pro* Schuman-Plan und *für* einen deutschen Verteidigungsbeitrag. Möglicherweise hat die Unabhängigkeit, die Fette damit an den Tag legte, Schumacher bewogen, alle Register, über die er im DGB verfügt, zu ziehen.

[67] Fette, Christian (1895–1971), seit 1913 Gewerkschaftsfunktionär, nach 1933 wiederholt verhaftet. 1948 Vorsitzender der IG Druck und Papier, 1951/52 Vorsitzender des DGB.

Jedenfalls schafft der Beschluß des DGB eine ernste Lage. Sollte der DGB tatsächlich seine Vertreter aus allen Körperschaften, in denen er bisher mitwirkte, zurückziehen, so würde dies zu ernsten Störungen führen. Worum geht es eigentlich dem Gewerkschaftsbund bei seinem Vorstoß? Seine Forderungen lassen das Hauptziel nicht klar erkennen. Lohnforderungen werden zwar angemeldet, aber ohne besonderen Nachdruck. Ein anderes Postulat ist die Ausdehnung des Mitbestimmungsrechts auf die Bundesbahn und auf die chemische Industrie. Eine dritte Forderung ist, daß bei Rückgabe der bisher von den Alliierten beschlagnahmten Stahlindustrie die künftige Regelung der Eigentumsfrage nicht präjudiziert werde. Ich bin nicht ganz überzeugt, daß diese Postulate den letzten Grund für den Vorstoß des DGB bilden. Es handelt sich bei dieser Aktion eher darum, Ausgangspositionen für im Herbst fälligen Auseinandersetzungen zu schaffen, insbesondere für die vom DGB angestrebte Sozialisierung der Schwerindustrie.

Es wäre verfrüht zu sagen, daß der DGB seine bisherige Rolle des Vermittelns, des Mitarbeitens definitiv aufgegeben und künftig in reiner Kampfposition zur Regierung stehen werde. Dies wäre allerdings ganz nach Schumachers Wunsch. In Bonner Regierungskreisen versucht man jeglicher Dramatisierung aus dem Wege zu gehen. Deshalb beschloß Bundeskanzler Adenauer, seinen Urlaub in der Schweiz nicht abzubrechen und nicht nach Bonn zurückzukehren. Anläßlich seines Berner Besuches erwähnte mir Bundeskanzler Adenauer, er erwarte den Besuch von Gewerkschaftsvertretern auf dem Bürgenstock, was zur Hoffnung berechtigt, daß die Kampfatmosphäre sich beruhigen werde.

Die Auseinandersetzungen, die Bundeskanzler Adenauer nach seiner Rückkehr aus der Schweiz erwarten, dürften nicht leicht ausfallen. Sollte tatsächlich die Sozialisierung der Schwerindustrie und die weitere Ausdehnung des Mitbestimmungsrechts das wirkliche Ziel des DGB sein, so wird Bundeskanzler Adenauer schwerlich darauf eingehen können, weil dies seine eigene Koalition sprengen könnte. Anderseits kann der Bundeskanzler in der Frage des Schuman-Plans und Verteidigungsbeitrags schwer die Unterstützung der Gewerkschaften entbehren.

23. September 1951

27 *Die Wiederherstellung der deutschen Souveränität:* Das Zentralproblem der in Washington vom 10. bis 14. September abgehaltenen Konferenz war die deutsche Frage; die Vereinigten Staaten, Großbritannien und Frankreich beschlossen die Abschaffung des Besatzungsregimes in Deutschland, d. h. genauer ausgedrückt, über diese Frage mit der Bundesrepublik sofort in Verhandlungen einzutreten. Wenn diese Verhandlungen zum Ziele führen, kommt es für Westdeutschland zu einer entscheidenden Strukturveränderung: das Besatzungsregime ginge zu Ende und Westdeutschland würde wieder souverän; allerdings behalten sich die Alliierten vier Sonderrechte vor; diese betreffen die Stationierung alliierter Streitkräfte in Deutschland, die Regelung der Berliner-frage, Abschluß eines Friedensvertrages und die Wiedervereinigung Deutschlands. Diese Sonderrechte werden von den Deutschen nicht angefochten, im richtigen Gefühl, daß ihre Kraft für die Lösung derartiger Weltprobleme nicht ausreiche und die Zeit dafür auch nicht reif sei. Von diesen Prärogativen abgesehen, wird die deutsche Bundesregierung souverän; sowohl in internationalen Fragen und ganz besonders in innerpolitischen Angelegenheiten wird sie künftig frei von Direktiven und Vetos der Alliierten handeln können. Ein Zustand, der sich für unsere Verhandlungen mit Westdeutschland wiederholt störend und nachteilig auswirkte, findet ein Ende.

Indessen ist zu beachten, daß zwischen der Abschaffung des Besatzungsregimes und dem militärischen Verteidigungsbeitrag der Bundesrepublik ein Junktim geschaffen wurde; die souveräne Stellung wird erst in Kraft treten, wenn das Abkommen über die deutsche Beteiligung an der Verteidigung des Westens perfekt ist. Praktisch bedeutet das, daß das neue Regime erst in Kraft tritt, wenn der Pleven-Plan[68] von den drei europäischen Parlamenten angenommen worden ist. Obwohl die deutsch-alliierten Verhandlungen morgen starten, dürften m. E. noch Monate vergehen, ehe das Programm der Washingtoner Konferenz unter Dach und Fach gebracht sein wird. Die englischen Wahlen bringen ein weiteres retardierendes Element. Insbesondere bleibt aber in Frankreich ein großes Mißtrauen zu überwinden. Die französische öffentliche Meinung fürchtet – mehr noch als die Regierung – einen zu schnellen Machtzuwachs Deutschlands.

Auch im hiesigen Bundestag wird es heiß zugehen. Die Opposition und an ihrer Spitze Schumacher lehnt das geplante Vertragswerk ab. Indessen rechnet man in Bonner Regierungskreisen mit Annahme der Vorlagen, wenn auch mit knappen Mehrheiten.

Unterdessen hat die Sowjetunion – wie nicht anders zu erwarten – der Entwicklung, die die Eingliederung Westdeutschlands in den Westen anbahnt, nicht länger passiv zugesehen. Der erste Störungsversuch ist der ostdeutsche Vorschlag, gesamtdeutsche Wahlen zu veranstalten. Sehr geschickt rechnet Moskau damit, daß der Vorschlag der Wiedervereinigung Deutschlands für deutsche Ohren als unwiderstehlich wirkt. Um seinen Vorschlag schmackhafter zu machen, ließ Grotewohl[69] seine vor Monaten gestellte Bedingung der pa-

---

[68] Pleven, René (geb. 1901), französischer Politiker, 1950/51 und 1951/52 Ministerpräsident, 1949/50 und 1952–1954 französischer Verteidigungsminister, 1958 Außenminister. Der „Pleven-Plan" regte die Europäische Verteidigungsgemeinschaft (EVG) an.

[69] Grotewohl, Otto (1894–1964), 1920–1925 MdL von Braunschweig (SPD), 1925–1933 MdR, 1945 Vorsitzender des Zentralausschusses der SPD in Berlin, 1946–1964 Mitglied des Zentralsekretariats bzw. Politbüros der SED, 1946–1954 zusammen mit W. Pieck Parteivorsitzender, 1949–1964 Ministerpräsident der DDR.

ritätischen Vertretung Ost- und Westdeutschlands fallen und Tschuikow[70] spielte den großen Trumpf aus, die Sowjetunion trete für Wiedervereinigung, einen schnellen Friedensschluß und den Abzug der Besatzungstruppen ein. Daß solche Parolen, die das große Ziel aller Deutschen sind, die Gemüter in Westdeutschland verwirren, ist klar. Indessen ist die Reaktion nicht so spontan ausgefallen wie zu erwarten war. Man diskutiert die Taktik, man schätzt den Grad der russischen Kompromißbereitschaft ab: Wären die Russen wirklich bereit, für die Verhinderung der westdeutschen Aufrüstung einen hohen Preis zu bezahlen und eventuell sogar das kommunistische Regime in Ostdeutschland zu opfern? Die öffentliche Meinung erwägt nüchtern. Jedenfalls sind die Massen nicht in blinde Begeisterung geraten, nicht auf die Straße gezogen!

Adenauer selbst bleibt unbeirrt! Er lehnt die russischen Avancen ab und sieht in ihnen nur ein Manöver, um Deutschland aus dem Bereich der Westmächte zu lösen. Für ihn ist der einzig gangbare Weg und die beste Sicherung Westdeutschlands der engere Anschluß an den Westen. Wenn es nach ihm gegangen wäre, wäre der Vorschlag Grotewohls einfach ignoriert worden. Indessen wird sich der Bundestag mit Grotewohls Vorschlag auseinandersetzen, denn er befürchtet, daß ein Ignorieren die Regierung mit gefährlichem Odium belasten würde. Er wird voraussichtlich am 27. dieses Monats die Antwort an Grotewohl beschließen. Wie der Ball zurückgespielt werden soll, läßt eine Äußerung Bundesminister Kaisers[71] vermuten, der erklärte, „gesamtdeutsche Wahlen könnten *morgen* stattfinden, sofern in der Sowjetzone die bestehende Unfreiheit, welche freie Wahlen ausschließt, aufhöre". Da aber die Sowjetzone kaum in der Lage ist, dafür Garantien zu geben, dürfte die von Adenauer angestrebte Entwicklung der Integration mit Westeuropa weitergehen. Was werden die Sowjets tun? In Regierungskreisen überwiegt die Ansicht, daß es nicht zu einer militärischen Reaktion kommt; das westdeutsche „Nein" werde den Russen auch genehm sein, da es ihnen Anlaß liefert, Ostdeutschland gänzlich zum Satelliten auszubauen.

28 *7. Oktober 1951*

Adenauers Schwierigkeiten: Die Lage in Bonn zeigt ernste Verwicklungen. Adenauers Schwierigkeiten mehren sich von Tag zu Tag und zwar von allen Seiten: Er hat auf mehreren Fronten zu kämpfen: auf der russischen, gegen die

---

[70] Tschuikow, Wassilij (1900–1982), sowjetischer Militär, trug als OB der 62. Armee entscheidend zum sowjetischen Sieg bei Stalingrad bei, 1949 Chef der Sowjetischen Militäradministration in Deutschland, seit 1955 Marschall der Sowjetunion.

[71] Kaiser, Jakob (1888–1961), bis 1933 Funktionär der christlichen Gewerkschaftsbewegung, 1932/33 MdR (Zentrum), dann im Widerstand, 1945 Mitgründer und Vorsitzender der CDU in Berlin und der Ostzone, 1947 von der sowjetischen Militäradministration abgesetzt, 1948 Mitglied im Parlamentarischen Rat, 1949–1961 MdB, 1949–1957 Minister für gesamtdeutsche Fragen.

sozialdemokratische Opposition sowie gegen eine neue sich bildende Opposition aus nationalistischen Kreisen und – unerwartet – auch noch gegen diejenigen, mit denen er sich ja eigentlich verbünden will: den Besatzungsmächten!

Adenauers Verhandlungen mit der Hochkommission über die Ablösung des deutschen Besatzungsstatuts durch zweiseitige Verträge dauern nunmehr zwei Wochen. Sie zeitigten keine greifbaren Ergebnisse. Nach dem Communiqué der Washingtoner Außenministerkonferenz sollte der Status Deutschlands „auf eine völlig neue Grundlage gestellt werden", was der Kanzler so auslegte, daß von – gewissen alliierten Sonderrechten abgesehen – Westdeutschland voll souverän würde. Die Gespräche zeigten, daß die Hochkommission noch immer an der These festhalte, die oberste Gewalt bleibe bei den Besatzungsmächten. Dies würde eine bloße Änderung des Besatzungsstatuts, nicht seine Beseitigung bedeuten. Adenauer ist von diesem Verlauf tief enttäuscht und erklärte, unter diesen Umständen bliebe ihm nichts übrig, als „sich mit Geduld zu wappnen", das heißt, zu warten und nichts zu unterschreiben. Die Hochkommissare verlangten neue Instruktionen ...

Ein solcher Prestigeverlust des Bundeskanzlers wäre recht folgenschwer, besonders in einem Moment, wo er dringend eines Prestigegewinnes bedarf, um in der „Stunde der großen Versuchung" für die Bundesrepublik mit Autorität zu seinem Volk sprechen zu können.

In der Tat ist die russische Politik mit allen Mitteln bemüht, Adenauers Linie der politischen und militärischen Anlehnung an den Westen zu durchkreuzen. Da die kommunistische Partei in Westdeutschland zu schwach ist, diese Entwicklung zu verhindern, versuchen die Russen sehr geschickt, die nationalistischen Kreise gegen die Pläne Adenauers zu mobilisieren. Der Appell an ihre Instinkte geschieht mit der Parole: „Anstatt Verteidigungsbeitrag Wiedervereinigung Deutschlands!" Dies wirkt wie ein Gesang der Loreley. Obwohl Adenauer den Moment für gesamtdeutsche Wahlen nicht für reif hält, mußte er für diesen Vorschlag Grotewohls eintreten. Er sicherte sich durch die 14 Punkte, in welchen er die Voraussetzungen eines solchen Wahlganges präzisierte; seine Forderungen sind die für jede Demokratie selbstverständlichen Garantien einer freien Wahl plus internationale Kontrolle. Diese geschickte Parade bereitete wahrscheinlich etwelche Verlegenheit auf der anderen Seite; trotzdem erwartet man in Bonn, daß die Antwort des Ostens kein „Nein" sein wird. Man hält es nicht für ausgeschlossen, daß die Russen, um eine deutsche Aufrüstung zu verhindern, den Preis freier Wahlen zu zahlen gewillt sind, selbst auf die Gefahr hin, daß dadurch die Regierung Grotewohls weggefegt würde. Es wäre sogar möglich, daß die russischen Angebote noch gesteigert, noch attraktiver gestaltet werden; Räumung der Ostzone – vage Versprechen an die Adresse der Flüchtlinge der Rückkehr in ihre Heimstätten – etc. Adenauer ist voll Mißtrauen gegenüber solchen Avancen, aber unter den Massen tun sie ihre Wirkung. Viele unserer deutschen Nachbarn ergehen sich bereits in Illusionen. Die Nationalisten werden starken Auftrieb erhalten. Die Millionen von

Flüchtlingen elektrisiert der Gedanke einer Heimkehr. Adenauer wird den schwersten Stand haben, seine Westpolitik durchzusetzen. So sehr ihm die Einheit Deutschlands am Herzen liegt, hält er den Zeitpunkt dafür nicht reif. Vor allem befürchtet er, daß ein solches wiedervereinigtes, neutralisiertes, *aber unbewaffnetes Deutschland* ein gefährliches politisches und militärisches *Vakuum* würde, das der russischen Infiltration über kurz oder lang zum Opfer fiele.

Adenauers dem Westen zugewandte Politik wird durch schwerste Bewährungsproben gehen; was er momentan brauchen würde, wäre ein rascher und voller Erfolg in seinen Verhandlungen betreffend die westdeutsche Souveränität. Dies würde ihm den nötigen Auftrieb geben, um den Plan durchzusetzen. Denn man muß sich darüber im klaren sein: Adenauers Integrität, seine politische Kunst, sein Wille nötigen zwar den Politikern Respekt ab, aber bei den Massen ist er nicht populär. Sein Rückhalt im Volk war nie groß und ist augenblicklich sogar stark im Schwinden, eine Folge der vielen unpopulären Maßnahmen, die er in zweijähriger Regierungszeit treffen mußte! Aus gesamtdeutschen Wahlen würde er kaum wieder als Regierungschef hervorgehen, denn eine Fusion mit der Ostzone würde vorwiegend sozialistische und protestantische Stimmen bringen; das neue gesamtdeutsche Parlament würde wesentlich anders aussehen als der gegenwärtige Bundestag.

Aber vorläufig sind die gesamtdeutschen Wahlen noch nicht zustandegekommen und diese Wahrscheinlichkeit scheint mir eher geringer als die Eventualität ihres Stattfindens, umso mehr als Adenauer in seiner gestrigen Rede in Berlin einen weiteren Riegel vorschob: Er warf die Frage der Revision der Oder-Neiße-Linie in die Debatte; die Sowjetunion dürfe nicht erwarten, daß die Bundesrepublik die Oder-Neiße-Linie anerkennen werde. Damit dürften die Sprengkammern in den Brücken des gesamtdeutschen Gesprächs geladen sein.

22. Oktober 1951

29 Die russische Kampagne gegen die Remilitarisierung bearbeitet unermüdlich die deutsche öffentliche Meinung: Lockungen wechseln ab mit Drohungen. Bald winkt die Wiedervereinigung Deutschlands als Fata Morgana, bald bekommt man aus Minister Dertingers[72] Mund die Drohung zu hören, die Sowjets würden die Remilitarisierung Deutschlands nicht friedlich hinnehmen. Daß solche handgreiflichen Argumente ihre Wirkung nicht verfehlen, ist nicht verwunderlich; daß aber die hiesige öffentliche Meinung ihnen erlegen wäre,

---

[72] Dertinger, Georg (1902–1968), vor 1933 deutschnationaler Journalist, 1946 Generalsekretär der Berliner CDU, 1949–1953 Außenminister der DDR, 1954 wegen angeblicher Verschwörung gegen die DDR zu 15 Jahren Zuchthaus verurteilt.

kann nicht gesagt werden, wenigstens nicht bisher; aber der Kampf ist noch nicht zu Ende. Es ist mit dem Ausspielen weiterer russischer Trümpfe zu rechnen. Es gelang Bundeskanzler Adenauer, den Sowjets einigen Wind aus den Segeln zu nehmen, indem er die Alliierten für eine Erklärung zu Gunsten der Wiedervereinigung Deutschlands gewann. In ihrer Antwortnote erklärten die amerikanische, englische und französische Regierung, daß sie die Wiedervereinigung Deutschlands unterstützen werden, sobald diese auf demokratischer Basis stattfinden könnte; die Westmächte übernehmen damit Adenauers Vorschlag, bei den Vereinten Nationen zu beantragen, in ganz Deutschland eine Untersuchung vorzunehmen, mit der Aufgabe festzustellen, ob „die Bedingungen gegeben sind, die das Abhalten einer allgemeinen Wahl als praktisch durchführbar erscheinen lassen". Damit erreichte er ein wichtiges politisches Ergebnis: die Aktionseinheit zwischen Alliierten und der Bundesrepublik in der Frage der Wiedervereinigung.

Nun werden sich die Sowjets vor den Vereinten Nationen erklären müssen. Durch Verlegung der Debatte vor dieses Forum hofft Adenauer ein uferloses Palaver zwischen West- und Ostdeutschland zu vermeiden, durch das die Geister hier immer mehr verwirrt werden. Dadurch, daß die Diskussion vor die Alliierten und Russen getragen wird, gelangt sie vor diejenigen Gesprächspartner, die die Macht haben, über die Frage wirklich zu entscheiden. Ob es zu einer Einigung kommt, darüber können heute nur Mutmaßungen angestellt werden. Je länger, je mehr zweifle ich, ob die russische Deutschlandpolitik wirklich am Vorabend eines Umschwunges steht. Den Russen geht es ja nicht um die Wiedervereinigung Deutschlands, sondern lediglich darum, durch diese Parole die deutsche Remilitarisierung hintanzuhalten. Der äußerste Preis, den die Russen dafür zahlen dürften, wäre ein demilitarisiertes und neutralisiertes Deutschland. Ein solches Vakuum ist aber für die Westmächte wie für die Bundesrepublik kaum annehmbar. Wie verlautet, wollen die Westmächte bereits im November die Angelegenheit vor die UNO bringen.

Jedenfalls haben die Störungsmanöver der Russen den Bundeskanzler nicht abgehalten, seine Verhandlungen mit den Alliierten fortzusetzen und zwar sowohl diejenigen über die Wiederherstellung der Souveränität wie auch die in Paris geführten Besprechungen über die militärische Eingliederung Deutschlands in die Europaarmee. Sowohl die in Bonn wie die in Paris geführten Gespräche verlaufen nunmehr günstiger und schneller als in der ersten Phase.

Der Bundeskanzler bleibt der entschlossenste Befürworter der Eingliederung Deutschlands in die westliche Welt. Er will kein neutralisiertes und demilitarisiertes Deutschland. Auch den Gedanken der bewaffneten Neutralität lehnt er ab, weil er meint, daß bei der exponierten militär-geographischen Lage Deutschlands diese Formel die Sicherheit seines Landes nicht gewährleiste. Auch im Parlament vermochte Adenauer seine Stellung beträchtlich zu stärken; dort sollte anläßlich der Beratung des Etats des Auswärtigen Amts ein Generalangriff der Opposition erfolgen. Nicht ein x-beliebiger, sondern der au-

ßenpolitische Fachmann der SPD, Lütkens[73], sollte den Angriff vortragen. Die
Attacke verwandelte sich zur Niederlage. In der Sucht, Opposition à tout prix
zu betreiben, verstieg sich Lütkens zu der These, Adenauer täte besser, die
Wiedervereinigung Deutschlands zu erstreben und nicht die Souveränität; vor
Wiedergewinnung der Einheit sei die Souveränität weder möglich noch
wünschbar; die volle innere Autonomie sei das richtige Ziel der deutschen Außenpolitik. In diese Blöße hackte Adenauer sofort ein. Kaum hatte Lütkens gesprochen, erhob er sich zu vehementer Anklage: die Opposition falle ihm in
dem Moment in den Rücken, wo er mit den Hohen Kommissaren über die
Wiederherstellung der deutschen Souveränität verhandle. Unter Ovationen
verließ der Kanzler den Saal, während man Lütkens, gemieden von seinen Parteifreunden, allein mit seiner schluchzenden Frau in einem Wandelgang sehen
konnte. Die SPD desavouierte ausdrücklich ihren offiziellen Sprecher! Ihr Angriff kam nicht mehr in Schwung und Adenauer empfing das geschlossene Vertrauensvotum der Koalition.

Noch ein Prestigegewinn des Kanzlers ist zu registrieren. Dieser Tage fand
in Karlsruhe der Parteitag der Christlich Demokratischen Union (CDU) statt.
Da diese Partei konfessionell und sozial weit divergierende Elemente umfaßt,
ist die Herstellung des Zusammenhaltens ein stets aktuelles Problem. Um so
bemerkenswerter ist es, daß dieser große Konvent der Partei mit der einmütigen Billigung der politischen Linien des Kanzlers endete, so daß auch in dieser
Hinsicht seine Stellung gestärkt aus dem Kampf der Meinungen hervorgeht.

5. November 1951

30 *General Halder*[74] *beurteilt die Kriegsgefahr:* Generaloberst Halder, deutscher
Generalstabschef vom Herbst 1943 bis 20. Juli 1944, lebt seit Jahr und Tag in
einem Städtchen in der Nähe von Frankfurt. Halder spielte bisher in der Öffentlichkeit keine Rolle; er vermied jedes öffentliche Auftreten. Er unterhält
aber zahlreiche Beziehungen mit Offizieren der ehemaligen deutschen Wehrmacht. Bei den Amerikanern ist er gut angeschrieben. Er genießt ihr Vertrauen
und steht in engem Kontakt mit hohen alliierten militärischen Stellen und wird
namentlich in Fragen, die den Osten betreffen, gerne von ihnen konsultiert.

Einer meiner Mitarbeiter hatte kürzlich Gelegenheit, ihn zu sprechen. Halder wohnt mit seiner Frau in spartanischer Einfachheit in einer bescheidenen
Dreizimmerwohnung, die nicht einmal mit eigenen Möbeln ausgestattet ist. Er
sei, so sagte er, Hausherr, Diener und Koch in einer Person. Halder, der von

---

[73] Lütkens, Gerhard (1893–1955), 1913 Mitglied der SPD, 1920–1937 Beamter im Auswärtigen Amt, 1937 Emigration nach England, 1948 Mitglied des außenpolitischen Ausschusses der SPD, 1949–1955 MdB.

[74] Halder, Franz (1884–1972), deutscher General, seit 1938 Generalstabschef des Heeres,
1942 von Hitler entlassen, nach dem 20. Juli 1944 verhaftet, 1945 von den Amerikanern
befreit.

seinen privaten militärischen Studien lebt, gilt als sehr gut informiert über die Verhältnisse im Osten. Im Laufe des Gesprächs analysierte er die Möglichkeiten eines Vormarsches zur Atlantikküste. Halder hält es für unwahrscheinlich, daß ein solcher Angriff in den nächsten 2–3 Jahren erfolgen würde und zwar aus folgenden Gründen: Zunächst hält er die weitverbreitete Schätzung, die Russen hätten 175 Divisionen bereitstehen, für stark übertrieben. Seiner Meinung nach hätte höchstens ein Drittel dieser Divisionen den für eine Offensivoperation erforderlichen Kampfwert. Sodann ist seines Erachtens die schwache Front der Russen die Südfront. Die geographischen und topographischen Verhältnisse sind im Süden für eine Verteidigung schlecht geeignet. Die großen Flußläufe verlaufen nicht quer zu einem vom Schwarzen Meer kommenden Angriff, vielmehr haben sie, wie auch die Haupteisenbahnen, hauptsächlich Nord-Süd-Richtung. Dies begünstigt den Angreifer. Gelingt eine solche Angriffsoperation, so kämen alle vorgeschobenen russischen Positionen im Westen ins Wanken.

Da die Alliierten im Begriff sind, im Nahen Osten starke Luftbasen und Materialdepots zu errichten und sich ein Teil der amerikanischen Flotte bereits im Mittelmeergebiet befindet, muß Rußland für seine südliche Flanke ernstlich Sorge tragen. Die russischen Militärs sind nach Halders Ansicht viel zu gute Taktiker, um dieses Moment nicht voll zu würdigen. Greifen die Russen in Richtung Atlantikküste an, so müßten sie in kürzester Zeit die ganze Länge der Atlantikküste in ihre sichere Beherrschung bringen, um so schnell als möglich ihre Elitetruppen nach Rußland zurückzunehmen und sie für einen Einsatz an der Südfront bereitzuhalten. Die Sicherung der Atlantikfront müßte Truppen zweiter Klasse überlassen werden. Gelingt aber den Russen die vollständige Übernahme der Atlantikküste nicht, könnten die Alliierten Brückenköpfe halten, so müßten größere Gruppen russischer Elitetruppen in Westeuropa zurückgelassen werden. Dies würde aber die Verteidigung der Südfront gefährlich schwächen; gegen einen Angriff in diese weiche Flanke hätte die Verteidigung keine guten Aussichten.

Käme es aber zu einem Angriff in Richtung des Atlantik, so sieht Halder eine Bedrohung unseres Landes als nicht wahrscheinlich an, da die Mittel, welche für eine solche Operation erforderlich sind, ganz einfach fehlen. Allerdings würde sich in diesem Fall die Situation wiederholen, wie sie sich im letzten Weltkrieg ergab, nämlich: die vollständige Einschließung durch ein totalitäres System.

Halder hat sich, wie bereits erwähnt, vom politischen Leben völlig zurückgehalten. Er hält die gegenwärtige Regierung Deutschlands für die einzige, die imstande sei, etwas Positives zu leisten. Mit Sorge erfüllt ihn aber, daß kein Vertrauensverhältnis zwischen Regierung und Volk besteht.

Was den deutschen Verteidigungsbeitrag anbetrifft, so ist Halder der Meinung, daß die Mehrzahl der ehemaligen Angehörigen der deutschen Wehrmacht nicht aus Enthusiasmus, sondern aus Vernunftgründen für einen Wehrbeitrag eintreten wird. Es sei dies eine praktische Notwendigkeit; psychologische und politische Voraussetzung sei allerdings, daß die Gleichberechtigung und vor allem die Nichtdiskriminierung der deutschen militärischen Einheiten voll gewährleistet sei.

Vor kurzem hatte ich auch Gelegenheit, mit einer sehr hochgestellten englischen Persönlichkeit mich über die Stärke der westlichen Abwehrtruppen zu unterhalten. Mein Partner sagte, daß bei Jahresbeginn die Westmächte über ein gleichstarkes Truppenkontingent in Deutschland verfügen werden wie die Russen. Als ich meine Überraschung äußerte, wiederholte er wörtlich seinen Ausspruch. Seiner Meinung nach wäre ein Angriff aus östlicher Richtung nicht wahrscheinlich; was ihn besorgt mache, seien die aus der Aufrüstung sich ergebenden Gefahren.

Das deutsche Problem vor den Vereinten Nationen: Bundeskanzler Adenauer hatte, wie ich neulich berichtete, die Besatzungsmächte ersucht, das Problem der gesamtdeutschen Wahlen den Vereinten Nationen zu unterbreiten. Diesem Ersuchen wurde entsprochen. Amerika, Großbritannien und Frankreich ersuchten den Generalsekretär der Vereinten Nationen, die Angelegenheit auf die Tagesordnung der Vollversammlung zu setzen und durch eine internationale Enquete festzustellen, ob in West- und Ostdeutschland die Voraussetzungen für die Abhaltung freier Wahlen bestehen. Dieser Schritt fügt sich als Teil der erwarteten westlichen Friedensoffensive ein. Die Reaktion der Russen wird zeigen, wie ernst bzw. nicht ernst es ihnen mit der Wiederherstellung einer echten deutschen Unabhängigkeit ist. Ihnen geht es lediglich um die Verhinderung der Aufrüstung Westdeutschlands. Sie werden ihr ganzes Arsenal – von den Lockungen bis zu den Drohungen – ins Feld führen. Das Spiel, das bisher zwischen Adenauer und Grotewohl lief, wird auf höchster Ebene wiederholt werden. Ob mit mehr Erfolg? Allgemein macht man sich hier auf eine der kritischsten Phasen gefaßt – aber ohne Pessimismus!

Über die Verhandlungen mit den Hohen Kommissaren über die Ersetzung des Besatzungsstatuts durch eine vertragliche Regelung sind widerspruchsvolle Versionen in Umlauf gesetzt worden. Die deutschen Verlautbarungen betonten die Erfolgsaussichten (was vom Standpunkt der psychologischen Behandlung der deutschen öffentlichen Meinung begreiflich ist). Die alliierten Äußerungen klangen ausgesprochen skeptisch; indessen ist dies nicht tragisch zu nehmen. Wie ich aus bester Quelle erfuhr, besteht keine Gefahr, daß die Verhandlungen scheitern. Die Erklärung für die alliierte Zurückhaltung dürfte sein: Bonn steht im Schatten der UNO-Tagung in Paris.

20. November 1951

31 *Adenauers Reise nach Paris:* Der Bundeskanzler begibt sich heute nach Paris zu einer Konferenz mit den Außenministern der drei Westmächte. Es ist der zweite Pariser Aufenthalt Adenauers; der erste galt der Unterzeichnung des

Schuman-Plans im April dieses Jahres. Sensationen sind von der Konferenz der vier Außenminister nicht zu erwarten. Dagegen ist es für den Kanzler sehr wichtig, in der persönlichen Begegnung mit Acheson, Eden[75] und Schuman das Verständnis seiner Kollegen für den deutschen Standpunkt und für die Schwierigkeiten, mit denen er in Deutschland zu kämpfen hat, zu erringen.

Drei Hauptfragen werden die bevorstehende Pariser Konferenz beschäftigen: Im Mittelpunkt steht der sogenannte „Generalvertrag", welcher das Besatzungsregime durch ein Vertragssystem ablösen soll; sodann der Beitritt Deutschlands zur europäischen Verteidigungsgemeinschaft und endlich sollen die gesamtdeutschen Wahlen erörtert werden.

Was den Generalvertrag anbelangt, so ist man sich in den Verhandlungen mit den Hochkommissaren weitgehend einig geworden. Immerhin sind noch offene Fragen zu lösen. Der strittigste Punkt war bis jetzt der sogenannte „Notstandsparagraph". Kraft dieser Klausel behalten sich die Alliierten die Ausübung der obersten Gewalt in Krisenzeiten vor, also im Fall eines Angriffs von außen und von inneren Unruhen. Dabei geht es hauptsächlich um die Frage, ob für die Verkündung des Notstands die Zustimmung der Bundesregierung erforderlich sei, oder ob die Alliierten die Bundesregierung nur zu konsultieren hätten.

In Bonner Regierungskreisen hält man den Generalvertrag für reif zum Abschluß. Indessen glaube ich, daß noch einige Zeit verstreichen wird, ehe alle Abkommen unter Dach und Fach kommen. Zunächst weil die Alliierten zwischen der Wiederherstellung der Souveränität und dem deutschen Verteidigungsbeitrag ein Junktim hergestellt haben. Die Verhandlungen über die Europaarmee sind aber unter den sechs Partnern noch weit entfernt von Lösungen. Dann noch ein weiteres retardierendes Moment: Der Kanzler will alle Abkommen mit dem Westen – den Schuman-Plan inbegriffen – dem Parlament gleichzeitig vorlegen. Adenauer wünscht diese „globale Methode", weil erst das gesamte Vertragswerk eine klare Übersicht über die Vorteile und Verpflichtungen für das deutsche Volk geben kann. In der Tat dürfte in deutschen Augen der eine Vertrag schlechter, der andere günstiger sich darstellen. Die Annahme des Vertragswerks wird leichter und die Verwerfung erschwert, wenn alle Verträge zusammen gesehen werden müssen.

Ich hatte dieser Tage Gelegenheit, mit dem Führer der Opposition, Schumacher, zu sprechen. Ich gewann den Eindruck, daß er gegen das Vertragswerk und besonders gegen die geplante Regelung des Notstandsrechts zu schärfsten Attacken rüstet. Aber nicht nur bei der Opposition, sondern auch in Kreisen der Koalitionsparteien hörte ich Bedenken über Bedenken äußern. Der Eindruck verstärkt sich, daß die Regierung auf starken Widerstand stoßen wird, wenn sie mit den Verträgen vor das Parlament treten wird.

[75] Eden, Sir Robert Anthony (1897–1977), britischer Politiker (Konservativer), 1935–1938, 1940–1945 und 1951–1955 Außenminister, 1955–1957 Premierminister, 1961 Earl of Avon.

Der Abwehrkampf der deutschen Demokratie: Die Bundesregierung hat
beim Bundesverfassungsgericht Klage gegen die Extremisten von rechts und
links erhoben: gegen die berüchtigte rechtsradikale Partei General Remers, die
Sozialistische Reichspartei, und gegen die Kommunistische Partei. Die Klage
macht die Verfassungswidrigkeit dieser beiden Parteien geltend und zielt auf
deren Verbot ab. Die Rechtsextremisten hatten sensationelle Wahlerfolge. Indessen beschränken sie sich auf Norddeutschland und die protestantischen
Kreise. Die Lage ist keineswegs verzweifelt. Die Maßnahme zeugt für die auf-
richtige demokratische Gesinnung der Regierung. Sie wird von der Öffentlichkeit grundsätzlich begrüßt. Gegenüber den Rechtsextremisten verspricht man
sich ziemliche Wirksamkeit; skeptisch ist die Beurteilung hinsichtlich der
Kommunisten. Es ist die alte Problematik, ob sie als Untergrundbewegung un-
schädlicher werden? Man fragt sich, ob es politisch klug sei, den Kommunisten
den Prozeß zu machen, nachdem das Volk sie als politische Partei fast liqui-
diert hat. In der Tat zeigten alle Wahlen, wie wenig Resonanz die Kommunistische Partei im Volk hat. Unter diesen Umständen kommt ihr eine Auflösung
gar nicht ungelegen. Das Verbot ist auch deshalb ein Schlag ins Wasser, weil die
Kommunisten sich schon lange auf das Verbot und die Illegalität umgestellt haben.

26. November 1951

32 *Die Pariser Außenministerkonferenz in deutscher Sicht:* Ich konnte mich gestern mit zwei Teilnehmern der Pariser Außenministerkonferenz unterhalten.
Der eine entstammt der unmittelbarsten Umgebung Adenauers, der andere ist
der stellvertretende britische Hochkommissar.

Mein deutscher Informator drückte sich über die Pariser Konferenz ausgesprochen zuversichtlich aus. Um ihre Bedeutung zu ermessen, muß man sich
an die Ausgangsposition der Bundesrepublik vor zwei Jahren erinnern. Damals war der junge Staat in seiner Handlungsfreiheit durch eine Unzahl Kontrollen beschränkt und stand einer mißtrauischen Umwelt gegenüber. Dieser
Zustand ist heute überwunden. Achesons Wort, die Begegnung sei ein „histo-
rical event" treffe voll zu: zum ersten Mal berieten die westlichen Außenminister über Deutschland nicht unter sich, sondern gemeinsam mit dem deutschen
Regierungschef. Die Konferenz ergab für Deutschland eine bedeutsame Stärkung des Vertrauensverhältnisses. Schon vor der eigentlichen Tagung hatte
Adenauer eine lange vertrauliche Besprechung mit Acheson und dann mit
Schuman. Aus der Unterredung mit dem amerikanischen Außenminister ent-
wickelte sich ein ausgezeichneter persönlicher Kontakt. Die Konferenz selbst
stand im Zeichen des gegenseitigen Vertrauens aller vier Außenminister. Von
besonderer Wichtigkeit ist, daß hüben und drüben der Wille dominierte, an
der eingeschlagenen Linie der Eingliederung Deutschlands festzuhalten.

Über den sogenannten Generalvertrag, der die Wiederherstellung der Souveränität Deutschlands vorsieht, wurde vollständige Einigung erzielt. Wohl tritt er erst in Kraft, wenn Einigung über die Nebenverträge technischer und finanzieller Art (Besatzungskosten, Statut der in Deutschland stationierten alliierten Streitkräfte, Berlinerfrage und Friedensvertrag) erzielt wird und der Vertrag, der die europäische Verteidigungsgemeinschaft ins Leben ruft, perfekt wird.

Trotz dieser Suspensivbedingungen und trotzdem der Hauptvertrag weder unterzeichnet noch paraphiert wurde, ist man in Bonn nicht mißtrauisch. Was die technischen Nebenverträge anbelangt, rechnet man, daß sie bis zum kommenden April abschlußreif sein werden. Es ist eine sehr umfangreiche Arbeit zu bewältigen. Es gilt z. B. festzustellen, welche von den ca. 600 Gesetzen der Alliierten Hohen Kommission beibehalten, aufgehoben oder adaptiert werden sollen. Natürlich bleibe der neuralgische Punkt die Europa-Armee. Diese sei aber über das Stadium eines bloßen „Plans" hinaus und komme bald in das Stadium der Entscheidungen. Zwischen Deutschland und Frankreich sei es zu weitgehender Übereinstimmung der Auffassungen gekommen. Allerdings seien in Frankreich noch große innerpolitische Widerstände zu überwinden und aus Belgien kommen verfassungsrechtliche Bedenken (wie mir der belgische Botschafter erklärte, sei für den Europaplan bei strikter Auslegung eine Verfassungsänderung nötig und dies erfordere Neuwahlen).

Wichtig sei aber, daß die Amerikaner um nichts von ihrer Absicht abwichen, die europäische Verteidigungsgemeinschaft durchzusetzen und die Deutschen daran zu beteiligen; sie drängten mehr denn je und seien auch entschlossen, sich bei den zögernden Staaten durchzusetzen. Ich stellte die Frage, ob nicht aus Rücksichten der „großen Politik", z. B. aus dem Wunsche der Westmächte, die Türe nach Moskau offenzuhalten, die Deutschlandfrage auf die Seite geschoben werde. Mein Partner ging auf diesen Einwand ein: die Besprechungen in Paris schlössen es nahezu aus, daß der Westen über Deutschland hinweg und auf dessen Kosten Verhandlungen mit den Russen führte, in denen die deutsche Frage zum bloßen Tauschobjekt der internationalen Politik würde.

Auch mein englischer Gesprächspartner betrachtet die Pariser Konferenz als einen großen Fortschritt; er sprach sich in ähnlichem Sinne, nur um wenige Nuancen reservierter aus.

Der Führer der Opposition Schumacher nahm bereits zu den Pariserbesprechungen Stellung. Überflüssig zu sagen, daß er alles in Bausch und Bogen ablehnt: Adenauer habe wieder einmal in allen Punkten den Alliierten nachgegeben. Die Sozialdemokratische Partei könne einem deutschen Verteidigungsbeitrag nur zustimmen, wenn die angelsächsischen Truppen so verstärkt würden, daß keine Preisgabe des deutschen Gebietes mehr zu befürchten wäre. Eine Aufgabe gefolgt von Rückeroberung sei für Deutschland untragbar. Dies wäre eine „Befreiung von Friedhöfen". Überdies müßte auch das Grundgesetz geändert werden, da es keine Armee vorsieht. Verfassungsänderungen brauchten aber ein qualifiziertes Mehr von 2/3 ...

In meinen bisherigen Berichten setzte ich wiederholt Fragezeichen zu dem zeitlichen Optimismus Bonns. Auch jetzt dürfte der faktische Ablauf länger dauern als man hier eskomptiert. Doch scheint mir das Ziel, die Wiederherstellung der deutschen Souveränität außer Frage zu stehen: dies certus, incertus quando!

In dieser Hinsicht sind hier bereits deutsche Indizien zu bemerken: In der Alliierten Hochkommission herrscht richtige Aufbruchsstimmung. Die Chefbeamten und allernächsten Mitarbeiter der Hochkommissare verlassen bereits einer nach dem anderen ihre Posten – ohne ersetzt zu werden! Man erörtert auch offen den Abgang der Hochkommissare, welche bekanntlich inskünftig durch Botschafter ersetzt werden sollen. Mehr oder weniger feststeht, daß François-Poncet und McCloy nicht bleiben. Das Gerücht geht um, daß der amerikanische Hochkommissar durch Admiral Kirk[76], bisher Botschafter in Moskau, ersetzt werden soll, oder durch Murphy[77], Botschafter in Brüssel.

11. Dezember 1951

33 *Untergang Badens – Entstehung eines neuen Bundeslandes:* Am 9. Dezember hatte die Bevölkerung der drei südwestdeutschen Länder: Baden, Hohenzollern und Württemberg[78] über ihre Vereinigung zu entscheiden. Die Volksabstimmung stand vor der Alternative: Vereinigung zu einem Südweststaat oder Wiederherstellung der historischen Länder Baden und Württemberg, die 1945 nach der deutschen Kapitulation durch einen Akt der Besetzungsmächte entzweigeschnitten wurden, um daraus die amerikanische und französische Besetzungszone zu arrondieren: der Nordteil von Baden wurde zu Württemberg geschlagen, der südliche Teil bildete das neue Land Baden.

Das von der Bundesregierung ad hoc für die Volksabstimmung erlassene Gesetz sah vier Bezirke vor: Nord- und Südbaden, Nord- und Südwürttemberg. Der Südweststaat sollte zustandekommen, wenn sich sowohl im gesamten Abstimmungsgebiet wie in drei von den vier Wahlbezirken Stimmenmehrheit für die Vereinigung ergäbe. Dies ist in der Volksabstimmung vom 9. Dezember geschehen. Rund 70 Prozent der abgegebenen Stimmen und drei von vier Abstimmungsbezirken erklärten sich für den Zusammenschluß. Die beiden württembergischen Wahlbezirke sprachen sich, wie erwartet, nahezu einstimmig für den Südweststaat aus. Von Südbaden wußte man, daß es sich gegen den Südweststaat aussprechen würde; auch dies war der Fall. Das Zünglein an

---

[76] Kirk, Alan Goodrich (1888–1963), amerikanischer Admiral und Diplomat, Stabschef der US-Marinestreitkräfte im Zweiten Weltkrieg, 1946 Botschafter in Belgien und Gesandter in Luxemburg, 1949–1952 Botschafter in Moskau.

[77] Murphy, Robert D. (1894–1978), amerikanischer Diplomat, 1944–1949 politischer Berater der amerikanischen Militärregierung für Deutschland, 1949–1952 Botschafter in Belgien.

der Waage bildete Nordbaden, d. i. der nördliche, seit 1945 Württemberg zugeteilte Teil Altbadens mit den Zentren Karlsruhe, Mannheim und Heidelberg. 57 Prozent dieses Gebietes stimmten für den Südweststaat. Damit wurde das Schicksal Altbadens besiegelt. In den nächsten Monaten gelangt ein neues Bundesland zur Entstehung: Flächenmäßig nicht ganz so groß wie die Schweiz, wird es mit rund 6 Millionen Einwohnern nach Nordrhein-Westfalen (14 Millionen) und Bayern (9 Millionen) das drittgrößte Land der Bundesrepublik sein.

Der Staatspräsident des zum Verschwinden verurteilten Landes und Führer der altbadischen Bewegung, Wohleb[78], will aber den Kampf nicht aufgeben. Er beruft sich darauf, daß die Stimmen aus Altbaden zusammengezählt eine Mehrheit für dessen Wiederherstellung ergeben. Dies ist wahr, allerdings beträgt die Mehrheit kaum 3 Prozent. Wohleb erklärte nach der Abstimmung, die politische Lage im Südwesten sei unhaltbar geworden; der gekünstelte Abstimmungsmodus komme einem Wahltrick gleich. In der Tat hatte das Bundesverfassungsgericht von dem Abstimmungsgesetz zugegeben, daß es in den entscheidenden Paragraphen eine Ungleichheit der Chancen bedeutet.

Der Streit wird also möglicherweise weitergehen. Allerdings wird die Tatsache, daß etwas mehr als die Hälfte der ehemaligen badischen Bevölkerung für die Wiederherstellung des Landes stimmte, praktisch kaum etwas ändern, denn schwer wiegt die Tatsache, daß die Badener, obwohl sie wußten, was für sie auf dem Spiele stand, sich nur mit 60 Prozent an der Volksabstimmung beteiligten.

Ein Land mit alter und guter Überlieferung, das „Musterländle", geht sang- und klanglos unter! Der Vorgang zeigt, wie unvergleichlich weniger verwurzelt der Föderalismus in Deutschland ist als in der Schweiz. Nie würde über das Schicksal eines schweizerischen Kantons mit so schwacher Stimmbeteiligung entschieden werden. Bei uns wäre es auch undenkbar, daß ein Bundesglied verschwindet, trotz verwerfender Mehrheit seiner Bevölkerung. Außerhalb Badens wird der Volksentscheid begrüßt; man nennt ihn einen „Sieg der wirtschaftlichen Vernunft!" Die Zugkraft des wirtschaftlich leistungsfähigeren Württembergs siegte. Im neuen Deutschland gehen materielle Erwägungen dem Respekt vor historischen Gebilden und Minoritäten vor. Der deutschen Demokratie sind Feinheiten schweizerischer Volksabstimmungen fremd, besonders die ungeschriebene Regel, auf Minoritäten-Volksgruppen alle Rücksicht zu nehmen und brutale Majorisierung zu vermeiden. Wird es gelingen, die Gegner des Südweststaates zu seinen Anhängern zu machen? Da in den

---

[78] Offizieli hießen die drei 1945 entstandenen Länder: Baden, Württemberg-Hohenzollern und Württemberg-Baden. Die beiden ersten lagen in der französischen, das letztgenannte in der amerikanischen Besatzungszone.

[79] Wohleb, Leo (1888–1955), 1947–1952 Staatspräsident von Süd-Baden, bis 1948 Landesvorsitzender der CDU, 1952–1955 Gesandter in Portugal.

letzten Monaten viel böses Blut entstand, bedürfte es dazu der feinen politischen Hand eines General Dufours[80]!

Ich bedaure das Verschwinden Badens. Ich unterhielt mit Wohleb und seiner Regierung die besten Beziehungen und stieß immer auf ihr vollstes Verständnis für schweizerische Belange.

Die Abstimmung tangiert empfindlich schweizerische Interessen. In Baden bestehen bekanntlich sehr zahlreiche schweizerische Unternehmungen, besonders in der Textilindustrie. In dieser Branche machen sie ein Drittel aller Betriebe Badens aus! Eine so starke Interessengruppe fiel für den badischen Staat stark ins Gewicht. In dem künftigen durch das hochindustrialisierte Württemberg vergrößerten Südweststaat bilden die schweizerischen Unternehmen eine kleine Interessengruppe. Unsere Landsleute werden in Stuttgart ihre Interessen mit mehr Schwierigkeiten verfechten müssen als in Karlsruhe; sie müssen sich auf eine weniger günstige Situation einstellen. Bei Reibungen wird es viel mehr hart auf hart gehen als bisher, denn in Stuttgart weht eine herbere Luft als im gemütlicheren Baden.

Vier bis fünf Monate werden vergehen, bis der neue Staat steht. In der Zwischenzeit haben die drei Länder einen Ministerrat zu bilden, zu dem Württemberg vier, Baden und Hohenzollern je zwei Vertreter stellt. Der württembergische Ministerpräsident hat ihn einzuberufen. Dieser Ministerrat wird Ende dieses Jahres mit seiner Tätigkeit beginnen. Seine Hauptaufgabe ist die Einberufung einer Konstituante innert drei Monaten. Die Konstituante wählt wiederum innert Monatsfrist den Ministerpräsidenten und dieser hat innert zwei Wochen eine vorläufige Regierung zu bilden. Nach diesem vom Bundesgesetz über die Neugliederung vorgezeichneten Zeitkalender müßte die Vereinigung der drei Länder zu einem Bundesland spätestens am 9. Mai beendet sein.

Über den Namen des neuen Staates ist noch keine Entscheidung getroffen; die größten Aussichten bestehen für die Bezeichnung „Württemberg-Baden". Hauptstadt des neuen Staates dürfte Stuttgart werden.

Durch den Zusammenschluß der drei Staaten reduziert sich die Zahl der Länder von elf auf neun. Dies bewirkt Änderungen im Bundesrat – der unserem Ständerat entspricht –. Südbaden und Hohenzollern hatten bisher im Bundesrat je drei Stimmen, Württemberg 4 Stimmen. Der neue Südweststaat erhält das zulässige Maximum von fünf Stimmen; somit vermindert sich der Bundesrat von 43 auf 38 Sitze. Dies könnte politische Wirkungen zeitigen. Bisher hatten die Landesregierungen, in welchen die Christlich Demokratische Union (CDU) dominierte, die absolute Mehrheit: 24 von 43 Stimmen. Im verkleinerten Bundesrat wird sich diese CDU-Mehrheit nur erhalten, wenn sich der neue Südweststaat eine CDU-Regierung gibt. Wählt der Südweststaat sozialistisch, würden im Bundesrat 20 sozialistische Stimmen 18 anderen entgegenstehen.

---

[80] Dufour, Henri (1787–1875), Schweizer General, 1831 Chef des schweizerischen Generalstabs, 1847 General im Kampf gegen die Sonderbundskantone.

Mit einer von der Sozialdemokratischen Partei beherrschten Länderkammer würden Adenauers Schwierigkeiten ganz wesentlich größer.

Frankreich hat bekanntlich die Südweststaatbewegung ungern gesehen. Seit Richelieu bevorzugt man viele und kleine Staaten in Deutschland. Dementsprechend zieht man das kleinere Baden dem größeren Südweststaat als Nachbar vor. Indessen muß sich Paris mit der neuen Situation abfinden, denn bereits steht fest, daß die Alliierte Hohe Kommission gegen die Bildung des Südweststaates keinen Einspruch erheben wird.

13. Dezember 1951

Adenauers Besuch in London[81]: Ich hatte dieser Tage Gelegenheit, mich mit einem der nächsten Mitarbeiter Adenauers über die Londoner Reise des Bundeskanzlers zu unterhalten. Er hatte allen wichtigen Begegnungen des Kanzlers, insbesondere den Gesprächen mit Churchill[82] beigewohnt. Einleitend bemerkte mein Gesprächspartner, daß dem Besuch keine Traktandenliste zu Grunde gelegen habe. Daher hätten die Gegenstände, welche den Stoff der Gespräche in London bildeten, auch keine diplomatische Vorbereitung erfahren; infolgedessen waren a priori vom Besuch keine Verträge, Protokolle oder Vereinbarungen zu erwarten. **34**

Adenauer fand in der englischen Hauptstadt eine ungemein herzliche Aufnahme. In dieser Hinsicht habe London alle bisher absolvierten Staatsbesuche übertroffen. Großbritannien war für Adenauer Neuland; das erste Mal in seinem Leben betrat er englischen Boden. Dies ist denn auch speziell für Adenauer von besonderer Bedeutung, da ihm englisches Wesen, wie jedem, der England nie persönlich erlebte, fremd war. Adenauers nüchternes Wesen habe übrigens gut in die zurückhaltende englische Atmosphäre gepaßt; so sei denn bald das Eis gebrochen.

Der Kanzler hatte wiederholte, lange Gespräche mit Churchill und Eden. Sie gruppierten sich um drei Themata: um die innerdeutsche Lage, die Stellung Englands zur Integration Europas und das Verhältnis zu Rußland.

Die englischen Staatsmänner bekundeten lebhaftestes Interesse für die innerpolitische Lage der Bundesrepublik, insbesondere für die Widerstandskraft der deutschen Demokratie gegen den Extremismus von rechts und links. Der Kanzler legte dar, daß er und seine Regierung nicht nur wachsam, sondern ent-

---

[81] Adenauers erster offizieller Besuch in London fand vom 3.–7. Dezember 1951 statt, es war zugleich der erste offizielle Besuch eines deutschen Regierungschefs seit 1925.

[82] Churchill, Sir Winston (1874–1965), britischer Politiker, 1900 Abgeordneter der Konservativen im Unterhaus. 1905 Parteiwechsel zu den Liberalen, 1906 Unterstaatssekretär für die Kolonien, 1908 Handelsminister, 1910 Innenminister, 1911 Erster Lord der Admiralität, 1919 Kriegs- und Luftfahrtminister, 1921 Minister für die Kolonien, 1924–1929 Schatzkanzler, 1924 Rückkehr zu den Konservativen, 1940–1945 und 1951–1955 Premierminister, bis 1964 Abgeordneter im Unterhaus.

schlossen seien, mit letztem Nachdruck den links- und rechtsradikalen Strömungen entgegenzutreten. Der Kanzler glaubt, seine englischen Partner überzeugt zu haben, nicht nur von seinem guten Willen, sondern auch davon, daß dieser Kampf nicht aussichtslos sei. Die innere Lage könne nicht verglichen werden mit den verzweifelten innerpolitischen Zuständen Deutschlands am Ende der zwanziger Jahre.

Was den Zusammenschluß Europas anbelangt, so war der Eindruck der deutschen Delegation, daß Churchill sich grundsätzlich an die Linie Labours halte; England sei nach wie vor nicht in der Lage, an der geplanten Integration Europas und ihren Organisationen teilzunehmen, weil das britische Commonwealth sich auf solche kontinentale Bindungen nicht einlassen würde. Andererseits werde die englische Regierung diesen europäischen Bestrebungen nichts in den Weg legen, sie billige sie durchaus und werde sogar ihr Zustandekommen fördern. Bonns Eindruck ist, der englische Regierungswechsel habe von einer bloßen Duldung zu einer Förderung der Europabestrebungen geführt. Churchill stimme insbesondere den Bemühungen zu, die die Bundesrepublik in dieser Hinsicht unternimmt. Übrigens erstrebe auch England die Zusammenarbeit mit den Europaorganisationen. Dies gelte sowohl für den Pleven-Plan wie für den Schuman-Plan. Was diesen anbetrifft, so will Großbritannien als assoziierte Macht durch Entsendung von Beobachtern, Austausch von Informationen und dergleichen mit der Union zusammenwirken.

Zu Rußland gedenkt die britische Regierung folgende Haltung einzunehmen: die Türe nach Moskau offenhalten, die Fäden nicht abreißen lassen, „on speaking terms" zu bleiben, um immer Gelegenheit zu haben, die Russen davon zu überzeugen, daß sie durch militärische Verstärkung der Atlantikpaktmächte und Europas nicht die Gefahr einer Aggression des Westens laufen. Trotz dieser Tendenz Großbritanniens, mit den Russen im Gespräch zu bleiben oder vielmehr ins Gespräch zu kommen, sei eins gänzlich ausgeschlossen: daß solche Gespräche oder allfällige Verhandlungen und Vereinbarungen auf Kosten Deutschlands erfolgen würden. Noch seien bis zur Stunde mit den Russen keine irgendwelchen Gespräche, geschweige denn Verhandlungen angebahnt. Mit aller Deutlichkeit sei englischerseits erklärt worden, daß Deutschland dabei nicht monnaie d'échange – Austauschobjekt – der großen Politik werde. „Wir werden sie nie verraten", habe Churchill erklärt. Da man sich bereits in Paris in diesem Sinne ausgesprochen hatte, fühle sich Adenauer nach dieser neuerlichen Bekräftigung völlig beruhigt. Sein ständiger Cauchemar ist, daß man über die Köpfe der Deutschen und auf ihre Kosten Vereinbarungen treffen könnte. Von diesem Alpdruck sei er befreit. Zwar sei nichts schriftlich vereinbart, aber Churchill habe sich so eindeutig festgelegt, daß Adenauer darauf vertraue, insbesondere einem Engländer gegenüber, für den das gesprochene Wort nicht weniger gilt als das geschriebene.

Auf meine Frage, wie man die Gefahr einer russischen Aggression in London beurteile, sagte mir mein Gesprächspartner, daß man auch dort nunmehr dieses Risiko für wesentlich geringer halte, als dies früher der Fall war. Man teilt auch Adenauers Auffassung, daß die Aufrüstung in Deutschland – namentlich eine so begrenzte – von den Russen nicht zum Casus belli gemacht würde.

1952

28. Januar 1952

35 *Schuman-Plan:* Es verdient festgehalten zu werden, daß der Schuman-Plan vom Bonner Parlament mit der unerwartet großen Mehrheit von 232 gegen 143 Stimmen verabschiedet wurde.[83] Das bedeutet, daß alle Parteien außer den Sozialisten sowie den Extremisten der Rechten und Linken dafür stimmten. Adenauers Methode des behutsamen aber zähen Vorgehens gelang es somit, sein Land weitgehend umzustimmen. In der Tat ist es für ein deutsches Parlament ein beachtlicher Gesinnungswandel, wenn es sich entschloß, auf bedeutsame Souveränitätsrechte zu Gunsten einer übernationalen europäischen Institution zu verzichten.

Wie diese überstaatliche Behörde in der Praxis funktionieren wird, darüber können heute nicht einmal Mutmaßungen angestellt werden. Dagegen zeichnen sich in einer Hinsicht gewisse Zukunftsperspektiven deutlicher ab: Wenn der Schuman-Plan anlaufen wird, fallen die Beschränkungen weg, welche die deutsche Stahlproduktion bisher künstlich drosselten. Dies eröffnet vielversprechende Aussichten für die Bundesrepublik. Kein geringerer als der Leiter der Marshallplan-Verwaltung in Deutschland prophezeite eine Steigerung der deutschen Produktion von der jetzigen Höhe von 14 Mio. t auf 19–20 Mio. t im Jahr. Damit würde Westdeutschland nicht nur die führende Stellung in der Montanunion einnehmen, sondern auch England überflügeln. Damit sich dies verwirkliche, bedarf es allerdings erheblicher Investitionen und ausländischer Kapitalien. Indessen wäre dies bei der intensiven Stahlnachfrage der USA keine unüberwindliche Klippe. Jedenfalls wird nach Befreiung von den bisherigen Produktionsfesseln die Bedeutung der Bundesrepublik zunehmen; ihr steigendes industrielles Potential wird sie nicht nur zu einem gewichtigen wirtschaftlichen Partner machen, sondern auch zu einem maßgebenden politischen Faktor Europas. Dies weckt aber auch entsprechende Gegenkräfte: Die Furcht vor dem deutschen Übergewicht wächst und drückt sich aus in den zunehmenden Widerständen, die Westdeutschland entgegengesetzt werden, speziell seitens Frankreich.

Pleven-Plan: Der Weg zum Pleven-Plan gestaltet sich viel beschwerlicher als

---

[83] Am 11.1.1952 wurde der Vertrag über die Gründung der Europäischen Gemeinschaft für Kohle und Stahl (EGKS) im Bundestag ratifiziert.

im Fall des Schuman-Plans. Eine hochgestellte und gut unterrichtete deutsche Persönlichkeit schilderte mir ihre Bedenken über die jüngste Entwicklung:

Was zunächst die Verhandlungen unter den sechs Teilnehmern des Pleven-Plans anbetrifft, so verlief die jüngste Pariser-Konferenz „befriedigend". Die eigentlichen technisch-militärischen Fragen sind nahezu problemlos. Auch in der Frage des Exekutivorgans näherte man sich einer Kompromißlösung. Am schwierigsten gestaltet sich die Lösung der Budgetfrage: die Beneluxstaaten setzen dem Gedanken eines gemeinsamen Budgets nach wie vor großes Bedenken entgegen.

Größer sind die internen deutschen Klippen. Nach wie vor ist der Plan eines deutschen Verteidigungsbeitrages im Volk nicht populär. Wohl ist die Zugkraft der Parole „Ohne uns" zurückgegangen. Vielerorts ist die Einsicht gewachsen, daß kein Staat seine Verteidigung auf die Dauer anderen Staaten überlassen kann. Aber die Mehrheit der Bevölkerung ist immer noch gegen den Wehrbeitrag. Diese Stimmung lastet schwer auf dem Parlament. Die sozialistische Partei wird, wie ich von einem ihrer Leader vernahm, an der Parole der Verwerfung festhalten. Auch in den Reihen der Koalition herrschen viele Bedenken. Aus dieser Stimmung heraus entstand das kategorische Verlangen des Parlamentes nach sofortiger Debatte über den Wehrbeitrag. Die Sitzung wurde für den 7. Februar anberaumt. Allerdings soll es in dieser Sitzung noch nicht zur Abstimmung kommen; sie soll lediglich erste Debatte bilden.

Nun platzt in diese labile Situation wie eine Bombe die Saarfrage. Die Ernennung des bisherigen Oberkommissars Grandval[84] zum Botschafter bei der Saarregierung und die Errichtung einer saarländischen Mission in Paris versetzten die Geister hier in Alarmzustand. Nicht nur die Opposition, auch Regierungskreise sehen in dem französischen Schritt den Versuch zu einer einseitigen Änderung des völkerrechtlichen Status des Saargebietes im Sinne einer Abtrennung von Deutschland. Im Laufe des letzten Jahres schlugen wiederholt Flammen aus der Saarfrage; der Bundeskanzler versuchte sie zu besänftigen, indem er die Saarfrage dilatorisch behandelte. Er hoffte, „aufs Eis gelegt", würde sie, wenn Schuman- und Pleven-Plan sich einspielen, ihre Schärfe verlieren. Nun ist dieser neuralgischste Punkt der deutsch-französischen Beziehungen in den Brennpunkt der Debatte geworfen und kann kaum mit den Methoden der Beruhigungspillen behandelt werden. Die Opposition triumphiert natürlich: denn sie hatte Adenauers Saarpolitik heftig bekämpft. Aus dieser Affäre könnten Adenauer sehr ernste Schwierigkeiten erwachsen; erhält er aus Paris keine befriedigende Aufklärung, so dürfte es ihm schwerfallen, für den Verteidigungsbeitrag im Bundestag eine Mehrheit zu erlangen. Eine weitere

---

[84] Grandval, Gilbert (1904–1981), französischer Politiker, ab 1940 führend in der französischen Widerstandsbewegung, 1945–1948 Gouverneur des Saarlandes, 1948–1952 dort Hochkommissar, 1952–1955 Botschafter, 1955 General-Resident in Marokko, 1962–1966 Arbeitsminister unter Pompidou.

Belastung für Adenauer ist die Frage des Beitritts der Bundesrepublik zum Atlantikpakt. Hallstein hat zwar den Beitritt nicht als Bedingung gestellt, aber doch den Anspruch darauf angemeldet, im Atlantikpakt, wie die anderen Staaten, mitarbeiten zu können. Wenn auch diese Forderung, dem Grundsatz nach, der Nichtdiskriminierung entspricht, ist die Frage berechtigt, warum sie eben jetzt gestellt werden mußte. Die Frage nahm eine noch schlechtere Wendung, als Frankreich offiziell erklärte, daß es sich dem Beitritt der Bundesrepublik in den Atlantikpakt widersetze. Nun wird sich natürlich das Bonner Parlament der Frage bemächtigen und die Möglichkeit, daß Adenauer mit seinem Wehrbeitrag im Parlament nicht durchdringt, erhöht sich beträchtlich. Adenauer wird alles daran setzen, um einen solchen Ausgang zu vermeiden, denn er befürchtet, daß sich dann die U.S.A. an Deutschland desinteressieren könnten, was er für sein Land untragbar hält.

9. Februar 1952

36 *Die Debatte über den Wehrbeitrag im Parlament:* Gestern ging im Bundestag die zweitägige Debatte über den Wehrbeitrag zu Ende.[85] Selbstverständlich handelte es sich um keine definitiven Beschlüsse, sondern um einen Vorentscheid. Es galt, das Parlament zu informieren und dessen prinzipielle Billigung für die außenpolitische Linie der Regierung zu gewinnen. Adenauers Stellungnahme blieb unverändert; er bekannte sich zur Solidarität mit dem Westen. Er tat alles, und speziell in der Saarfrage, um die erregten Geister zu beschwichtigen. Dies gelang ihm auch weitgehend: In der Resolution, mit welcher die Debatte abschloß, bekennt sich der Bundestag zur Teilnahme der Bundesrepublik an der Verteidigung des Westens. Praktisch bedeutet das für Adenauer die Ermächtigung, auf der bisherigen Linie fortzufahren.

Diese Entschließung wurde mit 204 gegen 156 Stimmen angenommen. Unter Überwindung vieler Bedenken stimmte die Koalition geschlossen dafür. Ebenso geschlossen lehnten die Sozialisten ab, unterstützt von Kommunisten und der extremen Rechten. Wie erwähnt, erfolgte die Annahme durch die Koalitionsparteien nicht ohne Schwierigkeiten. Dieses Zögern fand seinen Niederschlag in fünf weiteren Entschließungen, welche Voraussetzungen für die Ratifizierung des deutschen Wehrbeitrages aufzählen. Ihr Kern ist der Aufttrag an die Regierung, die Gleichberechtigung der Bundesrepublik und die Beseitigung aller Diskriminierung durchzusetzen: Der Bundestag wünscht Abschaffung des Besatzungsregimes, Wiederherstellung der Souveränität, Begrenzung der alliierten Reservatsrechte auf den unumgänglich notwendigen Umfang, Bemessung des finanziellen Beitrages der Bundesrepublik nach den

---

[85] Am 8.2.1952 stimmte der Bundestag – gegen die Stimmen der Opposition – grundsätzlich einem deutschen Verteidigungsbeitrag und dem EVG-Vertrag zu. Sten. Berichte, S. 814 ff.

gleichen Maßstäben wie für die übrigen Staaten, Beseitigung der Produktions-
beschränkungen etc. Insoweit handelt es sich also um keine Innovationen; die
bisherigen Verhandlungen mit den Alliierten wurden bereits auf dieser Basis
geführt. Zwei Resolutionen schneiden allerdings neue und heikle Fragen an:
Atlantikpakt und Saarfrage. Beide fielen gemäßigter aus als man es vor der Debatte befürchten mußte: Was den Atlantikpakt anbetrifft, vermied der Bundestag, die sofortige Aufnahme der Bundesrepublik zu verlangen; er beschränkt
sich, Übergangsvereinbarungen zu postulieren. Die Saar-Resolution ist zwar
etwas schärfer gefaßt: „Mit Entschiedenheit wendet sich der Bundestag gegen
den Versuch der französischen Regierung, vor Abschluß eines Friedensvertrages die Entscheidung über das politische Schicksal der deutschen Saarbevölkerung vorwegzunehmen. Vor allem erwartet er von der Bundesregierung, daß
sie alles tut, damit die Bevölkerung der Saar ihre politischen Freiheiten entsprechend der Charta der Vereinten Nationen endlich zurückerhält." Adenauers
Bemühung zu beschwichtigen, hat sich durchgesetzt; die Stimmung ist gelok-
kerter. Weder Ton noch Inhalt der Resolutionen zerschlagen Porzellan. Alles
in allem, ein Erfolg des Kanzlers!

Allerdings ist die Partie noch nicht entschieden. Die Sprecher der Parteien
betonten, daß ihr endgültiges Ja oder Nein von der Erfüllung der in den Resolutionen formulierten Voraussetzungen abhängt. Mancher Punkt wird dem
Kanzler viel zu schaffen geben. Er wird in den Verhandlungen mit den Alliierten noch viel Terrain gewinnen müssen, um die Schlußrunde im Parlament zu
gewinnen. Aus diesen Bindungen werden sich Verzögerungen ergeben für die
Verhandlungen über Generalvertrag und europäische Verteidigungsgemeinschaft. Dieses Vertragswerk dürfte kaum vor Herbst seine parlamentarische
Erledigung finden.

Unterdessen wird ein scharfer Kampf um die öffentliche Meinung anheben.
Das Interesse der Massen am Wehrproblem erweist sich ganz ungewöhnlich
groß: Hunderttausende hörten stundenlang am Radio die Debatten mit. Vorläufig ist die Volksmeinung der Remilitarisierung nicht günstig. Diese Situation macht es auch manchem Abgeordneten der Koalition so schwer, der Re-
gierungsparole zu folgen. Umsomehr tragen die Sozialisten der negativen Einstellung Rechnung: Ihr Nein ist schroffer denn je. Getragen von einer großen
Volksströmung hoffen sie, Adenauers Stellung entscheidend zu schwächen.
Deshalb auch ihr Schachzug der Verfassungsklage: Das Bundesverfassungsgericht soll feststellen, daß ein Wehrgesetz verfassungsändernd sei und daher einer 2/3 Mehrheit bedürfe. Dieses qualifizierte Mehr wäre für Adenauer gänzlich unerreichbar.

Der Ablauf der Bundestagssitzung war bewegt. Am Schluß kam es zu heftigen Zusammenstößen, namentlich zwischen Adenauer und Carlo Schmid. Die
Kluft zwischen Regierung und Opposition ist tiefer denn je, so daß die vor
einigen Wochen gestarteten Bemühungen um eine gemeinsame Außenpolitik
vorläufig gänzlich aussichtslos sind. Dabei bestehen zwischen den außenpoliti-

schen Zielen der Koalition und Opposition gar nicht so unüberbrückbare Gegensätze. Auch die Sozialisten wollen nicht, daß die Bundesrepublik wehrlos der russischen Gefahr gegenüberstehe. Sie sind zum Verteidigungsbeitrag bereit, allerdings unter der praktisch unerfüllbaren Bedingung eines alliierten Schutzes von 60–70 Divisionen! Ihr Nein ist innenpolitisch bedingt.

Ich wohnte der 21stündigen Debatte auf langen Strecken bei: ich hörte und sah Adenauer, als er die Regierungserklärung abgab. Der Kanzler schien nicht der alte! Seine Ansprache gehörte zu seinen schwachen Reden; vor allem fehlte seinem Auftreten die Zuversicht, die das Parlament so oft mitriß. War es bloß Müdigkeit? Oder war es mehr? Bekanntlich ist die deutsch-französische Annäherung Adenauers Lieblingsgedanke. Daß der Rückschlag gerade in diesem Punkt eintrat, lastet offensichtlich schwer auf ihm. Mit um so größerer Spannung erwartet er und die öffentliche Meinung die Reaktion des französischen Parlamentes.

20. Februar 1952

37 *Die Londoner Außenministerkonferenz*[86] *in deutscher Sicht:* Ich konnte heute den Staatssekretär des Auswärtigen Amtes, Professor Hallstein, unmittelbar nach seiner Rückkehr von der Londoner Außenministerkonferenz sprechen. Während einer halben Stunde gab er mir Auskunft über seine Eindrücke. Ich resümiere die Darstellung, welche die Außenministerkonferenz in der Bonner Sicht wiedergibt.

Mein Gesprächspartner glaubt, in London sei die akute Krise überwunden worden, die dadurch entstand, daß sowohl der Bundestag in Bonn wie die Nationalversammlung in Paris für die Fortsetzung der Verhandlungen „Bedingungen" und „Voraussetzungen" formuliert hatten, die für das andere Parlament kaum akzeptabel gewesen wären. Es ist uns in London gelungen, diesen Postulanten die Spitze abzubrechen, so daß beide Regierungen sich mit neuen Aussichten ihren Parlamenten werden stellen können. Es bestand die Gefahr eines allgemeinen Zusammenbruchs der bisherigen Europapolitik, namentlich auch in den USA; sie kann als abgewendet betrachtet werden. Zwar wurden noch nicht in allen Punkten Einigungen erzielt, aber in vielen Fragen und zwar in den heikelsten wurde eine Annäherung gewonnen. Hallstein zeigte sich sehr optimistisch und rechnet damit, daß das Vertragswerk in absehbarer Zeit unterzeichnungsfertig sein werde.

Hallstein beschrieb mir die Atmosphäre zwischen den vier Außenministern als ausgezeichnet. Adenauer gewinne immer mehr das Vertrauen seiner Partner; seine nüchterne, aber klare Rhetorik wirke überzeugend in diesem Gremium. Der Kanzler wisse auch im richtigen Moment Konzessionen zu machen und eine starre Haltung zu vermeiden.

---

[86] Die Londoner Außenministerkonferenz über Fragen der Europäischen Verteidigungsgemeinschaft fand am 26./27.Januar 1952 statt.

Dies tat z.B. der Kanzler in der Frage des Beitritts Deutschlands zum Atlantik-Pakt, wo das gegen Deutschland gerichtete Veto des französischen Parlaments heikelste Fragen innerpolitischer Art für Adenauer aufwarf. Um seinem Kollegen Schuman die Situation im französischen Parlament nicht noch mehr zu erschweren, vermied der Bundeskanzler, auf dem sofortigen Beitritt Deutschlands zu insistieren. Der Impass wurde durch eine Zwischenlösung überwunden: Der Atlantikrat und der Rat der Europäischen Verteidigung würde in wichtigen Fällen gemeinsame Sitzungen abhalten. Dank diesem Verfahren würde die Bundesrepublik in vitalen Situationen im Atlantikrat direkt vertreten sein.

Eine andere schwierige Klippe bildete der französische Wunsch, von Amerika und England eine Garantieerklärung für den Fall zu bekommen, daß Deutschland aus der Verteidigungsgemeinschaft ausbrechen würde. Acheson erklärte dazu spontan, daß eine einseitige, nur gegen Deutschland gerichtete Erklärung überhaupt nicht in Frage komme; auf die Frage, wie sich die Bundesrepublik zu einer generellen Garantie verhalten würde, erwiderte der Kanzler, daß ihm jede Garantieerklärung, sofern sie allgemein formuliert sei, angenehm sei.

Viel zu reden gab die Frage der Aufhebung der Beschränkungen der industriellen Produktion. Auch hier zeigen sich Lösungsmöglichkeiten. Die Befreiung der zivilen Produktion soll umfassend sein, nur die deutsche Rüstungsproduktion soll Beschränkungen unterliegen. Dabei wird eine Formel in der Richtung gesucht, daß die Erzeugung besonders „gefährlicher" Waffen nicht in strategisch so gefährdete Gebiete wie Deutschland gelegt werden soll.

In der umstrittenen Frage des finanziellen Beitrages haben sich die Standpunkte stark genähert. Die Differenzen sind nicht mehr so groß, daß eine Lösung gefährdet erscheint. Die „drei Weisen" bezifferten den deutschen Beitrag auf 11,25 Milliarden DM. Die Deutschen, die 10,8 Milliarden DM anboten, sind nunmehr mit der alliierten Ziffer einverstanden, falls ein Teil der Hilfen der Bundesrepublik für Berlin aufgerechnet wird.

In der Frage der Kriegsverbrecher ist die Einsetzung einer deutsch-alliierten Kommission vorgesehen, die kompetent wäre, gewisse Fälle, wo nach deutscher Auffassung keine wirklichen Kriegsverbrechen vorliegen, zu überprüfen.

Das dornenvolle Problem der Saarfrage wurde nicht im Verein mit Acheson und Eden, sondern unter vier Augen zwischen Schuman und Adenauer stundenlang diskutiert. Der Kanzler gab darüber keine näheren Aufschlüsse. Es wurde die Aufnahme von französisch-deutschen Gesprächen vorgesehen, die eine Lösung anbahnen sollen. Ziel und Weg dieser Verhandlungen sind noch nicht umschrieben. Als erste Etappe in der Entgiftung der Saarfrage wird angestrebt, den Parteien, die sich für Deutschland einsetzen, bei den Parlamentswahlen im Herbst Aktionsfreiheit zu sichern.

Alles in allem glaubt Staatssekretär Hallstein, daß durch die Londoner Konferenz für beide Länder die Fortführung ihrer Außenpolitik mit ihren bisherigen Zielen ermöglicht werde.

Soweit der Staatssekretär! Die Presseerklärungen des Kanzlers waren auf den selben optimistischen Ton gestellt. Ich möchte diesen Optimismus nicht ganz übernehmen. Ohne Zweifel ist es in London gelungen, den toten Punkt zu überwinden. Es kam zu Lösungen, welche sowohl die Vorbehalte des deutschen wie die Bedingungen des französischen Parlaments berücksichtigen, so daß die Regierungen wieder weiterverhandeln können. Das letzte Wort hat aber das Parlament. In dieser Hinsicht wird man gut tun, sich auf erhebliche Schwierigkeiten gefaßt zu machen. In Deutschland besteht eine schwerwiegende Opposition im Parlament und eine noch größere Meinungsverschiedenheit im deutschen Volk über einen militärischen Beitrag. Die Frauen, die Sozialisten, gewisse protestantische Kreise um Niemöller und ein großer Teil der Jugend wollen weder von einer Europaarmee noch von einer nationalen Armee etwas wissen. Sie bilden eine Art „Gandhismus"! Trotzdem glaube ich, daß sich im deutschen Parlament die notwendige Mehrheit finden wird, falls der Vertrag über die Abschaffung des Besatzungsstatuts einigermaßen zufriedenstellend ausfällt.

Allerdings wächst für Adenauer die Gefahr, daß er seine Initiative anläßlich der Parlamentswahlen von 1953 wird bezahlen müssen. Die Parteien, die für die Remilitarisierung eintreten, verbrauchen sich politisch sehr stark. Aber viel aleatorischer präsentiert sich die Frage im französichen Parlament; der stellvertretende französische Hochkommisar äußerte sich mir gegenüber mehr als resigniert.

Die französische Parlamentsdebatte[87] brachte der deutschen öffentlichen Meinung eine Offenbarung: Entgegen allen offiziellen Sympathiebeteuerungen bei Vertragsabschlüssen, Kongressen, Ausstellungen etc. ist die wirkliche psychologische Situation in Frankreich die, daß alle Parteien, alle Schichten des französischen Volkes von tiefem Mißtrauen gegenüber Deutschland durchdrungen sind. Dies hat natürlich auch einen Rückschlag auf die psychologische Situation in Deutschland ausgeübt. Immerhin blieb er begrenzt, denn die deutsche Presse hat sich zu keiner Unbesonnenheit hinreißen lassen und verzichtete, über die bitteren Worte, die in Paris fielen, einen Sturm zu entfachen. Bereits wirkt sich ein weiterer Störungsfaktor aus: der Appell der Sowjets zu Friedensverhandlungen. Dieser Gedanke appelliert natürlich sehr an die Gemüter. Er hat aber bis jetzt keine Volksbewegung gezeigt. Die Meinung überwiegt, der Schritt sei ein Ablenkungsmanöver, und sein Ziel erschöpfe sich darin, die deutsche Aufrüstung zu verhindern. Die Erfahrungen mit dem unendlich hinausgezogenen österreichischen Staatsvertrag und den Waf-

---

[87] Die Debatte der französischen Nationalversammlung vom 11.–19.2.1952 über eine EVG
      mit deutscher Beteiligung führte zur bedingten Zustimmung, am 31.8.1954 verwarf das
      französische Parlament jedoch die EVG.

fenstillstandsverhandlungen in Korea scheinen dem sowjetischen Vorschlag in
der Öffentlichkeit viel von seiner Stoßkraft zu nehmen.

15.März 1952

Die Sowjetnote über einen Friedensvertrag mit Deutschland[88]: Das für Bonn **38**
Überraschende bestand nicht darin, daß die Sowjets ein solches Friedensange-
bot machten, denn dieser Schritt lag in der Luft seit dem Appell der Deutschen
Demokratischen Republik an die Sowjets um Wiederherstellung der deutschen
Einheit. Ebenfalls den allgemeinen Erwartungen entsprachen diejenigen
Punkte der Note, welche den Rückzug aller Besatzungstruppen, die Wieder-
vereinigung Deutschlands und seine Neutralisierung vorschlugen. Die große
Überraschung bildete, daß Moskau das Junktim zwischen Neutralisierung und
Demilitarisierung aufgab und die neue Konzeption der *bewaffneten* Neutrali-
tät vorschlug.

Die Note findet in der Bevölkerung selbstverständlich breiten, aber nicht
lauten Widerhall. Von einer Volksbewegung ist in Westdeutschland nichts zu
spüren. Zwei widerstreitende Gefühle beherrschen die Gemüter: Das eine ist
Freude und Hoffnung, das andere Mißtrauen. Anders in der Ostzone, wo die
russische Note die Hoffnungen der Bevölkerung tief aufwühlt. Dieser psychologischen Situation muß Adenauer natürlich stark Rechnung tragen. Es ergibt
sich für ihn daraus eine besonders heikle Lage.

Eine offizielle Stellungnahme der westdeutschen Regierung liegt noch nicht
vor. Man hält zurück, schon weil die sowjetische Note nicht an die westdeutsche Regierung, sondern an Amerika, England und Frankreich gerichtet ist.
Deren Sache ist es, den Russen zu antworten. Aber selbstverständlich will
Adenauer bei der Abfassung der Antwort die deutsche Auffassung zur Geltung bringen. Er nahm daher sofort mit der Alliierten Hohen Kommission
Kontakt; dabei wurde eine wichtige Meinungsübereinstimmung erzielt: Die
Verhandlungen über die Beendigung des Besatzungsregimes sollen fortgesetzt
und durch die Moskauer Initiative in keiner Weise verzögert werden. Außer-
dem reist Adenauer am 19. März nach Paris zur Tagung des Europarates. An
dieser „politischen Woche" findet er die gesuchte Gelegenheit zur direkten
Aussprache mit den alliierten Außenministern über die Antwort.

Unterdessen hat Adenauer in einer Versammlung der Christlich Demokratischen Union einige Auslassungen zum russischen Vorschlag gemacht. Seine
Äußerungen waren auf Vorsicht und Zurückhaltung gestimmt. Er erklärte, die
sowjetische Note bedeute „einen gewissen Fortschritt" und es dürfte „keine
Möglichkeit außer acht gelassen werden, um zu einer friedlichen Verständigung und einer Neuordnung in Europa zu kommen". Das Bestreben ist offen-

---

[88] Am 10.3.1952 richtete die Sowjetunion eine Note an die drei Westmächte, in der u.a. die
Wiederherstellung eines einheitlichen deutschen Staates vorgeschlagen wurde.

sichtlich, die Türe offen zu halten, denn die Situation ist für Bonn heikel, besonders heikel wegen der Gefühle der Deutschen in der Ostzone. Im Vordergrund seiner Ausführungen standen daher Rückfragen:

1. Wie stellt sich Sowjetrußland die Bildung einer gesamtdeutschen Regierung vor?
2. Wie soll das Problem der deutschen Gebiete jenseits der Oder-Neiße gelöst werden?

Aber in seinem innersten Forum bleibt Adenauer mißtrauisch; er läßt sich durch die russischen Vorschläge nicht locken und hält an der bisher verfolgten politischen Linie fest. Eine Reihe von Überlegungen in seiner Ansprache zeigen dies deutlich: Eine Neutralisierung Deutschlands lehnte der Kanzler ausdrücklich ab; da ein Anschluß an den Osten nicht möglich sei, könne die Bundesregierung Zusammenarbeit nur mit dem Westen suchen. Adenauers Methode bleibt: Je stärker der Westen wird, um so mehr wachsen die Aussichten, mit der Sowjetunion zu einem „vernünftigen Gespräch" zu kommen.

Auch bei Presse und Politikern stehen folgende drei Fragen im Vordergrund:

Die praktisch aktuellste Frage ist für alle, wie die Wiederherstellung der deutschen Einheit erfolgen soll; dieses Problem sei aber in der russischen Note umgangen! Der Standpunkt der Regierung wird allgemein gebilligt, daß für die Bildung einer gesamtdeutschen Regierung freie Wahlen unter internationaler Kontrolle die Voraussetzung sei. Diese Frage wird wahrscheinlich zum Schlüsselproblem der ganzen Angelegenheit werden.

Der russische Vorschlag, Deutschland eine eigene Wehrmacht mit einer eigenen Waffenproduktion zu gestatten, lockt natürlich viele. Es gibt aber auch viele Stimmen, die warnen und darauf hinweisen, daß dieser Gedanke bisher von den Russen aufs heftigste bekämpft wurde und hier eine der jähesten Wendungen der Sowjetpolitik vorliege. Deshalb begegnet dieser russische Schritt entsprechend starkem Mißtrauen. Ferner fragt man sich, ob eine deutsche bewaffnete Neutralität in dieser Periode weltpolitischer Spannungen lebensfähig sein würde. Zu einer modernen Bewaffnung aus eigener Kraft wäre Deutschland kaum fähig. Ferner fürchtet man die Folgen eines amerikanischen Auszugs: Europa würde ein militärisches Vakuum!, denn die Amerikaner hätten sich um Tausende von Kilometern zurückzuziehen, während die Russen nur um 200 km hinter Berlin zurück müßten.

Natürlich ist für alle Deutschen von höchster Bedeutung der Punkt, wo von der Grenzziehung die Rede ist. Die Note sieht vor, daß das künftige deutsche Gebiet „die Grenzen haben soll, die durch die Konferenz von Potsdam fixiert wurden". Dieser Passus ist nicht klar. Man stellt in Bonn die Frage, ob die Sowjets den Standpunkt vertreten, daß die deutschen Grenzen im Osten bereits festgelegt seien oder ob Rußland bereit ist, die polnischen territorialen Ansprüche auf das östliche Deutschland in den Friedensverhandlungen zu diskutieren. Sollten die Russen die Frage bereits für erledigt ansehen, so würde sich das in Deutschland als unüberwindliches Hindernis erweisen. Kein Parlament, keine Regierung in Westdeutschland könnte einen Verzicht auf die deutschen Gebiete jenseits der Oder-Neiße-Linie aussprechen, ohne diesen Schritt mit seinem Sturz zu bezahlen. Indessen hält man es hier nicht für ausgeschlossen, daß in diesem Punkt die Russen nicht das letzte Wort gesprochen haben und daß eventuell noch mit überraschenden Trümpfen zu rechnen sei.

Allgemein präsentiert sich die psychologische Situation in Westdeutschland folgendermaßen: Die russische Note hat trotz ihrer verführerischen Elemente die Öffentlichkeit nicht mitgerissen; ein entschiedenes und allgemeines Ja ist nicht zu hören. Vor einem Jahr hätte der russische Schritt anders gewirkt! Ich sprach auch mit dem amerikanischen Generalsekretär der Alliierten Hohen Kommission; ich hörte eher Skepsis. Zwei Ereignisse werden nach seiner Auffassung als Tests wirken, wie aufrichtig die Note sei: Ob die UNO-Kommission, welche die Voraussetzungen gesamtdeutscher Wahlen untersuchen soll, die Erlaubnis zur Einreise in die Ostzone erhält; (vorläufig wartet die Kommission in Bonn auf die Antwort General Tschuikows). Der andere Test ist die russische Reaktion auf den neuesten Vorstoß in der Frage des österreichischen Staatsvertrages. Die Antwort wird zeigen, ob die Vorschläge der russischen Deutschland-Note einer gewandelten europäischen Konzeption entsprungen sind. Die Franzosen stellt die Note vor ein Dilemma: Deutschland in der Europaarmee scheint nunmehr das kleinere Übel als eine Nationalarmee Gesamtdeutschlands.

Manche Anzeichen deuten an, daß die Antwort des Westens auf den russischen Annäherungsversuch nicht sehr definitiv ausfallen wird. Man wird den Grundsatz einer Konferenz nicht ablehnen, aber wahrscheinlich vorher um eine Reihe von Präzisierungen ersuchen und Vorfragen und Voraussetzungen formulieren.

Wahlen im Südweststaat[89]: Das Fazit der Wahl ist das folgende: Die Christlich Demokratische Union erlitt kleine Einbußen im Vergleich zu den Bundestagswahlen von 1949, aber – und dies ist das Entscheidende – sie blieb die stärkste Partei! Die Sozialdemokratie konnte einen Stimmenzuwachs von 4 % buchen. Trotz dieser Gewinne der Sozialdemokratischen Partei ist der Ausgang der Wahl ein klarer Erfolg für Adenauer und eine Schlappe für die Opposition. Das Motto, unter dem sie die Wahlkampagne führte: „Weg mit der Aufrüstung, fort mit Adenauer!" hat nicht den erhofften Erdrutsch gebracht. Es wirkte als Bumerang, denn nun wird der Wahlausgang als moralische Bestätigung der Politik des Kanzlers interpretiert; seine Stellung hat sich über den Südweststaat hinaus in der ganzen Bundesrepublik gefestigt, weil die Wahl durch die Opposition als Generalprobe der Bundestagswahlen von 1953 und

---

[89] Am 9.3.1952 fanden Wahlen zur Verfassunggebenden Landesversammlung in Baden-Württemberg statt. Wahlergebnis: CDU 35,9 %, SPD 28 %, DVP/FDP 18 %, BHE 6,3 %, KPD 4,4 %; Mandate: CDU 50, SPD 38, DVP/FDP 23, BHE 6, KPD 4.

als Plebiszit pro und contra Wehrbeitrag aufgezogen war. Erfreulich ist, daß die extremen Rechtsparteien leer ausgingen. Die Befürchtungen, Remer werde auf Süddeutschland übergreifen, sind zerstreut.

28. März 1952

39 *Die deutsche Reaktion auf die alliierte Antwort an die Sowjets:* Ich hatte gestern anläßlich eines Empfangs beim Bundespräsidenten Gelegenheit, mich länger mit dem Bundeskanzler zu unterhalten. Adenauer wirkte überaus zuversichtlich und selbstsicher; die Wahlen im Südweststaat scheinen ihm sichtlichen Auftrieb gegeben zu haben.

Das Gespräch kam auf die Antwort der Westmächte auf die sowjetische Deutschlandnote.[90] Der Kanzler äußerte sich sehr befriedigt; er hat dazu auch allen Anlaß, denn in der Note werden alle seine Konzeptionen in der Friedensfrage von den Westmächten förmlich adoptiert. Thesen, die er verteidigt, fanden in der Note Bestätigung; die von ihm bekämpften Auffassungen sind abgelehnt. Insbesondere sind alle wichtigsten Adenauerschen Postulate nunmehr als Ziele der alliierten Deutschlandpolitik formuliert: die Wiedervereinigung Deutschlands auf Grund freier Wahlen, der Abschluß eines Friedensvertrages mit Deutschland als Partner, die ausdrückliche Bestätigung, daß die Frage der deutschen Ostgrenzen in Potsdam offen blieb. Die gleiche Übereinstimmung herrscht auch im Negativen: Die Note lehnt die Bildung einer deutschen nationalen Armee ab und namentlich weist sie den russischen Vorschlag der Neutralisierung Deutschlands zurück;Deutschland soll frei sein, Bündnisse einzugehen, die den Vereinten Nationen nicht widersprechen.

Damit lehnt aber die Note den Hauptpunkt des russischen Vorschlags ab. Hauptinhalt des sowjetischen Schrittes war, daß Deutschland keine Bündnisse gestattet sein sollten, mit anderen Worten: die in Gang befindliche Aufnahme der Bundesrepublik in die europäische Verteidigungsgemeinschaft sollte rückgängig gemacht werden. So gesehen, hat die alliierte Note allerdings kaum einen Spalt der Türe offengelassen. François-Poncet gebrauchte mir gegenüber den Ausdruck: „Cette note n'est pas très aimable".

Auf solche Erwägungen ist es zurückzuführen, daß trotz des großen Prestigeerfolges des Bundeskanzlers in Deutschland viel Kritik an der Note geübt wird. Sie meldet sich zum Wort nicht nur im Lager der Opposition, sondern auch innerhalb der Koalition (Freie Demokratische Partei und Deutsche Partei) und sogar im Schoße der eigenen Partei (Christlich Demokratische Union). Diese Stimmen sind immerhin so laut und so verbreitet, daß der Bundestag am

---

[90] Am 20./21.3.1952 hatten Gespräche Adenauers mit Schuman und Eden in Paris über die Antwortnote der Westmächte an die Sowjetunion stattgefunden. In der Antwortnote am 25.3.1952 an die Sowjetunion verlangten die Westmächte freie Wahlen in ganz Deutschland vor Verhandlungen über einen Friedensvertrag.

3. April darüber in eine außenpolitische Debatte eintreten wird. Es wird für Adenauer nicht leicht sein, seine Gefolgsleute in der gleichen Geschlossenheit zu erhalten wie anläßlich der Wehrdebatte.

Ein neuer grundlegender Gegensatz tritt zwischen Regierungschef und Opposition zu Tage. Vielen Politikern in- und außerhalb der Opposition ist plötzlich das Tempo der Integration der Bundesrepublik zu schnell geworden. Sie befürchten, daß eine Option im jetzigen Moment das Ziel, dem nach ihrer Meinung vor allen anderen die Priorität gebührt – die Wiedervereinigung Deutschlands – gefährden würde. Sie argumentieren, daß nach vollzogenem Einbau der Bundesrepublik in das westliche Verteidigungssystem die Russen nicht mehr bereit sein werden, über die Wiederherstellung der deutschen Einheit zu verhandeln. Eine solche Vorentscheidung verschütte auf lange die Aussichten der deutschen Wiedervereinigung. Dieser These steht die Adenauersche Konzeption gegenüber, des Realisten, der den Spatz in der Hand der Taube auf dem Dach vorzieht: Zuerst muß die Souveränität wiedergewonnen und die Politik der europäischen Verteidigungsgemeinschaft schnellstens vollendet werden, denn – nach seiner Auffassung – lasse sich mit Moskau erst dann erfolgreich sprechen, wenn der Westen gleich stark wie die Sowjets geworden sei. Nur der festen und unbeirrten Politik des letzten Jahres sei es zu verdanken, daß die Russen sich zu ihrem Konferenzangebot herbeiließen.

In der Parlamentsdebatte soll auch die *Saarfrage* wieder zur Sprache kommen. In dieser Hinsicht hat der Kanzler keine hochfliegenden Pläne. Seine Saarpolitik hat mehr einen negativen oder besser gesagt präventiven Aspekt: Verhindern, daß die Saarfrage immer von neuem die Bemühungen um eine deutsch-französische Verständigung kompromittiere; dem Zustand ein Ende zu setzen, wo die Saarfrage, wie ein Stehaufmännchen, immer im ungelegensten Moment sich erhebt und wichtigere politische Fragen vergiftet. Über den Gesprächen, welche Adenauer unter vier Augen mit Schuman führte, liegt immer noch großes Geheimnis. Ich habe zwei Eindrücke: daß die Fortschritte eher gering sind und daß sie in Richtung der Europäisierung der Saar gehen. Ein direkt Beteiligter sagte mir, daß es höchstens „Ansätze zu einer Lösung" seien. In der deutschen Öffentlichkeit wird der Kanzler verdächtigt und angegriffen, daß er im Begriff sei, die Saar aufzugeben.

Unterdessen machen die Verhandlungen über den Generalvertrag rapide Fortschritte. Adenauer kündigte an, daß der Generalvertrag in 5-6 Wochen, also in der zweiten Maihälfte, unterzeichnet werden könne; es sei in Aussicht genommen, daß Acheson, Eden und Schuman zur Unterzeichnung nach Bonn kämen. Diese Mitteilung würde bestätigen, daß die Politik der europäischen Integration unbeirrt fortgeführt und noch vor allfälligen Verhandlungen mit den Sowjets vollzogen werden sollte.

8. *April 1952*

40 *Bundestagsdebatte über den sowjetischen Friedensvorschlag:* Zum dritten Mal
in drei Monaten hatte der Bundestag zur Außenpolitik Stellung zu nehmen. Im
Januar: über den Schuman-Plan – die Debatte endete mit der Ratifizierung des
Vertragswerkes –; im Februar: über die Grundsätze eines deutschen Verteidigungsbeitrags – die Aussprache erbrachte grundsätzliche Billigung der Politik
des Bundeskanzlers, wenn auch mit gewissen Auflagen.

Dieser Tage (3.April) fand die dritte große außenpolitische Debatte im Bundestag statt. Auch diese schloß mit einem parlamentarischen Sieg des Kanzlers.
Im Zentrum der Diskussion stand der Notenwechsel über den sowjetischen
Friedensvorschlag mit Deutschland. Die Aussprache wurde nötig, weil sich
doch bei mehr als einem Abgeordneten – auch im Regierungslager – Unsicherheit und Bedenken eingestellt hatten. Die Argumentation der sowjetischen
Note, die geschickt an die Saite „Wiedervereinigung Deutschlands" rührt, hatte viele anfällig gemacht. Die Opposition machte geltend, die Antwort der Alliierten sei zu negativ und gefährde die Wiedervereinigung Deutschlands. Adenauers Kritiker verlangten, daß zuerst die Wiedervereinigung Deutschlands
verwirklicht werde, erst dann dürfe mit dem Westen über vertragliche Bindungen verhandelt werden, da sonst Moskau jedes Interesse an Verhandlungen
über die deutsche Einheit verlieren würde. Kern der Debatte war somit, ob der
bisher beschrittene Weg fortgesetzt oder eine Schwenkung vorgenommen
werden soll. Mit welcher anderen Methode die deutsche Wiedervereinigung
erreicht werden sollte, diese Antwort blieb die Opposition in der Debatte allerdings völlig schuldig.

Der Kanzler stellte sich ganz hinter die alliierte Note. Sein Standpunkt ist,
daß es sinnlos wäre, wegen einer in der russischen Note angedeuteten vagen
Möglichkeit auf Wiedervereinigung die laufenden Verhandlungen mit den Alliierten über die Wiederherstellung der Souveränität zu unterbrechen. Eine
solche Schwenkung wäre nur zu verantworten, wenn es sicher wäre, daß Moskau zur Abhaltung gesamtdeutscher freier Wahlen wirklich bereit wäre. Beim
gegenwärtigen Stand der Dinge wäre dies aber geradezu ein Wunder.

Obwohl die Opposition manches beachtenswerte Einzelargument vor-
brachte, vermochte sie nicht durchzudringen: sie hatte Adenauer keine konstruktive Konzeption entgegenzusetzen. Ihre Haltung war rein negativ; eine
positive Lösung, einen erfolgversprechenden Weg konnte sie nicht aufzeigen.
Damit manövriert sich die Sozialdemokratische Partei in eine immer ungünsti-
gere Lage hinein: sie wird mehr und mehr zum Gefangenen ihrer eigenen un-
fruchtbaren Konstruktion. Um so vollständiger gewann der Kanzler die parlamentarische Schlacht. Es gelang ihm, die zahlreichen Bedenken, die in seinem
eigenen Lager bestanden, zu überwinden und die Zweifelnden mitzureißen.
Mit den Stimmen der gesamten Koalition wurde eine Resolution angenommen, die die bisherige Politik des Kanzlers billigt und ihm weder Direktiven

für die Weiterführung der Verhandlungen vorschreibt, noch den Versuch macht, sein Tempo zu bremsen. Der Kanzler hat also weiterhin freie Hand.

Die *Saarfrage* kam nicht zur Diskussion. Adenauer, der gewandte Taktiker, wich dieser Debatte aus, wahrscheinlich weil er sich noch zu schwach für diese Auseinandersetzung fühlte. Das Parlament folgte dem Kanzler und vermied durch vorzeitige Behandlung dieses heiklen Problems, Öl ins Feuer des angebahnten Verständigungswerkes zu gießen.

Adenauer zeigte sich im ganzen Verlauf der Debatte auf voller Höhe. Verflogen ist die Resignation, die anläßlich der Debatte über den Verteidigungsbeitrag so vielen aufgefallen war.

6. Mai 1952

41 *Schwankende Haltung von Parlament und Öffentlichkeit gegenüber der Integrationspolitik:* Der alliiert-sowjetische Notenwechsel[91] über die Deutschlandfrage, der bis zur russischen Replik gediehen ist und auf die alliierte Duplik wartet, ergibt folgende vorläufige Bilanz: Die Sowjets sind zu drei Konzessionen bereit: zu gesamtdeutschen Wahlen, was praktisch ein Fallenlassen des kommunistischen Regimes in der Ostzone bedeutet, zur Wiedervereinigung Deutschlands und zum Zugeständnis einer deutschen Nationalarmee. Der Preis, den die Sowjets dafür fordern, heißt Neutralisierung Deutschlands und Anerkennung der Oder-Neiße-Linie. Was letzteren Punkt anbelangt, hält man es in Bonn für nicht ausgeschlossen, daß russischerseits noch nicht das letzte Wort gesprochen wurde. Der Hauptakzent liegt auf der Neutralisierung; mit andern Worten: der Verzicht der Bundesrepublik auf Bündnisse und insbesondere auf ihren Einbezug in das westliche Sicherheitssystem gilt als unabdingbare Forderung des Russen. Die deutsche Politik befindet sich an einem Scheideweg. Die unmittelbare Entscheidung heißt, sollen die Verhandlungen mit den Westmächten über den Generalvertrag und die Verteidigungsgemeinschaft fortgesetzt oder sollen diese Verhandlungen zurückgestellt werden, um die aus der Moskauer Note sich ergebenden vagen Möglichkeiten durchzuprüfen und die deutsche Einheit auf der Grundlage des Moskauer Vorschlages anzustreben?

Der Bundeskanzler verwirft dieses Verfahren. Zu den materiellen Punkten nimmt er folgendermaßen Stellung: Er sagt Nein zur Neutralisierung Deutschlands. Er sagt Nein zu einer deutschen Nationalarmee und besteht auf Eingliederung in eine internationale Armee und er sagt Nein zu der Anerkennung der Oder-Neiße-Linie. Infolgedessen lehnt er es ab, die Verhandlungen über den Abschluß des Generalvertrages und die europäische Verteidigungsgemeinschaft abzubrechen. Er will die Souveränität Deutschlands zuerst unter Dach und Fach bringen, da er hofft als souveräner Partner die Wiedervereinigung wirksamer betreiben zu können.

---

[91] Am 9.4.1952 hatte die Sowjetunion in einer zweiten Note an die Westmächte Erörterungen über gesamtdeutsche Wahlen angeboten.

Was die Neutralisierung anbetrifft, lehnt Adenauer sie aus politischen, militärischen und wirtschaftlichen Gründen ab. Er befürchtet, daß eine Neutralisierung Deutschlands letzten Endes dessen Bolschewisierung zur Folge hätte. Auf seine eigenen Mittel angewiesen könnte Deutschland – namentlich im Zeitalter der Luft- und Atomrüstungen – mit deren Entwicklungen nicht Schritt halten. Ähnlich wie Bismarck den „cauchemar des coalitions", hat Adenauer den „cauchemar de l'isolation". Ein Abwenden des amerikanischen Interesses von Deutschland hält er für verhängnisvoll für sein Land und – für Europa! In seiner Rechnung spielt eine große Rolle eine neue Konstante der deutschen Lage: Die Verkleinerung des deutschen Territoriums und dessen Überfüllung mit Flüchtlingen bewirkte eine gesteigerte Abhängigkeit der Bundesrepublik vom Westen, nicht nur bezüglich auf Exporte, sondern auch für Importe. Der Handel mit den Ostblock-Staaten vermöchte niemals die Lücke zu schließen, die sich aus einer starken Reduzierung der wirtschaftlichen Beziehungen mit den Staaten des Westens ergäbe. Absatzschwierigkeiten und Rohstoffmangel würden zu Arbeitslosigkeit und Senkung des Lebensstandards führen. Gefährliche innere Spannungen ergäben sich. Am Ende stände die soziale Revolution! Aus diesen Gründen ergibt sich für die Regierung die Beibehaltung des bisherigen Kurses: Option für den Westen und die Unmöglichkeit für Deutschland, sich auf Rußlands Seite zu stellen oder neutral zu bleiben.

Daß das Kabinett Adenauer folgen wird, darf als sicher angenommen werden. Dagegen ist die parlamentarische Lage ungeklärt. Wegen der von den Alliierten gewünschten Geheimhaltungspflicht wurden die Parlamentarier mit den Vertragsbestimmungen erst dieser Tage bekannt gemacht. Die ersten Reaktionen stehen im Zeichen stärkster Enttäuschung. Die Ablehnung durch die sozialistische Opposition dürfte endgültig sein. Aber auch die Koalitionsparteien remonstrieren. Die Freien Demokraten sprechen von unannehmbaren Vertragsbestimmungen. Selbst in der CDU fallen scharfe, kritische Bemerkungen. Die Forderung nach einer Überprüfung des Vertragswerkes wird von allen Seiten erhoben. Hauptbedenken der FDP ist, daß die Bundesrepublik durch den Generalvertrag Verpflichtungen für ein künftiges Gesamtdeutschland übernimmt. Die FDP wendet sich gegen eine solche Vorwegverpflichtung und fordert für Gesamtdeutschland Handlungsfreiheit. Die Lage ist für Adenauer ernst – indessen soll man sie auch nicht zu tragisch nehmen, denn so scharf auch die Kritiken tönen, sie bedeuten nicht die Ablehnung des *Prinzips* des Vertragswerkes, keine Schwenkung der Außenpolitik.

Kenner der parlamentarischen Lage versichern mir allerdings, daß letzten Endes Generalvertrag und Verteidigungsbeitrag die erforderliche parlamentarische Mehrheit finden werden. Trotz ihrer Kritiken werden die Abgeordneten sich scheuen zu verwerfen, weil sie vor den unübersehbaren Folgen eines Nein zurückschrecken. Dazu kommt, daß das Parlament vor keiner „echten" Alternative steht. Wohl bemängeln viele den vorgezeichneten Weg, aber niemand vermag – weder in der Koalition noch in der Opposition – einen besseren Weg aufzuzeigen. Allerdings würde die Annahme nur mit knapper Mehrheit erfolgen.

Eine ähnliche, wenn nicht noch größere Labilität herrscht in der öffentlichen Meinung. Sie wurzelt – da die Massen das komplizierte Vertragswerk nicht kennen und nicht übersehen können, in anderen Überlegungen. Wie ich wiederholt berichtete, übt der Gedanke der Wiedervereinigung auf die deutsche öffentliche Meinung eine fast unwiderstehliche Anziehungskraft aus. Kein Deutscher kann sich dieser Parola entziehen. Hier liegt Adenauers vulnerabelster Punkt. Die Sozialdemokratie nützt die sich daraus ergebenden Propagandachancen voll aus. Sie plädiert die Priorität der Wiedervereinigung vor allen andern politischen Problemen. Sie klagt Adenauer an, daß er die deutsche Einheit gefährde, indem er durch Fortsetzung seiner Verhandlungen mit den Alliierten über den Generalvertrag und den Verteidigungsbeitrag die Bereitschaft der Russen zur Wiedervereinigung aufs Spiel setzt. Diese Argumente bewirken in der öffentlichen Meinung Zweifel und Unsicherheit. Für die Adenauersche These militeren gewichtige Vernunftsgründe. Die Parole der Opposition vom Primat der Wiedervereinigung übt aber starke Wirkung aus, weil sie ans Gefühl appelliert. Wenn Vernunft und Gefühl sich gegenüberstehen, gewinnt leicht letzteres die Oberhand. Es wird drauf ankommen, ob die öffentliche Meinung den Eindruck gewinnt, es seien im Notenwechsel mit Rußland alle Möglichkeiten ausgeschöpft worden, und daß an einem eventuellen Scheitern der Wiedervereinigung die Bundesrepublik und der Westen keine Schuld tragen. Das wird ein entscheidender Faktor sein für die endgültige Richtung, die die öffentliche Meinung einschlägt. Eine sichere Prognose kann heute nicht gestellt werden. Der Kampf um „die deutsche Seele" wird noch lange währen!

Adenauer wird den Ausgang dieser Auseinandersetzungen nicht abwarten. Sicherlich eilt er mit seiner Integrationspolitik der deutschen Volksmeinung weit voraus, aber dies trifft mehr oder weniger für alle beteiligten Regierungen zu. Die labile Volksmeinung wird Adenauer kaum zurückhalten; auch wenn ihm das Parlament nur mit schwacher Mehrheit folgt, wird er nicht zögern, den Weg des Generalvertrages und des Verteidigungsbeitrages zu gehen. Da die deutsche Verfassung kein Volksreferendum kennt, kann Adenauer auch so verfahren, allerdings riskiert er, daß die Wähler anläßlich der Bundestagswahlen von 1953 die Rechnung präsentieren. Indessen hofft der Kanzler bis dahin durch eine eindrucksvolle Zahl von Erfolgen die Volksstimmung für sich zu gewinnen.

Was die Ratifikation durch die Parlamente der Besatzungsmächte anbetrifft, so zweifeln die hiesigen amerikanischen Kreise nicht daran, daß der Kongreß zustimmen wird. Auch die Engländer von der Hohen Kommission äußern sich zuversichtlich hinsichtlich der Stellungnahme ihres Parlamentes. Der Schlüssel für das Gelingen oder Mißlingen der Integrationspolitik dürfte aber in Paris liegen. Der Gedanke, Deutsche als Verbündete zu haben, scheint noch immer weite französische Kreise zu schrecken. Das Angebot einer englischen Garantie habe beruhigend gewirkt ohne diese Stimmung zu beseitigen. Trotzdem sind die hiesigen französischen Herren von der Hohen Kommission nicht pessimistisch. In der Tat wäre es für Frankreich schwer nach Annahme des Vertrages durch Amerika, England und Deutschland den Dissidenten zu spielen.

Unser Land beobachtet in dem Streit der Meinungen über die Alternative Integration oder Neutralisierung selbstverständlich seine traditionelle strenge Neutralität. Trotzdem ist es klar, daß die Lösungen, welche die Beteiligten finden werden, unsere Lage nah beeinflussen. Ein Weiterbestehen der deutschen Spaltung bedeutet eine gefährliche Hypothek für den allgemeinen Frieden. Käme es zur Wiedervereinigung, so würden damit allerdings die Spannungen zwischen Ost und West nicht beseitigt, sondern bloß um einen Faktor reduziert. Westeuropa bliebe – da es mit den USA verbündet ist – eine Gefahrenzone! Militärisch würde die Lage dieser Zone eher prekärer, wegen des Ausfalls von Deutschland aus dem sie schützenden Allianzsystem. Die Barriere der deutschen Neutralität würde diesen Ausfall kaum kompensieren, da es fraglich scheint, ob Deutschland seine Rolle als neutraler Pufferstaat wirklich spielen könnte. Dazu kommt noch eines: Wenn Deutschland ohne die vertragliche Verbindung mit dem Westen und auf seine eigenen Ressourcen angewiesen ist, so erhöht dies die Gefahr, daß es in Zukunft wirklich zu der von Frankreich prophezeiten politischen Unbekannten werden könnte.

Der Zustand des Ungleichgewichts der Kräfte auf dem europäischen Kontinent, der unserer Neutralität so abträglich ist, erführe durch die Neutralisierung Deutschlands eine Akzentuierung. Nachdem durch Hitler dieses Gleichgewicht zerstört wurde, war es in den letzten Jahren im Begriff wieder zu erstehen, allerdings mit Hilfe außerkontinentaler Kräfte, d. h. der in Europa stationierten amerikanischen Divisionen. Eine Neutralisierung Deutschlands hätte die Rückziehung dieser Kräfte aus Deutschland zur Folge. Der Schutz Westeuropas würde dann nicht mehr auf einer effektiv auf dem Kontinent stationierten Armee beruhen, sondern auf der bloßen generalprävenierenden Wirkung des Atlantikpakts.

10. Mai 1952

42 *Andauernder Kampf um die Integrationspolitik:* Bonn bietet augenblicklich das Bild äußerster politischer Geschäftigkeit. Noch sind nicht alle Bestimmungen des Vertragswerkes endgültig formuliert; es wird noch immer verhandelt. Die Abgeordneten werden seit acht Tagen kapitelweise über das Vertragswerk informiert. Da der „Deutschlandvertrag"[92] – dies ist der neue Name des Generalvertrags und der Zusatzverträge – sowie der Vertrag über die europäische

---

[92] Am 26.5.1952 wurden der „Vertrag über die Beziehungen zwischen der Bundesrepublik Deutschland und den Drei Mächten" (Deutschlandvertrag) und die Zusatzverträge in Bonn unterzeichnet.

Verteidigung viele hundert Bestimmungen umfaßt, verursacht diese Methode später und eiliger Information große Nervosität.

Der Grund, warum Adenauer das Tempo so forciert, ist folgender: Anläßlich seines Besuches in Bonn brachte Eisenhower nochmals den Wunsch zum Ausdruck, die Unterzeichnung möchte also erfolgen, damit der amerikanische Senat die Verträge noch vor seinen Ferien prüfen könne. Nun geht aber der Senat bereits am 3. Juni in die Ferien und diese dauern bis 3. Januar 1953. Das Vertragswerk mit der Bundesrepublik bliebe somit bis zum nächsten Jahr unratifiziert, so daß in der Präsidentschaftskampagne die Argumente, die sich aus dem Zustandekommen der Europäischen Armee und der Normalisierung der Beziehungen mit Deutschland ergeben, nicht mehr verwertet werden könnten.

Die Pressur, unter welcher die Parlamentarier die Verträge prüfen müssen, geben ihren kritischen Tendenzen Auftrieb. Zirka ein Dutzend Artikel stehen im Zentrum der Kritik. In meinem letzten Bericht beschrieb ich die vielfach angefochtene Revisionsklausel. Andere kritisieren die Notstandsklausel[93], welche die Alliierten ermächtigt, im Falle eines Krieges oder innerer Unruhen die Regierungsgewalt an sich zu nehmen: nach deutscher Auffassung sei es psychologisch verfehlt, die Bundesrepublik in einem Moment zu bevormunden, wo von ihr der letzte Einsatz verlangt wird. Ein zähes Ringen geht um den Wehrbeitrag; wohl ist dessen Höhe fixiert (10 Milliarden), aber nun handelt es sich um die Aufteilung: Wie viel davon für die Besatzungstruppen und wie viel für die deutsche Armee verwendet werden soll? Von den wirtschaftlichen Bestimmungen sind heftig angefochten die Übernahme der Dekartellisierung sowie die Bestimmung, welche die Alliierten von den Abgaben des· Lastenausgleichs befreien soll. Nach deutscher Auffassung ergäbe sich eine unerträgliche Ungleichheit, wenn deutsche Unternehmen die onerösen Abgaben zahlen müßten, während ihre ausländischen Konkurrenten von ihnen befreit produzieren würden.

Noch haben die Parteien über ihre Haltung keine definitiven Beschlüsse gefaßt. Im Moment, wo ich diese Zeilen schreibe, verhandelt der Kanzler mit den Fraktionsführern der Koalitionsparteien. Vorläufig geht noch ein Riß durch alle Koalitionsparteien, selbst durch die CDU. Andererseits ist zu beachten, daß auch die vehementesten Kritiken das Vertragswerk nicht prinzipiell ablehnen. Sie gelten einem Dutzend Einzelbestimmungen. Verlangt wird eine Verbesserung – nicht aber die Ablehnung – des Vertragswerks.

Die parlamentarischen Kreise drängen Adenauer, er möchte in einer Konferenz mit den Außenministern der drei Besatzungsmächte versuchen, einzelne Bestimmungen zu revidieren. Ob der Bundeskanzler diesen Schritt unternehmen wird, entscheidet sich in der erwähnten Konferenz mit den Fraktionsfüh-

---

[93] Die aliierten Vorbehalte blieben bis zur Verabschiedung der Notstandsverfassung durch den Bundestag (17. Gesetz zur Ergänzung des Grundgesetzes vom 24.6.1968) am 30. Mai 1968 in Kraft.

rern. Adenauer will zuerst die präzisen Forderungen der Parlamentarier hören, bevor er die Konferenz offiziell verlangt. Die Amerikaner zeigen sich dem Konferenzgedanken nicht abgeneigt. Man spricht von einer Konferenz zwischen dem 23. und 29. Mai.

Die parlamentarischen Widerstände sind diesmal größer, als ich sie je seit Begründung der Bundesrepublik gesehen hatte. Selbst innerhalb der eigenen Partei der CDU zeigt sich eine ernstzunehmende Opposition. Alte Parteifreunde Adenauers gehören zu den Kritikern. Die Bedenken der FDP und DP wurden geradezu schroff vorgetragen. Nach außen und in der Presse sieht die Lage sehr bedrohlich aus; aber ich habe den Eindruck, daß das kritischste Stadium vorbei ist und die Abneigung gegen die Verträge eher Boden verliert. Ich glaube daher die Schlußfolgerung meines letzten Berichtes, Adenauer werde sich durchsetzen, aufrecht halten zu können.

Sollte in der angestrebten Konferenz Adenauers mit den Außenministern der drei Besatzungsmächte den deutschen Bedenken keine Rechnung getragen werden, mit andern Worten, müßte der Vertrag unterzeichnet werden, so wie er ist, so wäre das eine schwere Hypothek für die Zukunft, denn die Verträge werden – wenn überhaupt – mit der reservatio mentalis eines neuen Revisionismus zustande kommen und einem neuen Nationalismus Auftrieb geben.

Der amerikanische Vorschlag, zur Behandlung der Deutschlandfrage eine Konferenz der drei westlichen Kommissare mit dem russischen Hochkommissar Tschuikow abzuhalten, kam auch für Bonn überraschend. Dem Plan lag der Gedanke zugrunde, daß durch ein solches Treffen ad oculos demonstriert werden könnte, daß die Verantwortung für das Scheitern der Deutschlandpolitik bei den Russen liege. Frankreich hat diesen Vorschlag glatt abgelehnt mit der Begründung, daß eine solche Besprechung, die den Charakter einer „unechten" Konferenz hätte, schädlich wäre. Dieser Meinung schloß sich nach anfänglichem Zögern Großbritannien an. Adenauer zeigte sich dem Vorschlag zuerst geneigt, hat ihn aber auch fallen gelassen.

Mein Eindruck ist, daß es sich um einen Versuchsballon handelt. Interessant war die Reaktion namentlich bei den sozialistischen Protagonisten eines Gesprächs mit den Russen: Sie waren vom amerikanischen Vorschlag wenig begeistert, fast betroffen. Das zeigt, daß ihnen bei ihrer Opposition à outrance nicht ganz geheuer ist und daß mancher insgeheim dem Vertragswerk zustimmt.

17. Mai 1952

43 *Die sowjetische Bekämpfung der Adenauerschen Integrationspolitik:* Die Unterzeichnung des Deutschlandvertrages wird voraussichtlich am 25. Mai in Bonn stattfinden. Je näher dieser Termin heranrückt, um so mehr verschärfen sich die Symptome russischer Reaktion. In der ersten Phase der deutsch-alliierten Vertragsverhandlungen wurde die Methode der Lockungen und Hoffnungen gegenüber der Bundesrepublik angewandt. Da diese Methode nicht – oder wenigstens nicht wie gewünscht – verfing, setzte ein neues Stadium in der Bekämpfung der Adenauerschen Integrationspolitik ein; diesmal in Form von ausgesprochenen und unausgesprochenen Drohungen und Einschüchterungen: Die Drohung des stellvertretenden Ministerpräsidenten der Sowjetzone, Ulbricht[94], Berlin werde im Falle der Unterzeichnung des Deutschlandvertrages die Konsequenzen tragen müssen, der Angriff auf die französische Verkehrsmaschine, die Behinderung des Straßenverkehrs im Berliner-Korridor, die blutigen Zwischenfälle in Essen, der angebliche „Bericht Fechteler", stehen alle in einem inneren Zusammenhang und im Dienste eines verschärften Nervenkrieges.

Der kritische Zeitpunkt wird aber nicht die Unterzeichnung des Vertrages sein, sondern die Zeit bis zur Ratifizierung. Man rechnet damit, daß die Russen in dieser Phase alles tun werden, um die Inkraftsetzung des Vertragswerkes zu verhindern. Man macht sich hier darauf gefaßt, daß die kommenden Monate nicht für schwache Nerven sein werden. Allerdings über das Ausmaß, in dem die dunklen Drohungen verwirklicht werden sollen, können nicht einmal Mutmaßungen angestellt werden, denn die Russen werden so viel von ihren Einschüchterungen verwirklichen, wie ihnen ratsam erscheint. Man nimmt an, daß sie bis knapp an die äußerste Grenze gehen, aber nicht darüber. Ihre Versuche werden an den weichsten Stellen angesetzt werden: Der Druck wird sich gegen den Bundestag richten und noch schärfer wahrscheinlich gegenüber Frankreich. „Mourir pour Berlin?" Man spekuliert in Moskau, daß diese Variante des Slogans „mourir pour Danzig" in französischen Kreisen besonderes Echo finden werde.

Bis jetzt haben die drohenden Gebärden der Russen in der Bundesrepublik keine besondere Unruhe – geschweige denn Panikstimmung erzeugt. Was Berlin anbetrifft, so trägt man hier kühle Gelassenheit zur Schau, indessen sind das doch mehr oder weniger Redensarten. In Wirklichkeit herrscht große Besorgnis, weil man befürchtet, daß eine zweite Blockade umfassender und wirkungsvoller werden würde als die erste. Der Überfall auf das französische Verkehrsflugzeug[95] sollte zeigen, daß diesmal auch der Luftweg gesperrt werden könnte; ich hörte hier die Vermutung, derartige Störungen könnten in einer neuen Form verwirklicht werden, z. B. indem man dem deutschen Satelliten-

---

[94] Ulbricht, Walter (1893–1973), 1912 Beitritt zur SPD, 1919 zur KPD, 1926 MdL in Sachsen, 1928 MdR, 1933–1945 Emigration, 1938–1945 in der UdSSR, 1946–1973 Mitglied der SED, maßgeblich an ihrem Aufbau beteiligt, 1950–1953 Generalsekretär, 1953–1971 Erster Sekretär des ZK der SED, 1949–1960 stellvertretender Ministerpräsident der DDR, 1949–1973 Abgeordneter der Volkskammer.

[95] Am 29.4.1952 war ein Flugzeug der Air France im Luftkorridor nach Berlin von zwei sowjetischen Düsenjägern beschossen worden, die Verkehrsmaschine entkam und landete mit zwei Verletzten an Bord in Berlin-Tempelhof.

staat die Lufthoheit zurückgäbe und diesem die Störungsaktionen gegen den Berliner-Luftkorridor überließe.

Wieder andere halten es für das Wahrscheinlichste, daß die Sowjets zu dem außenpolitisch für sie risikolosen, aber für die Bundesrepublik sehr unangenehmen Mittel greifen werden, durch Inszenierung serienweiser kommunistischer Streiks und Demonstrationen die Bevölkerung und Wirtschaft nicht zur Ruhe kommen zu lassen. Bereits kam es in Essen zu schweren kommunistischen Demonstrationen und zum ersten Fall des Blutvergießens. Unter diesen Umständen ist es doppelt gravierend, daß gerade in diesem Moment der Deutsche Gewerkschaftsbund der Regierung mit einer Streikaktion droht wegen des Betriebsverfassungsgesetzes. Die Gewerkschaften sind mit dem vom Parlament ausgearbeiteten Entwurf über das Mitbestimmungsrecht unzufrieden und drohen – zwar nicht mit dem Generalstreik – aber mit sogenannten „Schwerpunktstreiks", d. h. Arbeitsniederlegungen in den empfindlichsten Zentren der Industrie, welche den Fortgang der übrigen Betriebe lahmlegen würden. Der Bruch des bisherigen Arbeitsfriedens hätte selbstverständlich gravierende wirtschaftliche Folgen! Aber noch mehr fiele diese Aktion ins Gewicht wegen ihres Zusammenfallens mit den kommunistischen Streikdrohungen gegen den Generalvertrag. Adenauer wird alles versuchen, um den Konflikt auszuschalten. Viele seiner Parteifreunde fürchten: sogar zuviel!

26. Mai 1952

44 *Die Unterzeichnung des Deutschlandvertrages:* Der Deutschlandvertrag ist heute in Bonn unterzeichnet worden. Morgen findet die Unterzeichnung des Vertrages über die Europäische Verteidigungsgemeinschaft in Paris statt. Viele Anzeichen deuten nunmehr darauf, daß das Vertragswerk auch die Ratifizierung durch die Bundesrepublik finden werde. Die Entscheidungen sollen noch vor den Parlamentsferien (20. Juli) fallen. Die Zustimmung durch den Bundestag ist wahrscheinlich, fraglich aber diejenige des Bundesrats. Nachdem Adenauer in dieser Kammer durch die Fusion von Baden und Württemberg seine Mehrheit verlor, bildet dieses Land das Zünglein an der Waage! So paradox es klingt: Stuttgart ratifiziert!

Eine weitere Klippe besteht beim Bundesverfassungsgericht: Bekanntlich schwebt dort die sozialdemokratische Feststellungsklage, daß der Vertrag über die Europäische Verteidigungsgemeinschaft (EVG-Vertrag) als verfassungsändernde Norm nur mit Zweidrittelmehrheit ratifiziert werden kann – was ohne die sozialistischen Stimmen unmöglich wäre!

Was die alliierten Vertragspartner anbetrifft, dürfte der amerikanische Senat als erstes Parlament an die Ratifizierung schreiten. Jedenfalls fährt McCloy sofort nach dem Unterzeichnungsakt in Paris nach den USA, um die Ratifizierung durch den Senat zu betreiben, wenn möglich bis Anfang Juli. Das französische Parlament wird sich wahrscheinlich als letztes mit der Ratifizierung befassen, also kaum vor dem Herbst.

Das Vertragswerk ist ein großer Erfolg für Adenauer; es verändert die Stellung der Bundesrepublik von Grund aus. Sie erhält praktisch ihre volle Souveränität über ihre inneren und äußeren Angelegenheiten. Dem Besatzungsregime wird ein Ende gesetzt: das Besatzungsstatut aufgehoben und die Hochkommission aufgelöst. Aufgabe der in der Bundesrepublik stationierten alliierten Truppen ist nicht mehr die Besetzung, sondern der Schutz des Landes. Als Beschränkungen bleiben nur die sogenannten „Vorbehaltsrechte". Sie ergeben sich aus zwei Umständen: Der Teilung Deutschlands und dem Verbleiben alliierter Truppen in der Bundesrepublik. Die Vorbehaltsrechte wahren die Rechte der Alliierten bei Friedensverhandlungen mit den Sowjets, ihre Stellung in Berlin und geben ihnen die erforderliche Handhabe zur Gewährleistung der Sicherheit ihrer in Deutschland stationierten Truppen. Im übrigen wird Westdeutschland zum unabhängigen, selbständigen und gleichberechtigten Staatswesen!

Die Oppositon kritisiert, daß wesentliche Bestandteile des Besatzungsrechts inkraft bleiben und durch die deutsche Zustimmung „versteinert" werden. Inwiefern dies im einzelnen zutrifft, ist anhand der Texte noch zu prüfen; immerhin bringen die Verträge auch in dieser Hinsicht ganz wesentliche Erweiterung der deutschen Handlungsfreiheit. Die Einschränkungen sind die Ausnahmen, Schönheitsfehler. Die Bundesrepublik kann grundsätzlich frei darüber entscheiden, welche während der Besatzungszeit erlassenen Vorschriften aufrechterhalten bleiben sollen. Ausnahmen sind vorgesehen für die Verwirklichung der sogenannten „alliierten Programmpunkte", wie: Dekartellisierung, Entflechtung, Wiedergutmachung gegenüber Opfern des Nationalsozialismus, etc.

Trotz dieser Fortschritte ist von Jubel nichts zu sehen. Charakteristisch für die Volksstimmung ist z. B., daß die vom Bundesinnenminister empfohlenen Feierlichkeiten (Beflaggung, schulfreier Tag) mit auffallender Reserve aufgenommen, teilweise sogar nicht befolgt wurden. Diese Zurückhaltung erklärt sich nicht etwa aus Abneigung oder gar Haß gegen den Westen, auch nicht wegen der Vorbehaltsrechte der Alliierten; sie erklärt sich auch nur zum Teil aus der Unsicherheit der Lage und der Sorge um russische Repressalien. In dieser Hinsicht ist vorläufig keine übertriebene Unruhe zu spüren. Ursache der gedämpften Stimmung, eines gewissen Malaise, ist, daß die Frage der deutschen Wiedervereinigung ungelöst bleibt. Weite Volksteile glauben, daß für die Fortschritte in der Stellung der Bundesrepublik als Preis die Wiedervereinigung Deutschlands bezahlt werde. Man vergißt in Deutschland, daß bei der gegenwärtigen Zweiteilung der Welt es ausgeschlossen erscheint, daß Rußland zu beidem: Integration und Wiedervereinigung seine Zustimmung geben würde. Berücksichtigt man diese Grundtatsache der Ost-Westspaltung, so erscheint das von Adenauer Erreichte als Politik im Sinne der Kunst des Möglichen. Das wird im Ausland höher gewürdigt als von den eigenen Landsleuten.

14. Juni 1952

45 *Die bekämpfte Ratifizierung des Deutschlandvertrags und Europavertrags:*
Seit der Unterzeichnung des Deutschlandvertrags und des Vertrags über die
Europäische Verteidigungsgemeinschaft (EVG)[96] werden von allen Seiten Ge-
schütze gegen die Ratifizierung der beiden Vertragsinstrumente aufgefahren.
Nicht nur von russischer Seite, sondern auch auf der inneren Front, vom fran-
zösischen Vertragspartner und nicht zuletzt aus den deutschen Reihen: von
Opposition, Bundesrat, Bundesverfassungsgericht, Koalitionsabgeordneten
etc.

Von sowjetischer Seite ist bisher eher weniger unternommen worden als
man befürchtete. Die bis jetzt ergriffenen Maßnahmen: Sperrzone und Abschnürung von Enklaven stören das Leben Berlins, aber sie haben im wesentlichen nur die Bedeutung spektakulärer Zwischenfälle. Sie sollen Schumachers
Warnungen bekräftigen, daß die Sowjets wegen des Beitritts der Bundesrepublik zur westlichen Verteidigungsgemeinschaft sich an der deutschen Wiedervereinigung desinteressieren und die Ostzone vollkommen zum Satellitenstaat
machen werden. Unter diesen Umständen war zu erwarten, daß die Russen
eher mehr unternehmen würden. Allerdings soll man den Tag nicht vor dem
Abend loben! Solange Deutschland und Frankreich nicht ratifiziert haben,
befinden wir uns noch in der Phase der diplomatischen Offensiven. Die Ernennung Gromykos[97] zum Botschafter in London wird hier als Symptom
gewertet, daß weitere russische Vorstöße auf politischer Ebene bevorstehen.

Dies umsomehr, als sie nicht ganz ergebnislos sind! Das Unbehagen der
französischen öffentlichen Meinung vor allfälligen Reaktionen Moskaus auf
die deutsche Remilitarisierung zeitigte bereits den Vorschlag, über die deutsche Frage eine Viererkonferenz abzuhalten. Adenauer kommt diese französische Initiative zweifellos nicht willkommen. Da aber der Wunsch nach einer
Viererkonferenz auch in deutschen Kreisen weitverbreitet ist, lehnt er den
Vorschlag nicht ab, aber er macht sich auch nicht zum Wortführer der konfe-
renzfreundlichen Stimmen, denn er will die Amerikaner nicht vor den Kopf
stoßen; außerdem befürchtet er, daß eine Konferenz im jetzigen Moment nur
zu einer Verzögerung der Ratifizierung und zu einer Aushöhlung der eben un-
terzeichneten Verträge führen würde. Der Bundeskanzler überläßt daher die
Auseinandersetzung über das Abhalten einer Konferenz den Franzosen, Briten und Amerikanern und begnügt sich mit der Erklärung, daß eine Viererkonferenz nur Sinn habe, sofern sie so gründlich vorbereitet sei, daß ernsthafte
Möglichkeiten zu einer Verständigung sich abzeichnen.

---

[96] Am 27.5.1952 wurde von den Außenministern der sechs Montanunion-Staaten der Ver-
     trag über die Europäische Verteidigungsgemeinschaft (EVG) in Paris unterzeichnet.
[97] Gromyko, Andrej Andrejewitsch (geb. 1909), 1931 Eintritt in die KPdSU, seit 1939 im di-
     plomatischen Dienst, 1957–1985 Außenminister, seit 1985 Vorsitzender des obersten So-
     wjet(Staatsoberhaupt).

Auf der innerdeutschen Linie kommen die Widerstände von vielen Seiten: Opposition, Bundesrat, Bundesverfassungsgericht; sogar aus den Reihen der eigenen Koalition erwachsen Komplikationen. Eine schwierige Hürde ist der Bundesrat, der unserem Ständerat entspricht; um so mehr als die Regierung ihm gegenüber einen psychologischen Fehler beging. Da sie sich der Zustimmung der Länderregierungen wegen der sozialdemokratischen Koalition in Stuttgart nicht sicher fühlte, versuchte sie, die Vertragstexte so zu gruppieren, daß die Zustimmung des Bundesrates nur für Teile hätte eingeholt werden müssen. Diese Versuche, den Bundesrat zu umgehen, haben befremdet und kein geringerer als der bayrische Ministerpräsident und Vizepräsident der Christlich Demokratischen Union, Ehard[98], erklärte, daß er das gesamte Vertragswerk für zustimmungsbedürftig halte. Der Rat dürfte ihm folgen; aber auch wenn der Bundesrat diese Vorfrage bejaht, ist die Partie für Adenauer noch nicht verloren, denn es ist noch keineswegs sicher, daß der Bundesrat ablehnt. Man munkelt, daß Bremen – obwohl sozialistisch – unter dem Einfluß seines unabhängig denkenden Bürgermeisters Kaisen[99] eine von Schumacher abweichende Meinung vertreten könnte, und daß in Stuttgart Reinhold Maier[100] eventuell doch noch einlenken könnte.

Noch ernsthaftere Sorgen bereitet die Klage, die die SPD beim Bundesverfassungsgericht eingereicht hat und mit der sie um die Feststellung ersucht, daß die Wiedereinführung einer Wehrmacht nur durch Änderung des Grundgesetzes erfolgen könnte und infolgedessen ein solches verfassungsänderndes Gesetz der 2/3 Mehrheit, also auch der *sozialistischen* Stimmen bedürfe. Fatal für die Regierung ist, daß die Klage beim Ersten Senat hängig ist, der als der „rote Senat" gilt. Unerquickliche Diskussionen über die Parteizugehörigkeit der Bundesrichter erfüllten die Öffentlichkeit. Unter diesen Umständen erfolgte ein Schritt des Bundespräsidenten, der erhebliches Aufsehen in Bonn verursachte: Präsident Heuss ersuchte das Bundesverfassungsgericht um ein Gutachten darüber, ob der Europavertrag eine 2/3 Mehrheit brauche. Da ein Gutachten für den Bundespräsidenten durch das Plenum des Gerichts erstattet werden muß, haben die Sorgen der Regierung sich erheblich vermindert, da von den 24 Bundesrichtern nur 9 als Sozialisten gelten.

---

[98] Ehard, Hans (1887–1980), 1924 Anklagevertreter im Hitler-Prozeß, vor 1933 Mitglied der BVP, 1945/46 Staatssekretär im bayerischen Justizministerium, 1946–1954 und 1960–1962 bayerischer Ministerpräsident, 1962–1966 Justizminister, 1949–1955 Vorsitzender der CSU.

[99] Kaisen, Wilhelm (1887–1979), seit 1905 SPD, 1927–1933 Senator für Wohlfahrt in Bremen, von August 1945 bis Juli 1965 Bürgermeister und Senatspräsident von Bremen, 1946–1950 Mitglied des Parteivorstands der SPD.

[100] Maier, Reinhold (1889–1971), 1924–1933 Vorsitzender der DDP in Württemberg und MdL, 1932–1933 MdR, 1930–1933 württembergischer Wirtschaftsminister, 1946–1969 MdL und 1945–1953 Ministerpräsident von Württemberg-Baden bzw. Baden-Württemberg, 1953–1959 MdB, 1957–1960 FDP-Bundesvorsitzender.

Viel von sich reden machte der Vorschlag des Bundestagsabgeordneten Pfleiderer[101] von der Freien Demokratischen Partei. Seine Anregungen gingen dahin, in den deutschen Randgebieten – im Osten bis zur Oder und im Westen bis zum Rhein – die russische bzw. alliierte Besetzung aufrechtzuerhalten, dafür das Mittelstück zwischen Rhein und Oder ausschließlich nationalen deutschen Truppen zu überlassen. Dieser Vorschlag, der merkwürdigerweise in der Schweizerpresse starken Widerhall fand, ist nach einem kurzen Überraschungserfolg wieder abgetan. Pfleiderers eigene Partei bezeichnete den Plan als Konstruktion im luftleeren Raum! In der Tat würde die Schaffung eines unbesetzten Vichy-Deutschlands mit einer ost- und westdeutschen Randzone als Faustpfand im Endeffekt darauf hinauslaufen, aus der Zweiteilung Deutschlands eine Dreiteilung zu machen.

Adenauer besteht nach wie vor auf rascher Verabschiedung der Verträge, wenn möglich noch vor den Sommerferien des Parlaments. Er geht von der Anschauung aus, daß die Bundesrepublik mit der Ratifizierung vorangehen müsse; die anderen an den Verträgen beteiligten Staaten dürften dies mit Recht erwarten, denn nur wenn Gewißheit über das bestehe, was Deutschland tue, könnten die anderen Staaten die notwendigen Schritte vollziehen. Trotz der vielen hier geschilderten Hindernisse scheint sich die Ratifizierung hier durchzusetzen. Die Aussichten haben sich nicht wesentlich verbessert, aber auch nicht verschlechtert.

26. Juni 1952

46 *Erste Folgen der geplanten Viermächtekonferenz – Hinausgeschobene Ratifizierung in Bonn:* Die politische Atmosphäre Bonns ist durch die Unsicherheit gekennzeichnet, welche die französische Initiative auf Abhaltung einer Viermächtekonferenz hervorrief. Dieser Vorschlag, der auch den Stimmungen in der deutschen Öffentlichkeit entgegenkommt, blieb nicht ohne Einfluß auf die Lage. Die Opposition tritt mit Nachdruck für eine rasche Viererkonferenz ein; in den Kreisen der Regierungskoalition sind die Stimmen geteilt. Sie plädieren – zur Beschwichtigung derjenigen, die von der Ratifizierung eine Verewigung der deutschen Spaltung befürchten – für eine „letzte Erprobung" der Russen. Daraus entstand im Parlament die Strömung gegen die von Adenauer gewünschte Ratifizierung noch im Juli. Unter diesen Umständen entschloß sich Adenauer zum Einlenken; sehr à contrecœur – weil er u. a. fatale Auswirkungen auf das Tempo der amerikanischen Ratifizierung befürchtet – erklärte er sich mit einer Vertagung der Ratifizierungsdebatten über die Parlamentsferien hinaus einverstanden. Da die Herbstsession am 1. September beginnt, sind die abschließenden Lesungen der Ratifizierungsgesetze nicht vor Oktober/No-

---

[101] Pfleiderer, Karl Georg (1899–1957), 1949–1955 MdB (FDP), 1955–1957 Botschafter in Belgrad.

vember zu erwarten. Immerhin dürfen aus diesen Vorgängen keine übertriebenen negativen Rückschlüsse auf die Chancen der Bonner Ratifizierung gezogen werden. Kenner der deutschen Lage sagen, daß Adenauer mit innerdeutschen Widerständen fertig würde: mit dem Bundestag am ehesten; die Lage im Bundesrat lasse durchaus Hoffnungen offen und das Bundesverfassungsgericht bereitet nicht mehr so große Sorgen seit dem geschickten Schachzug von Präsident Heuss, der durch Einforderung eines Gutachtens, ob die Remilitarisierung als verfassungsänderndes Gesetz die 2/3 Mehrheit brauche, das *Plenum* des Bundesgerichts einschaltete.

Nach wie vor liegt der Schlüsselpunkt der Situation viel mehr in Frankreich als in Deutschland. Die Zuversicht der hiesigen Franzosen ist im Sinken. Der stellvertretende französische Hochkommissar sagte mir, die Ratifizierung lasse sich in Frankreich nur durchsetzen, wenn die französische Öffentlichkeit durch den Verlauf einer Konferenz mit den Russen überzeugt werde, daß alle Gespräche mit ihnen wirklich zwecklos seien.

Im Augenblick, wo ich diese Zeilen schreibe, ist die alliierte Antwort auf die russische Note vom 24. Mai noch nicht ganz fertig. Die augenblickliche Fassung sieht – wie ich von einem meiner Diplomatenfreunde im alliierten Lager erfahre – als Punkte zwei Konferenzthemen vor: *international kontrollierte* Wahlen und Umschreibung der Kompetenzen und Befugnisse der aus ihnen hervorgehenden gesamtdeutschen Regierung. Ferner wird vorgeschlagen, die Konferenz sofort stattfinden zu lassen und nicht auf dem Niveau einer Ministerkonferenz, sondern „sur le niveau d'ambassadeurs".

Was die Aussichten der Konferenz anbetrifft, sind die Meinungen auf der ganzen Linie – bei Deutschen wie Alliierten – skeptisch, um nicht zu sagen negativ. Adenauer verspricht sich gar nichts von Verhandlungen. Der Kanzler wurde durch die Hochkommissare laufend über die alliierte Antwortnote unterrichtet und auch konsultiert. Allerdings hat seine Stimme in dieser Frage nur das Gewicht eines Rates, da er nicht dem Gremium der an der Viererkonferenz beteiligten Staaten angehört. Er stimmte schließlich dem Prinzip einer Konferenz zu, tendierte aber auf ihre Begrenzung sowohl im Thema wie in ihrer zeitlichen Dauer. Auch bei den Alliierten herrscht negative Beurteilung vor. Der amerikanische Botschafter in Moskau, George Kennan[102], der kürzlich Bonn passierte, äußerte sich über die Chancen der geplanten Konferenz mehr als pessimistisch. Selbst bei den Franzosen, den Initianten des Konferenzgedankens, sind die Erwartungen nicht positiv.

In der Tat können der Konferenz kaum Chancen gegeben werden. Freie Wahlen und freie Entscheidungsbefugnis der aus ihr hervorgehenden gesamt-

---

[102] Kennan, George Frost (geb. 1904), US-Diplomat und Historiker, 1939–1941 Vizekonsul in Berlin, 1943–1944 Vertreter bei der EAC in London, 1944–1946 in Moskau, 1947–1949 Leiter der Planungsabteilung des amerikanischen Außenministeriums, 1950 politischer Berater der Regierung in Ostfragen, 1952 US-Botschafter in Moskau, dann Professor in Princeton, 1961–1963 Botschafter in Belgrad.

deutschen Regierung zwischen Westen und Osten werden die Sowjets nicht
konzedieren, denn selbst wenn Adenauer nicht als Regierungschef aus dem
Wahlgang hervorginge, erbrächten die Stimmen aus der Ostzone eine antirus-
sische Mehrheit der Wähler und der Regierung. Die Sowjets haben ihren Preis
für eine Wiedervereinigung Deutschlands genannt. Er lautet: Verzicht auf das
Militärbündnis mit dem Westen und Neutralisierung. Sie deuteten zwar eine
weitere Konzession an: die Zustimmung zu einer deutschen Nationalarmee.
Dieses Zugeständnis wäre allerdings durch Kontrollen und numerische Begrenzung so verklausuliert, daß diese bewaffnete Neutralität praktisch auf ein
militärisches Vakuum hinausliefe. Kommt es zu einer Wiedervereinigung in
dieser Form, fürchtet Bonn, daß Deutschland über kurz oder lang das polni-
sche, tschechische, ungarische, rumänische Schicksal erleiden würde und lehnt
daher ab. Dasselbe befürchten letzten Endes auch die Westmächte. Wenn man
aber diese russischen Vorschläge ablehnt, so könnte die Konferenz nur dann
Aussicht auf Erfolg haben, falls man den Sowjets ein anderes Kompensations-
objekt anzubieten hätte. Die Russen werden sich nicht aus ihrer starken Position in der Ostzone hinauskomplimentieren lassen, ohne ein Äquivalent. Ein
derartiges Tauschobjekt ist aber bisher nicht sichtbar gemacht worden und es
dürfte auch schwer fallen, einen solchen Kompromiß zu finden im Stile der
Konferenzen des 19. Jahrhunderts, wo man Ägypten gegen Marokko aushan-
deln konnte.

Unter diesen Umständen startet die Konferenz ohne jede Zuversicht in ihr
eigentliches Ziel und setzt sich ein taktisches Ziel: Die Sowjets vor der öffentlichen Meinung in Deutschland und Frankreich ihres schlechten Willens zu
überführen. Es ist aber nicht sehr realistisch zu glauben, daß die Russen auf der
Bühne einer internationalen Konferenz sich derart ausmanövrieren ließen. Sie
werden die Verhandlungen so zu führen verstehen, daß im Westen immer wieder Stimmen laut werden, auf die „letzte Erprobung" noch einen „allerletzten
Wunsch" folgen zu lassen. Anstatt klarer, könnte die Situation noch trüber
werden.

Jedenfalls wird darüber viel Zeit verstreichen: dies birgt aber die Gefahr, daß
die Verträge „zerredet" werden und die Integration sich „desintegriert".

Die Vorgänge an der Zonengrenze verdienen nunmehr verstärkte Aufmerksamkeit. Zu den Sperrmaßnahmen kamen sowjetische Aktionen, die zu Übergriffen auf westdeutsches Gebiet führten. Glücklicherweise sind die dabei ent-
führten Personen wieder zurückgekehrt. Allerdings führten diese Vorfälle zu
einem Ersuchen des Bundeskanzlers um verstärkten alliierten Schutz an der
Zonengrenze, um weiteren Übergriffen entgegenzutreten. Über dieses Ansu-
chen ist noch nicht entschieden worden. McCloy versprach lediglich „ernsthafte Berücksichtigung" der Bitte. Acheson dementierte in einer Pressekonferenz in Berlin, daß die Stationierung amerikanischer Einheiten an der Zonengrenze beschlossen sei sowie angebliche Pläne, wonach die Westmächte bei einer neuen Blockade Berlins einen bewaffneten Durchbruch auf der Autobahn

unternehmen würden. Es herrscht bei den Westmächten wenig Enthusiasmus für eine Maßnahme, welche die Spannung entlang der Grenze beträchtlich steigern würde.

12. Juli 1952

Adenauer gewinnt Punkte im Kampf um die Ratifizierung: Soeben ging im **47** Bundestag die erste Lesung der deutsch-alliierten Verträge (Deutschland- und Europa-Vertrag) zu Ende.[103] Die Debatte brachte keine Änderung der bisher von den Parteien eingenommenen Fronten. Dem „Ja" der Regierungsparteien steht das grundsätzliche „Nein" der Sozialdemokraten gegenüber.

Wirklich neue Gesichtspunkte hat die Diskussion nicht zu Tage gefördert. Das meiste, was pro oder contra vorgebracht werden konnte, war bei der monatelangen öffentlichen Diskussion schon einmal gesagt worden. Vor allem blieb das Rezept der sozialdemokratischen Opposition dasselbe: „Das Adenauersche Vertragswerk ablehnen – Viererkonferenz anstreben – neu verhandeln!". Die eine Schwäche dieser Konzeption scheint mir darin zu liegen, daß sie von der Prämisse einer fast unbegrenzten Kompromißbereitschaft der Sowjets ausgeht. Die andere Schwäche ist, daß die SPD auch diesmal nur Kritik übte und den Adenauerschen Thesen nichts Konstruktives entgegenzustellen hatte. Wiederum wurde das Parlament vor keine Alternative gestellt! Die sozialdemokratische Kritik wirkte nur rhetorisch; es fehlte ihr die Durchschlagskraft!

Dagegen hinterließ die Koalition in dieser ersten Debatte den Eindruck der Geschlossenheit. Sie wirkte viel gefestigter als zu Beginn der öffentlichen Erörterung vor drei Monaten! Ihre dissidenten Politiker ergriffen nicht einmal das Wort: Pfleiderer sprach nicht, und seine Vorschläge wurden nicht einmal zur Sprache gebracht. Selbstverständlich bedeutet das noch nichts Endgültiges. Aber an der grundsätzlichen Zustimmung der Koalitionsparteien ist kaum zu zweifeln.

Noch einen anderen Eindruck vermittelte die Debatte. Bei der sozialistischen Opposition fiel auf, daß ihre Sprecher nicht mit der bisherigen letzten Schärfe kritisierten. Der schrille Ton, den Schumacher mit seinem Worte angeschlagen hatte: „Wer die Verträge unterzeichnet ist kein Deutscher!", wurde von keinem Redner aufgenommen. Im Gegenteil, die Mehrheit der sozialdemokratischen Voten fiel sachlich aus; es gab kaum gehässige Zwischenrufe! Trotz dieses äußerlich unveränderten Gegensatzes der Auffassungen war bei den Sozialdemokraten ein neuer Ton herauszuspüren – ein gedämpfterer Ton – ein Bestreben, die Situation nicht zu verschärfen. Es ist klar, daß dies nicht auf Zufall zurückzuführen ist. Von wohlinformierter und der SPD nahestehender

---

[103] Die erste Lesung der Westverträge im Bundestag fand am 9./10.7.1952 statt. Sten. Berichte, S. 9789–9923.

Seite hörte ich, es liege dem eine Verständigung zugrunde, die auf eine Parole Schumachers selbst zurückgehe.

Ein weiteres Indiz dafür ist, daß die Sozialdemokraten sich entschlossen – zusammen mit der Koalition – für die Überweisung der Verträge an die verschiedenen Parlamentsausschüsse zu stimmen, während sie bis anhin das Vertragswerk in Bausch und Bogen verwarfen, ohne es überhaupt auf seine Bestimmungen zu prüfen.

Tiefen Eindruck übte auf Parlament und Öffentlichkeit der neueste Fall von Menschenraub in Berlin, dem Dr. Linse[104] zum Opfer fiel. Bei solchen Geschehnissen erkennt das Publikum über welchen Abgründen man schwebt, wenn man mit dem östlichen Machtbereich politische Fragen zu lösen hat. Charakteristisch war die Wirkung auf die Abgeordneten. Als der kommunistische Leader vor dem Bundestag den Fall verteidigen wollte, verließen *alle* Abgeordneten das Haus. Dies zeigt, wo die wirklichen Fronten im Bonner Bundeshaus liegen. Oder ist es nicht so, wie es der bekannte Berliner Politiker ausdrückte, daß die Opposition heilfroh ist, daß sich voraussichtlich eine Mehrheit für die Ratifizierung findet.

17. Juli 1952

48 *Die Antwort der Westmächte im alliierten-russischen Notenwechsel über die Deutschlandfrage:* Nach wie vor gibt man hier der Viermächtekonferenz keine großen Chancen. Mittelpunkt der Note ist der Vorbehalt, daß eine Konferenz nur stattfinden soll, wenn eine aus *freien* Wahlen hervorgegangene gesamtdeutsche Regierung an den Verhandlungen für einen Friedensvertrag teilnehmen kann. Das Risiko, das sich daraus für die Sowjetregierung ergibt, ist klar: Ein wiedervereinigtes und gleichzeitig mit dem Westen militärisch verbündetes Gesamtdeutschland! Es ist schwer anzunehmen, daß Moskau bereit ist, ein solches Risiko zu laufen. Zu der von der Sowjetregierung verlangten Konzession – der Neutralisierung Deutschlands – ist weder die Bonner Regierung bereit, noch die Opposition und auch nicht die Westmächte. Die in der Ostzone ergriffenen Maßnahmen der Abschnürung deuten auch nicht auf bevorstehende freie Wahlen hin. Ich registriere eine Information aus Moskau: Ein dort akkreditierter alliierter Missionschef, der hier durchreiste, berichtete, Wyschinsky[105] habe einem seiner Kollegen ziemlich deutlich zu verstehen gegeben, daß es „mit der Konferenz aus sei"... Die Note wurde in Bonn mit großer Befriedigung aufgenommen. Die Bun-

---

[104] Linse, Walter (1903–1953), deutscher Jurist, Leiter des Referats Wirtschaft im Westberliner Untersuchungsausschuß „freiheitlicher Juristen", 1952 Verschleppung und Deportation in die Sowjetunion, dort gestorben.
[105] Wyschinsky, Andrej Jamarewitsch (1883–1954), Hauptankläger bei den drei großen Moskauer Schauprozessen (1936–1938), 1939–1954 Mitglied des ZK der KPdSU, 1949–1953 Außenminister der UdSSR.

desregierung hat auch allen Grund dazu, denn nicht nur der Inhalt der Note, sondern auch die bei ihrem Zustandekommen beobachteten Methoden erfüllten ihre Wünsche. Daß Adenauer bei ihrer Abfassung von den drei Westmächten nicht nur informiert, sondern zu Rate gezogen und seine Vorschläge berücksichtigt wurden, ist ein Novum und ein Hauptcharakteristikum der jüngsten diplomatischen Aktion des Westens. Noch bemerkenswerter ist, daß die Mitwirkung der Bundesrepublik noch vor der Ratifizierung der deutsch-alliierten Verträge stattfand. Noch bevor sie de jure Partner der Westmächte wurde, ist sie de facto als Partner, ja sogar Verbündeter behandelt worden. Die gewandelte Stellung der Bundesrepublik in der diplomatischen Konstellation kommt in diesem Vorgang zum Ausdruck.

Auch inhaltlich entspricht die alliierte Antwortnote dem neuen Verhältnis der Partnerschaft zwischen den Westmächten und der Bundesrepublik. Diese wird behandelt, als ob die Ratifizierung des Generalvertrags und des EVG-Vertrags bereits erfolgt wäre. Dies ist um so bedeutsamer, als die Sowjets in ihrer letzten Note vom 23. Mai sich auf den Standpunkt gestellt hatten, daß „die Vorbereitung eines Friedensvertrages auf den Grundlagen der Bestimmungen des *Potsdamer*-Abkommens betrieben werden soll" und zwar nicht nur hinsichtlich der deutschen Grenzen, sondern auch in der Frage „der Bildung einer deutschen Zentralregierung und der Festlegung ihrer Kompetenzen". Um so bemerkenswerter ist die darauf erteilte Antwort: Dem russischen Bestreben, zum Regime des Potsdamer Abkommens zurückzukehren, wird ein klares Nein entgegengesetzt, indem die alliierte Note ausdrücklich eine Rückkehr zum System der Potsdamer Viermächtekontrolle ablehnt. Ein wichtiges Postulat der Bundesrepublik geht damit in die Praxis der alliierten Deutschlandpolitik ein! Selbst wenn die Note ihr eigentliches Ziel – die Viermächtekonferenz – nicht erreicht, behält sie für Bonn ihren Wert, weil sie den Grundsatz bekräftigt, daß an den Friedensverhandlungen Deutschland als *Partner* beteiligt sein soll. Der Kanzler wird von seinem „cauchemar" entlastet, daß eine Vereinbarung der vier Mächte ohne Bundesrepublik zustande kommt.

Die Mitwirkung Adenauers bei der Redaktion der Antwort der Alliierten an die Sowjets blieb natürlich nicht ohne Kritik, speziell in Frankreich! Solche Auseinandersetzungen sind unvermeidlich, wenn an einem bereits besetzten Konferenztisch ein weiterer Teilnehmer Platz nehmen soll. Sie dürften sich in Zukunft wiederholen! Es wird noch viel Reibungen geben bei der Ausmarchung von Platz und Rang zwischen Frankreich und Deutschland. Dieser Prozeß ist besonders heikel, weil das politische, militärische und wirtschaftliche Potential der beiden Staaten sich annähern. Bis zum Zweiten Weltkrieg hatte Frankreich dank den Menschen und Ressourcen seiner Kolonien die Stellung einer Hundertmillionen Großmacht. Von dieser Position ist viel eingebüßt worden, seit mehrere Kolonien, anstatt dem Mutterland Kräfte zu liefern, von seinen Kräften zehren. Dem steht gegenüber, daß Deutschland seit 1948 Jahr für Jahr aufholt und stellenweise im Begriff ist zu überholen.

11. Oktober 1952

49 Ich unterhielt mich dieser Tage mit führenden Persönlichkeiten aus Kabinett, Parlament und Auswärtigem Amt über die verschiedenen Tagesprobleme. Als ich gegenüber dem letzteren Gesprächspartner die Worte brauchte, er möge mir von seinen Sorgenkindern sprechen, gab er die bezeichnende Antwort: „In diesem Fall muß ich mit dem Saarproblem beginnen!"

1) Saarproblem: Kernpunkt des Adenauerschen Vorschlages sei gewesen, a) das Saargebiet zu europäisieren, d. h. ihm eine möglichst große Autonomie unter 5jähriger Kontrolle der Montan-Union zu geben, b) die prodeutschen Parteien zuzulassen. Die Anregung, einige lothringische Dörfer in die Europäisierung einzubeziehen, sei deutscherseits fallengelassen worden. Paris hat diese Vorschläge abgelehnt. Mein Gesprächspartner will nicht gelten lassen, daß die Verhandlungen gescheitert seien; es liege kein Abbruch vor, das Gespräch gehe weiter, die Situation sei aber „festgefahren". Man hoffe in Bonn, den toten Punkt dadurch zu überwinden, daß die 5jährige Befristung auf 10 Jahre ausgedehnt würde. Vor allem gelte es, ein Mißverständnis zu beseitigen: Die Franzosen scheinen den deutschen Vorschlag so verstanden zu haben, daß nach Ablauf der 5 Jahre die Europäisierung beendet sein solle. Dies sei vom Kanzler keineswegs so gemeint. Nach seiner Auffassung würde in 5 Jahren der europäische Zusammenschluß soweit gediehen sein, daß das Saarmandat von der Montan-Union auf die Europäische Union übertragen werden könne.

Soweit mein Interlocutor. Wenn er von bloßen Mißverständnissen spricht, so ist dies eine etwas euphemistische Sprache. Nicht Mißverständnisse spitzen den Saarstreit zu, sondern das Mißtrauen, das – Adenauer und Schuman ausgenommen – hüben und drüben weite Kreise beherrscht. Die Franzosen fürchten, daß die 5jährige Befristung kombiniert mit der Zulassung der Parteien nur dazu diene, in der Saar eine „Heim ins Reich"-Bewegung auszulösen. Adenauer wiederum könnte eine *endgültige* Lösung im Parlament kaum durchsetzen, weil dieses alle Fragen, die deutsche Territorien berühren, der Entscheidung einer eventuellen gesamtdeutschen Regierung vorbehalten will. Nun droht einzutreten, was die Saarfrage immer tut: sie vergiftet die anderen zwischen Deutschland und Frankreich schwebenden Probleme! Bereits wird von französischer Seite zu verstehen gegeben, daß eine deutsche Unnachgiebigkeit in der Saarfrage die Ratifikation der Westverträge durch das französische Parlament unmöglich machen würde.

Was Frankreich Konzessionen so schwer macht, ist letzten Endes eine Machtfrage! Das Wirtschaftspotential der Saar ist eben das Zünglein an der Waage! Heute besteht zwischen der deutschen und der französischen Stahlproduktion noch einigermaßen Gleichgewicht: Deutschland 16 Mio. t – Frankreich (inkl. Saar) 13 Mio t, ohne Saar 11 Mio. t! Die Franzosen befürchten, daß ein solches deutsches Übergewicht über kurz oder lang Auswirkungen auf das Gleichgewicht in der Montan-Union zeitigen würde. Trotzdem wird man sich in Paris die Frage stellen müssen, für wen die Zeit arbeitet? A la longue vielleicht eher für Deutschland! Je mehr sich die ökonomischen und politischen Verhältnisse in der Bundesrepublik konsolidieren, um so mehr wachsen die Aussichten einer Bewegung, die die Rückgliederung an Deutschland anstrebt. Ob dann die heute den Franzosen angebotenen ökonomischen Privilegien auch noch eingeräumt werden, scheint mir eine offene Frage.

2) Ratifikation der Westverträge (Deutschlandvertrag und EVG-Vertrag): Mein Interlocutor sieht die Ratifikation in Deutschland als ziemlich gesichert an. Am gesichertsten im Bundestag, der die Vorlage Anfang November verabschieden dürfte. Die Stellungnahme des Bundesrates und des Bundesgerichts bereite nicht mehr ernste Sorgen. Bleibt natürlich die Ratifikation durch die übrigen Länder. Der sonst in Bonn an den Tag gelegte Optimismus klang bedeutend gedämpfter: die italienische Ratifikation sei kaum vor dem Frühling zu erwarten; auch in den Benelux-Staaten gehe es langsam vorwärts und die Hauptklippe bleibe Frankreich. Alles in allem rechne man jetzt mit der Ratifikation erst für Mitte oder Ende 1953. Daraus ergeben sich starke Verzögerungen für die deutschen militärischen Kontingente; ihre Aufstellung könne kaum vor 1954 beginnen. Namentlich bedaure man, daß infolgedessen die Vertreter der Bundesrepublik an der obersten militärischen Leitung so lange unbeteiligt bleiben und ihre Auffassungen nur indirekt zu Gehör bringen können. Bonn bemüht sich daher um die Zulassung deutscher Beobachter sofort nach Ratifikation des EVG-Vertrages durch die Bundesrepublik, um bei den Planungsarbeiten eingeschaltet zu werden.

In diesem Zusammenhang stellte ich die Frage, ob der in den Zeitungen erwähnte „Speidel-Plan", wonach im deutschen Mittelgebirge einerseits und in Dänemark andererseits starke Flankenstellungen gebildet werden sollten, irgendwelchen Realitäten entspreche. Mein Interlocutor gab zu verstehen, daß nach deutscher Auffassung, je ein festes Bollwerk im Norden (Dänemark) und im Süden (der Gegend um Nürnberg) erlauben würde, eine westlich des Rheins liegende Auffanglinie zu bilden. Andeutungsweise fiel dabei der Name „Weser". Bereits sehr bemerkenswerte Stärkung habe die in Deutschland stationierte westliche Flugwaffe aufzuweisen.

Mein Gesprächspartner erwähnte die große Ungeduld der Amerikaner am Zustandekommen der europäischen Verteidigungsgemeinschaft. An diese Feststellung anknüpfend bemerkte ich, daß man in Deutschland oft die Auffassung höre, ein Scheitern des Vertragswerkes würde zu einem deutsch-amerikanischen tête à tête führen. Mein Interlocutor entgegnete, eine solche Entwicklung würde deutscherseits in keiner Weise angestrebt, nicht einmal gewünscht. Das deutsche Ziel sei und bleibe die europäische Lösung. Diese sei unentbehrlich als Gegengewicht der „amerikanischen Ungeduld". Nur ein „zusammengeklammertes" Europa habe genügend militärisches Gewicht, um allfälligen Ausbrüchen amerikanischer Ungeduld wirksam entgegenzutreten.

Solche Überlegungen richten sich keineswegs gegen Amerika! Engstes Zusammenwirken mit USA bleibe die Basis, aber andererseits sollte Europa so
stark werden, daß seine Freunde auf seinen Willen Rücksicht nehmen. Das Erlangen eines solchen Gewichts sei durchaus im wohlverstandenen Interesse der
USA.

3) Parlamentswahlen 1953: Mein Interlocutor berichtet, daß gemäß Enquêten
in der Art des Gallup Instituts das Ansehen der Adenauerschen Politik im Volke stark wachse. Wenn diese Evolution anhalte, so gehe die CDU mit guten
Aussichten in den Wahlkampf. Im Süden Deutschlands sei ihre Stellung sogar
sehr gut, in Norddeutschland gefestigt. Dagegen sei die Lage der Freien Demokratischen Partei (FDP) weniger aussichtsvoll. Verluste lägen im Bereich
der Möglichkeit. Andererseits sei es unwahrscheinlich, daß die SPD die absolute Mehrheit erringe.

Auch von anderen Seiten hörte ich die Wahlperspektiven ähnlich einschät-
zen. Natürlich ist es verfrüht zu prophezeien, denn die Stimmung kann noch
durch viele Ereignisse pro und contra Adenauer beeinflußt werden. Immerhin
ist festzustellen, daß für viele die Koalition mit den Sozialdemokraten, die sogenannte große Koalition, eine Hypothese ist, mit der gerechnet wird. In bür-
gerlichen Kreisen waren schon bei der Gründung der Bundesrepublik viele dafür. Sie wurde schließlich abgelehnt aus der Überlegung, daß der wirtschaftliche Aufbau nur dann mit der nötigen Raschheit möglich sei, wenn die liberalen
Prinzipien ohne Kompromisse verwirklicht werden können. Nun, wo die
Fundamente dieses Wiederaufbaues erstellt sind, und es sich mehr um den
Ausbau handelt, schrumpfen diese Bedenken.

4) Beziehungen mit der SPD: Mein Gesprächspartner hob hervor, daß seit dem
Ableben Schumachers die Beziehungen mit der Opposition sich viel angeneh-
mer und leichter gestalten. Nicht nur im Ton, sondern auch in der Sache. Bezeichnend ist, daß die jüngsten Vorschläge Adenauers in der Saarfrage mit Ollenhauers[106] Zustimmung Paris unterbreitet wurden. Seit Begründung der
Bundesrepublik war dies der erste außenpolitische Akt im Einvernehmen mit
der Opposition. Charakteristisch ist auch die Behandlung von Wehners[107] Ent-
hüllungen am SPD-Parteitag über angebliche französisch-russische Geheim-

---

[106] Ollenhauer, Erich (1901–1963), 1933–1946 Mitglied des SPD-Parteivorstandes in der
Emigration, 1946–1952 stellvertretender Parteivorsitzender der SPD, 1949–1963 MdB,
ab 1952 Vorsitzender der SPD und der Bundestagsfraktion, 1963 Vorsitzender der Sozialistischen Internationale.

[107] Wehner, Herbert (geb. 1906), 1930 MdL in Sachsen (KPD),1933–1935 illegale Arbeit,
Emigration nach Moskau, 1942 Bruch mit der KPD, 1946 Mitglied des Landesvorstandes
der SPD in Hamburg, ab 1949 Mitglied des Parteivorstands, 1949–1983 MdB, 1958–1973
stellvertretender Vorsitzender der SPD, 1966–1969 Bundesminister für gesamtdeutsche
Fragen, 1969–1983 SPD-Fraktionsvorsitzender.

verhandlungen zur Aufrechterhaltung der Spaltung Deutschlands. Adenauer ersuchte Wehner sofort um Präzisierungen und Beweise. Laut meinem Interlocutor soll Wehner nichts von Belang vorgelegt haben. Aber der Bundeskanzler habe verzichtet, daraus Kapital zu schlagen; er habe Wehner „schonen" wollen. Diese Haltung ist bezeichnend für seinen Willen, das Verhältnis mit der SPD zu verbessern.

22. Dezember 1952

Die politische Hauptfrage Bonns: die Ratifizierung der Verträge steht im Zeichen eines Interregnums. Seit Adenauer diese Frage und damit mehr oder weniger sein eigenes Schicksal in die Hände der zwölf Richter des Bundesverfassungsgerichtes legte, ist seine eigene politische Aktivität solange blockiert, als Karlsruhe nicht gesprochen hat. Alles wartet und muß warten, bis das höchste Gericht die zur Schicksalsfrage der deutschen Politik gewordene Frage entschieden hat, ob die Ratifizierung der einfachen oder Zweidrittelmehrheit bedarf. Zum ersten Mal ist Adenauer die Initiative entglitten. Seinem Talent, Menschen und Situationen zu beeinflussen, sind augenblicklich engste Grenzen gesetzt. Er muß sich beschränken, die erzürnten Mächte: Bundesgericht, Bundesrat und Opposition zu besänftigen. **50**

Vor allem sucht der Kanzler mit dem Bundesgericht Frieden zu machen. Noch war der erste Konflikt mit Karlsruhe nicht beigelegt, als ausgerechnet der Bundesjustizminister einen neuen heraufbeschwor. Dieses oratorische enfant terrible – übrigens nicht das einzige im Kabinett – warf dem Bundesgericht vor, es sei in „erschütternder Weise vom Recht abgewichen", als es das von Heuss angeforderte Gutachten für beide Senate verbindlich erklärte. Um zu reparieren, gab Adenauer im Namen des Kabinetts eine offizielle Erklärung ab, in der er sich schützend vor die Autorität des Bundesgerichts stellte.

Kritisch ist auch die Stimmung unter den Ministerpräsidenten der Länder. Bei ihrer Konferenz in Stuttgart fielen scharfe Worte; eingehend wurde der Vorschlag erörtert, der Bundesrat, Bundestag, Bundesregierung und Bundespräsident mögen *gemeinsam* ein neues verbindliches Gutachten in Karlsruhe einfordern. Es ist nicht ausgeschlossen, daß dieser Gedanke noch seinen Weg machen konnte, denn ein solcher gemeinsamer Schritt könnte dem gegenwärtigen fatalen Zustand der Verwirrung der öffentlichen Meinung und der Diskreditierung der demokratischen Institutionen entgegenwirken. Jedenfalls wird der Plan von vielen Seiten Adenauer nahegelegt.

Auch beim Führer der Opposition setzte der Kanzler an. Ollenhauer nahm die Aussprache an und sie soll sogar nächstens fortgesetzt werden. Aber wie wenig Hoffnung auf eine Verständigung über eine gemeinsame Außenpolitik besteht, zeigt, daß die sozialdemokratische Fraktion einen Mißbilligungsantrag im Bundestag gegen Adenauer eingereicht hat. Allerdings dürfte dieser den Kanzler kaum ernstlich gefährden, denn es ist ziemlich sicher, daß der An-

trag im Parlament keine Mehrheit finden wird. Noch steht die Koalition hinter
dem Kanzler. Allerdings hat Adenauer diesmal mit seiner brüsken Änderung
seiner Taktik nicht alle seine Freunde überzeugt; viele haben ihre Zustimmung
zur Klage beim Zweiten Senat nur widerstrebend gegeben.

Wie der Spruch des Bundesgerichts ausfallen wird, ist das allgemeine Rätsel-
raten. In Regierungskreisen ist man überraschend zuversichtlich. Man hat Bedenken wegen der Zulässigkeit der Klage, doch, falls diese bejaht würde, rechnet man mit einer günstigen materiellen Entscheidung. Dann würden die Verträge vom Bundestag mit einer einfachen Mehrheit von ca. 50 Stimmen angenommen werden. Doch bleibt die wichtige Frage offen, ob die Opposition
nicht doch ihre angekündigte Klage beim Bundesgericht erhebt. Von Seiten der
Hochkommission wird mäßigend eingewirkt; von höchster amerikanischer
Stelle wurde Ollenhauer erklärt, daß die USA vor erfolgter Ratifizierung zu
keinerlei Revision die Hand bieten würden, ein Argument, das von sozialde-
mokratischer Seite gebraucht wurde und mit dem die Bereitschaft zur Ratifizierung natürlich wirksam unterhöhlt wurde.

Trotz des Optimismus der Regierung ist mit der Möglichkeit zu rechnen,
daß Karlsruhe eine Zweidrittelmehrheit für die Westverträge verlangt. Dann
würde die Lage für Adenauer schwer. Wohl kann man nach dem Grundgesetz
den Kanzler praktisch kaum zur Demission zwingen. Doch wenn das Urteil
für Adenauer schlecht ausfällt und er infolgedessen seine Außenpolitik nicht
mehr durchsetzen kann, so würde er als außenpolitischer Partner der Westmächte an Wert einbüßen. Auch innenpolitisch würde er viel Boden verlieren
und unter wesentlich verschlechterten Auspizien die Wahlkampagne 1953 führen müssen.

1953

28. April 1953

Ich hatte gestern Gelegenheit, mich mit dem Chef der Politischen Abteilung **51**
des Auswärtigen Amtes[108] zu unterhalten über die Antwort der „Prawda" auf
die Rede Eisenhowers.

Nach der Meinung meines Gewährsmannes bringt sie keine greifbaren Beweise für eine neue Politik des Kremls. Sie enthält nichts, was den Bundeskanzler veranlassen könnte, von seiner bisherigen Politik auch nur um ein Jota
abzuweichen. Nötig sind heute Taten. Nur durch sie könnte das Mißtrauen gegenüber dem Kreml überwunden werden. Die neuesten Ereignisse, etwa die
Schwierigkeiten, die der evangelischen „Jungen Gemeinde" in der Ostzone bereitet werden, sprechen nicht für eine Änderung der Haltung der Führer in
Moskau. Nur deren Taktik ist flexibler und daher vielleicht noch gefährlicher
geworden. Der Machthunger einerseits und das Sicherheitsbedürfnis andererseits sind die gleichen geblieben.

In einem Punkt sei jedenfalls die Antwort aus Moskau zu begrüßen. Das
Festhalten an Potsdam müsse auch dem letzten Deutschen die Augen öffnen
über die wahren Absichten der Russen. Kein Deutscher könne diese Bedingung akzeptieren. Der russische Gedankengang beruhe auf einer Verkennung
der tatsächlichen Lage in Deutschland. Ihn so offen dargelegt zu haben, zeuge
nicht von diplomatischem Geschick.

Für meinen Interlocutor ist es ausgeschlossen, daß der Kreml sich mit den
Bedingungen des amerikanischen Präsidenten ernsthaft auseinandersetzen
kann. Innenpolitischer Prestigeverlust infolge Nachgebens gegenüber dem
Westen ließe sich vielleicht anderswo wiedergutmachen. Entscheidend ist
aber, daß der Kreml auf keine Beschneidung seiner realen Machtausübung verzichten kann, ohne das Gefüge im kommunistischen Block ins Wanken zu
bringen. Moskau darf auch aus strategischen Gründen keine der bisher errungenen Positionen aufgeben. Es kann auf keinen der Satelliten verzichten.

Der Friedensvertrag mit Österreich und der Rückzug der dortigen Besatzungstruppen würde die russische Flanke gegen Jugoslawien entblößen und

[108] Blankenhorn, Herbert (geb. 1904), deutscher Diplomat, 1945 Mitbegründer der CDU in
der britischen Besatzungszone, 1948 deren Generalsekretär, enger außenpolitischer Berater Adenauers im Bundeskanzleramt, 1952 Übernahme der Politischen Abteilung des
Auswärtigen Amtes, 1953 ständiger Vertreter (ab 1955 Botschafter) der Bundesrepublik
bei der NATO, 1958–1969 Botschafter in Paris, Rom und London.

Ungarn sowie die Tschechoslowakei von der russischen Umfassung teilweise befreien. Auch die Wiedervereinigung Deutschlands könne von den Russen in Wahrheit nicht gewollt sein, solange es nicht neutralisiert werde. Diesen Preis dürfe aber weder der deutsche Westen noch sonst ein den Kommunismus bekämpfender Staat bezahlen. Es würde damit keine Garantie geschaffen, Deutschland nicht zum Schauplatz eines nächsten Krieges zu machen. „Es ist aber sehr fraglich, ob es gelingt, die Gegensätze zwischen West und Ost anders als durch einen Krieg zu beseitigen oder zu überwinden."

Die Wiedervereinigung wird auf Jahre hinaus ein unlösbares Problem bleiben, wenn nicht in Moskau etwas ganz Außergewöhnliches passiert. Ein solches Ereignis wäre etwa der innere Zusammenbruch des Regimes, nicht aber ein bloßer Machtkampf unter den Nachfolgern Stalins[109]. Mit einem solchen Kampf ist nach der Auffassung meines Gewährsmannes wahrscheinlich in einiger Zeit zu rechnen.

Die Zurückhaltung meines Gesprächspartners hinsichtlich der Wiedervereinigung ist bemerkenswert. Es wäre wohl verfrüht, daraus den Schluß zu ziehen, in der Umgebung des Kanzlers beginne man aus realpolitischen Überlegungen sich mit dem Gedanken an eine länger dauernde Trennung Deutschlands abzufinden. Immerhin liegt die Vermutung nahe, daß die aufgezeigte Tendenz an Boden gewinnen könnte, wenn das von Eisenhower jüngst mit Moskau aufgenommene Gespräch resultatlos bleibt. Die Hoffnungen auf eine baldige Verständigung sind in Bonn jedenfalls gering.

28. April 1953

52 Am 24. April beschloß der Bundesrat mit 20 gegen 18 Stimmen, die Entscheidung über den Generalvertrag und den EVG-Vertrag auszusetzen bis zum Vorliegen eines Gutachtens über deren Verfassungsmäßigkeit. Den Ausschlag gaben die Stimmen Baden-Württembergs, zusammen mit denen der sozialdemokratisch regierten Länder (Hessen, Niedersachsen, Bremen und Hamburg).

Der Kanzler hatte vor der Sitzung alles unternommen, um den badisch-württembergischen Ministerpräsidenten und Präsidenten des Bundesrates, Dr. Reinhold Maier, für sich zu gewinnen. Dieser wich jedoch einer Entscheidung aus.

Im Stuttgarter Kabinett besitzen die Sozialdemokraten die Mehrheit. Um die Koalition mit ihnen aufrecht zu erhalten, mußte Maier auf die Zustimmung verzichten. Er bestreitet zwar, solchen landes-innenpolitischen Überlegungen gefolgt zu sein. Seine Erklärung findet aber wenig Glauben. Als grundsätzlichem Befürworter der Verträge fehlt es ihm an einer plausiblen Begründung für sein Vorgehen. Seine Forderung, die Verfassungsmäßigkeit müsse unter al-

---

[109] Stalin war am 5.3.1953 gestorben.

len Umständen vor einer Stellungnahme des Bundesrates abgeklärt werden, steht einem politischen Entscheid im Wege. Sie ist auch kaum mehr erfüllbar. Maier wußte, daß das Kabinett von einem Gutachten des Verfassungsgerichts nichts wissen will und daß auch der Bundestag daran nicht interessiert sein dürfte. Der von ihm verfochtene Rechtsgedanke verlor übrigens an Durchschlagskraft, als er nach der entscheidenden Sitzung bemerkte, der Bundesrat habe es dem Kanzler ermöglicht, die Zustimmungsgesetze nun dem Bundespräsidenten vorzulegen.

Die Absicht dies zu tun, gab Adenauer auch im Anschluß an die Bundesratssitzung bekannt. Es lag ihm offensichtlich daran, die Situation nicht zu dramatisieren. Bei näherer Prüfung stellte sich die Lage aber als viel komplizierter dar.

Der Kanzler darf dem Bundespräsidenten nur Gesetze unterbreiten, die vom Parlament ordnungsgemäß verabschiedet sind. Der bundesrätliche Vertagungsentscheid erfüllt diese Bedingung nicht. Die Opposition sprach auch bereits davon, diesen formalen Mangel vom Verfassungsgericht feststellen zu lassen. Durfte sich schon der Kanzler nicht dieser Gefahr aussetzen, so erst recht nicht der Bundespräsident. Heuss hat es jedenfalls eindeutig abgelehnt, in der gegenwärtigen Situation zu unterzeichnen. Er ist auch nicht bereit, erneut an das Verfassungsgericht zu gelangen. Die schlechten Erfahrungen, die er mit seiner ersten Intervention machte, sind noch zu lebendig.

Der Wunsch des Bundesrates nach Abklärung der Rechtslage vor seinem Entscheid ließe sich zwar verwirklichen, wenn Bundestag und Regierung dazu Hand böten. Der Kanzler will aber davon heute weniger als je etwas wissen. Er hat sich in dieser Frage stark engagiert. Ihm geht es in erster Linie um die politische Frage; für ihn steht die Verfassungsmäßigkeit der Verträge außer Zweifel. Außerdem hat er noch vor kurzem den Bundespräsidenten veranlaßt, auf das von ihm geforderte Gutachten zu verzichten.

Es bleibt dem Kanzler nur übrig zu versuchen, vom Bundesrat à tout prix eine Entscheidung zu verlangen und diesem klar zu machen, daß er sich nicht selbst aus dem Gesetzgebungsverfahren ausschalten darf. Vom Bundestag will er nächste Woche einen negativen Entscheid zum Begehren des Bundesrates provozieren und im Anschluß daran soll das Kabinett seine frühere Ablehnung bestätigen. Dem Bundesrat würde damit jede Hoffnung genommen, um ein klares Ja oder Nein herumzukommen. Was aber geschehen soll, wenn er sich trotzdem nicht zum Entscheid durchringt, oder wenn dieser negativ ausfallen sollte, ist völlig ungewiß. Die Verfassungskrise wäre dann unvermeidlich.

Spekulationen etwa darüber, ob Dr. Maier sich doch noch zu einem Ja durchringt oder ob ein Einbruch in die Abwehrfront der Opposition gelingt, indem beispielsweise Bremen eine positive Haltung einnähme, hängen vorläufig in der Luft.

Die Stimmung in Bonn ist gedrückt. Ein erfolgversprechender Ausweg konnte noch nicht gefunden werden. Immer deutlicher kommen die Mängel der Verfassung zum Ausdruck. Für den Kanzler ist der Rückschlag empfindlich. Er trifft ihn nach seiner erfolgreichen Reise in die USA und kurz vor den Wahlen besonders hart.

In der nächsten Umgebung des Kanzlers wird mit heftiger Kritik an Maier nicht zurückgehalten. Dessen Verhalten gilt als unverständlich. „Ein kleiner Mann versucht in entscheidender Stunde europäische Geschichte zu machen und verkennt die Lage so vollständig wie nur möglich", sagte mir der Chef der Politischen Abteilung im Auswärtigen Amt gestern. Die Bundesrepublik laufe Gefahr, darauf verzichten zu müssen, bei der Zusammenfassung der westlichen Kräfte ein gutes Beispiel zu geben. Innenpolitisch erleide der demokratische Gedanke schwerste Einbußen. Von keinem Bürger könne man verlangen zu verstehen, was zur Zeit in Bonn geschehe. Es bleibe bei der großen Verwirrung nur eines übrig: Abzuwarten!

19. Mai 1953

53 *Adenauer in Paris und London:* Von einem direkten Teilnehmer der Pariser- und Londoner-Konferenz vernehme ich über den Verlauf dieser Besuche folgendes:

I. *Pariser-Besuch:*
Europäische Verfassung. Der erste Teil des Pariser Aufenthalts galt der Prüfung der europäischen Verfassung durch die Außenminister der sechs Montanunion-Staaten. Mein Interlocutor bewertet die Konferenz als großen Fortschritt in Richtung der europäischen Einigung: Zunächst weil die Konferenz beschloß, außerordentlich rasch zu verfahren. Bereits am 12. Juni soll in Rom eine Regierungskonferenz der stellvertretenden Außenminister zusammentreten, um Abänderungswünsche zu prüfen; der von ihnen bereinigte Verfassungsentwurf soll am 10. Juli in Haag den Außenministern unterbreitet werden. Sehr bedeutsam sei die Lösung für die Wahlen zum europäischen Parlament: Die Abgeordneten sollen nicht durch die Parlamente, sondern in direkter Wahl durchs Volk gewählt werden. Von besonderer Bedeutung sei der Beschluß, der Europäischen Gemeinschaft keine neuen Kompetenzen zu erteilen, sondern ihr zunächst nur die Rechte zu geben, welche bereits der Europäischen Verteidigungsgemeinschaft und der Montan-Union zustehen. Kompetenzerweiterungen müßten einstimmig beschlossen werden; die Versammlung habe sich damit eine weise Mäßigung auferlegt.

Saar. Anschließend kam es zwischen Adenauer und Bidault[110] zur Besprechung der Saarfrage. Es wurden keine Fortschritte erzielt. Der Bundeskanzler

---

[110] Bidault, Georges (1899–1983), französischer Politiker, ab 1941 führend in der Widerstandsbewegung, 1946 und 1949–1950 Ministerpräsident, mehrfach Außen- und Verteidigungsminister, 1949–1952 Parteivorsitzender des MRP, 1959 Ausschluß aus dem MRP.

verfocht seine These, daß im Falle einer Europäisierung der Saar kein Land – auch nicht Frankreich – eine privilegierte Stellung einnehmen dürfe. In diesem Punkt fand keine Annäherung der beiden Standpunkte statt. Man kam überein, bis nach den deutschen Wahlen in der Saar-Angelegenheit keinen neuen Lösungsversuch zu unternehmen.

Trotzdem sei die Atmosphäre zwischen Adenauer und Bidault viel besser gewesen als bei früheren Begegnungen; Bidault war gegenüber früher „gewandelt", so daß die beiden Herren recht guten Kontakt fanden. (Unterdessen scheint auf diesen Frühling bereits ein Reif zu fallen, denn gestern, als Adenauer in einer Pressekonferenz auf die eben paraphierte Wirtschaftskonvention zwischen Frankreich und dem Saarland zu sprechen kam, bemerkte er: „Man empfindet es in der Bundesrepublik nicht gerade als eine besondere Freundlichkeit, daß diese Konvention kurz nach dem deutschen Besuch paraphiert worden sei".)

II. *Londoner Besuch:*
Unmittelbar vor Adenauers Abreise nach London, noch während des Diners der französischen Regierung zu seinen Ehren, wurde die Rede Churchills bekannt. Die französischen Gastgeber waren ebenso überrascht wie ihre deutschen Gäste. Die Franzosen waren ziemlich betroffen, nicht nur wegen der Kapuzinerpredigt über ihre nicht genügenden militärischen Anstrengungen, mehr noch weil die Rede so tönte, als ob Frankreich für die Konferenz auf höchster Ebene nicht vorgesehen wäre. Bei der deutschen Delegation löste Churchills Rede zunächst große Bewegung aus: vor allem mußten in aller Hast die Texte der geplanten Ansprachen umgearbeitet werden. Bedenken löste besonders der Locarno Passus aus. Adenauer stellte sich besorgt folgende Frage: Der Locarno Vertrag von 1925 war eine Garantie des territorialen Status quo. Er hatte daher die naheliegende Sorge, daß ein neuer Locarno Vertrag den heutigen territorialen Status visiere. Er wurde von dieser Sorge rasch befreit. Churchill erläuterte Adenauer, er habe keineswegs an eine schematische Übertragung des Locarno Vertrags auf die heutigen Verhältnisse gedacht; sein Gedanke sei gewesen, man müsse eine Einigung im Geiste des Locarno Vertrags anstreben, eine Atmosphäre schaffen ähnlich derjenigen, aus der damals der Locarno Vertrag entstand. Einer so abgeschwächten Auslegung konnte Adenauer ohne weiteres beistimmen. Übrigens sei dieser Passus, der den Eindruck einer nicht ganz zu Ende gedachten Churchillschen Inspiration machte, ohne Konsultierung des Foreign Office zustandegekommen.

Churchills Vorschlag einer „informellen Konferenz der Großmächte auf höchster Ebene" erfolgte, um den toten Punkt zu überwinden, der droht, wenn man – wie Eisenhower – Konzessionen (Österreich, Korea) vor Verhandlungen verlangt. Angesichts der heftigen Kontroverse zwischen den Vereinigten Staaten und Großbritannien, die zu so bösen Schlagwörtern führte wie: „Neues München", „We do it alone!" fragt man sich allerdings in Bonn, ob Churchills Rede diesen Zweck nicht verfehlt habe.

Indessen glaubt man, daß diese Verschlechterung des politischen Klimas nicht von Dauer sein werde.

Man stellt sich die weitere Frage, ob Moskau die Konferenzidee aufnehmen werde? Die Meinungen sind geteilt; man ist skeptisch, ob das russische Triumvirat innenpolitisch genügend konsolidiert sei, um an einer großen internationalen Konferenz agieren zu können? Wer soll als Sprecher auftreten? Molotow?[111] Oder gar etwa Malenkow??[112] Darf dieser überhaupt wagen, Moskau zu verlassen, ohne fürchten zu müssen, bei seiner Rückkehr eine neue Situation im Kreml anzutreffen? Andererseits verkennt man nicht die starke Versuchung für Moskau, auf Churchills Konferenzidee einzugehen, weil schon die bloße Anregung als Keil zwischen Washington und London gewirkt hat.

Adenauer will sich in die Diskussion über den Konferenzvorschlag – der übrigens in der deutschen Presse ein sehr freundliches Echo fand – nicht einmischen. Zunächst hatte auch er Befürchtungen. Eine wurde ihm sofort genommen durch die erneute und unumwundene Zusicherung Churchills, daß in einer Konferenz *nichts hinter dem Rücken* der Bundesrepublik oder auf ihre Kosten geschehen werde; man werde die Bundesrepublik nicht nur informieren, sondern jederzeit *über alles, was ihre Interessen betrifft, konsultieren.* Ferner habe Churchill mit der Erklärung, Großbritannien werde die mit der Bundesrepublik getroffenen Vereinbarungen striktest – dem Buchstaben wie dem Geiste nach – erfüllen, das im Generalvertrag enthaltene Versprechen bekräftigt, sich für die Wiedervereinigung Deutschlands einzusetzen. Da Adenauer gleiche Zusicherungen auch von Eisenhower erhalten hatte, glaubt er, genügende Rückversicherungen in Händen zu haben, um eine Konferenz nicht fürchten zu müssen. Dagegen bleibt sein Bedenken, eine Konferenz werde die Ratifizierung der deutsch-alliierten Verträge verzögern, aufrecht, da sowohl in Deutschland wie in den anderen Ländern die Tendenz abzuwarten Oberhand bekäme. Aber damit findet sich Adenauer ab.

Ich fragte meinen Gesprächspartner, wie Churchill die russische Friedensbereitschaft einschätze. Nach Meinung meines Interlocutors dürfe man daraus, daß Churchill die Konferenz vorschlug, noch nicht schließen, daß er mit einer besonderen Verständigungsbereitschaft der Russen rechne. Churchill wolle einfach jede Möglichkeit ausschöpfen und der öffentlichen Meinung beweisen, daß man das getan habe.

---

[111] Molotow, Wjatscheslaw Michailowitsch (1890–1986), sowjetischer Politiker, engster Mitarbeiter Stalins, 1921–1957 Mitglied des ZK der KPdSU, 1921–1931 Sekretär des ZK, 1939–1949 und 1953–1956 Außenminister, scharfer Kritiker der Entstalinisierungspolitik Chruschtschows, 1957 aller Ämter enthoben.

[112] Malenkow, Georgi Maximilianowitsch (geb. 1902), sowjetischer Politiker, 1939–1957 Mitglied des ZK, 1946–1957 Mitglied des Politbüros, 1953–1955 Nachfolger Stalins als Vorsitzender des Ministerrates (Ministerpräsident), 1957 aller Ämter enthoben.

Adenauer kam außerordentlich befriedigt von London zurück. Die Aufnahme war von größter Herzlichkeit, das Vertrauensverhältnis wurde erneut befestigt. Mein Gesprächspartner unterstrich, Adenauer habe mit der englischen Regierung ein Verhältnis hergestellt, wie dies keiner deutschen Regierung seit 1815 gelungen war und das, nachdem durch den Krieg zwischen den beiden Völkern eine Kluft entstanden war, von der kaum jemand glaubte, daß man sich werde herausarbeiten können. Beredtester Ausdruck dieses neuen Verhältnisses seien Churchills Worte:
„Dr. Adenauer may well be deemed the wisest german statesman since the days of Bismarck".

30. Mai 1953

Viererkonferenz: Ich unterhielt mich heute mit dem Chef der Politischen Abteilung des Auswärtigen Amtes über die internationale Lage. Der neue „Prawda"-Artikel vom 23. Mai, die Rede Senator Tafts[113] und die Ernennung von Semjonow[114] zum sowjetischen Hochkommissar standen im Mittelpunkt des Gesprächs. **54**

Bei der Beurteilung der russischen Friedensgesten steht Adenauer dem Skeptizismus Washingtons näher als dem relativen Optimismus Londons. Als Adenauer in London seine Bedenken zu Churchills Konferenz-Initiative äußerte, suchte ihn Churchill zu beschwichtigen. Die seitherige Entwicklung zeige, daß Adenauers Zweifel an dem angeblichen politischen Kurswechsel der Russen nicht unberechtigt waren.

Was Bonn besondere Sorge bereite, seien die Symptome der Spaltung und Schwäche, die augenblicklich im Westen zutage treten und das gerade am Vorabend einer internationalen Konferenz mit größten Aufgaben: In Frankreich herrscht eine nur mühsam überwindbare Regierungskrise, Inflationsgefahr und darüber schwebt das Damoklesschwert Indochinas. In den USA kündet die Rede Senator Tafts eine tiefe Krise der republikanischen Partei an; bedenklicher noch als ihr Inhalt sei die Tatsache, daß eine Persönlichkeit wie Taft sie gehalten hatte, hinter dem weite Kreise stehen; gegen sie zu regieren ist keine leichte Sache. Aus Tafts Rede spreche nicht nur der amerikanische Isolationismus, sondern sie ist getragen von einer breiten Welle der Enttäuschung über angebliches europäisches Versagen: Die Stagnation bei der Ratifizierung des

[113] Taft, Robert Alphonso (1889–1953), amerikanischer Politiker, seit 1938 Mitglied des Senats in Washington, 1948 Führer der Republikaner, 1951 Niederlage bei der Nominierung der Präsidentschaftskandidaten gegen Eisenhower, 1952–1953 Fraktionsvorsitzender der republikanischen Partei im Senat.

[114] Semjonow, Wladimir Semjonowitsch (geb. 1911), sowjetischer Diplomat, 1949–1953 politischer Berater der sowjetischen Kontrollkommission in Deutschland, 1953–1954 Hoher Kommissar der UdSSR in Deutschland und Botschafter in der DDR, ab 1966 Mitglied des ZK der KPdSU.

Vertrags über die Europäische Verteidigungsgemeinschaft und des europäischen Zusammenschlusses.

Sehr enttäuscht sei Bonn über den „Prawda"-Artikel. Die Ausführungen über die Deutschland-Frage reduzieren stark die Hoffnungen, daß diese auf der geplanten Konferenz eine annehmbare Lösung finden könnte. Die wiederholten Berufungen auf das Potsdamer-Abkommen, die Anspielungen auf den deutschen Militarismus, die gesteigerte Sowjetisierung der Ostzone deuten nicht darauf, daß die Sowjets in der deutschen Frage ihre Positionen in der Ostzone aufgeben wollen. Ihr Programm – befürchtet man – werde das alte sein: Neutralisierung, totale Demilitarisierung und Evakuierung. Einem Deutschland ohne amerikanische Unterstützung, ohne europäische Verbündete und ohne eigene Soldaten drohe aber das Schicksal der Tschechoslowakei! Ein solcher Status eines politischen und militärischen Vakuums wäre für die Bundesrepublik inakzeptabel, aber auch kaum tragbar für den Westen.

Auch die Abschaffung der sowjetischen Kontrollkommission und die Ernennung Semjonows zum Hochkommissar stimmt Bonn besorgt. Man wird zwar erst nach Wochen genau sagen können, was diese Maßnahme bedeutet; die interne Tragweite sei nicht groß: es wechselt der Name, der Inhalt bleibt, denn die tatsächliche Macht bleibt nach wie vor in sowjetischer Hand. Die Selbständigkeit der Deutschen Demokratischen Republik wird nicht größer, im Gegenteil! Bonn fragt sich beunruhigt, worauf es abzielt, wenn Semjonow so spektakulär beauftragt wird, die Durchführung des Potsdamer Abkommens zu kontrollieren. Meinem Gesprächspartner ist dieses Auftauchen des Schattens von Potsdam sehr verdächtig, ebenso daß Semjonow beauftragt wird, Beziehungen mit den westlichen Hochkommissaren zu unterhalten und das im Moment, wo die Vertreter des Westens sich bereits als die Botschafter von morgen betrachten. Bedeutet diese Angleichung an die westlichen Hochkommissare, daß den Sowjets ein Wiederaufleben des alliierten Kontrollrats vorschwebt in Form eines Rates der Hochkommissare? Heißt das, daß sie die Konzeption einer neuen interalliierten Kontrolle an der Viererkonferenz als Preis für die deutsche Wiedervereinigung vortragen würden? Das würde aber bedeuten: Mitspracherecht der Sowjets in ganz Deutschland, Blockierung des Fortschritts, russisches Mitwirken in der Ruhr etc. Dies wäre unannehmbar für die Deutschen, aber auch untragbar für die Alliierten.

Ob die Russen eine Viererkonferenz wollen? Man glaubt hier, daß sie sich weiter den Anschein geben werden, die Konferenz zu wollen; kommt es zur Konferenzeinladung, würden die Sowjets sie wahrscheinlich auch nicht ablehnen. Aber man zweifelt hier an der Absicht eines aufrichtigen Ausgleichs, insbesondere in der deutschen Frage. Man neigt hier zur Annahme, daß die Russen die deutsche Wiedervereinigung nicht wollen und ihre Absage in die Form kleiden, daß sie einen Preis verlangen, den die anderen nicht einräumen. Adenauer sprach sich für eine Viererkonferenz aus, wenn sie Aussicht auf Erfolg biete und nicht die Gefahr in sich berge, zu einem Palaver zu führen. In Bonn hält man den Zeitpunkt für verfrüht. Er wäre besser gewählt, wenn der Vertrag über die Europäische Verteidigungsgemeinschaft unter Dach wäre. Entsprechend der hiesigen Konzeption, daß man mit den Russen erfolgreich nur dann verhandeln könne, wenn der Westen ein äquivalentes politisches und militärisches Gewicht darstellt, will Bonn unbeirrt die bisher verfolgte Linie der Anlehnung an den Westen in Form der Europäischen Verteidigungsgemeinschaft weiter verfolgen. Die Politik des europäischen Zusammenschlusses will man noch aktivieren, um der in den USA zutage getretenen Tendenz der Abwendung von Europa zu begegnen. Deshalb wird sich Adenauer am 12. Juni nach Rom begeben zur Konferenz, welche letzte Hand an die europäische Verfassung anlegen soll.

Was die Bermuda-Konferenz anbetrifft, so postuliert die hiesige Presse die Entsendung eines deutschen Beobachters. Adenauer wird nicht darauf insistieren, um den Westmächten keine unnötigen Schwierigkeiten zu bereiten. Es gibt auch andere Wege, um seine Desiderata mitzuteilen. Überdies fühlt sich Adenauer durch Eisenhower und Churchills Versprechen, nichts auf Kosten Deutschlands zu tun, vorläufig genügend gesichert.

20. Juni 1953

Adenauers Sonderbeauftragter in Washington, Paris und London: Wie Sie wissen, hat Bundeskanzler Adenauer in den letzten Wochen einen seiner Mitarbeiter als Sonderbeauftragten nach Washington, Paris und London entsandt. Ich hatte Gelegenheit, mich mit ihm über seine Besuche zu unterhalten und halte die von ihm geäußerten Eindrücke fest. **55**

Der Bundeskanzler hatte das Gefühl, daß die russischen Friedensgesten überall, nicht nur in Deutschland, auch im Westen, Unsicherheit verbreiteten, insbesondere zu einem Abbröckeln der Idee der Europäischen Verteidigungs-Gemeinschaft und der europäischen Integration führten. So kam die Reise nach Washington zustande. Sie hatte nicht zum Ziel, die Viererkonferenz zu hintertreiben, denn auch Bonn braucht sie, weil die deutsche Frage nur auf diesem Weg, das heißt im Einvernehmen mit den Russen gelöst werden kann. Deutscherseits besteht aber das Bedenken, daß die Konferenz, wenn sie jetzt stattfände, zu wenig vorbereitet wäre, um in der deutschen Frage zu Ergebnissen zu führen. Ein spezielles deutsches Anliegen ist, daß die Konferenz wenn möglich nicht vor den deutschen Wahlen stattfände, weil sonst zu erwarten sei, daß die Sowjets alle Register ziehen werden, um den deutschen Wahlkampf zu Ungunsten Adenauers zu beeinflussen. Der Bundeskanzler ist für sie eben der Feind Nr. 1. Die Russen gehen davon aus, daß mit seinem Sturz die europäische Verteidigungsgemeinschaft keine Stoßkraft mehr hätte, sogar auseinanderfallen würde. Deshalb ist zu erwarten, daß sich ihre Angriffe ganz besonders stark auf ihn und seine Politik konzentrieren werden.

Zweck der Reise war, dies mitzuteilen, und Washington klar zu machen, daß die Bonner Regierung fest zu der bisherigen Linie – zum Bonner- und Pariser-Vertrag und zur europäischen Integration stehe und an keine Alternativlösung in Form einer NATO-Beteiligung denke. Mein Partner hatte Gelegenheit, dies in persönlichen Aussprachen Eisenhower und Dulles[115] vorzutragen. Die Bonner Erklärungen kamen Washington sehr willkommen, denn auch dort herrsche eine meinen Interlocutor frappierende, labile Stimmung. Die USA haben den Eindruck, daß sie keine Freunde haben: Im Verhältnis zu England und zu Churchill herrsche deutliche Verstimmung; die Schwächen in Frankreich und Italien infolge Kabinettskrise bzw. Wahlausgang deprimieren. Die Erklärungen Bonns wurden mit dem Gefühl aufgenommen, wenigstens eine zuverlässige Stütze auf dem Kontinent zu haben. Die Verbindung zwischen Washington und Bonn erfuhr eine weitere Festigung. In diesem Zusammenhang kam die Frage der Errichtung von Botschaften zur Sprache und es ist möglich, daß diese Angelegenheit in absehbarer Zeit eine positive Lösung findet. Das Versprechen, Bonn während allfälliger Viererverhandlungen zu konsultieren, wurde noch einmal wiederholt. Amerikanischerseits wird man auch dafür eintreten, daß es in Bermuda in der deutschen Frage zu einem festen Bekenntnis zum bisherigen Kurs kommt. Der Wunsch, einen deutschen Beobachter nach Bermuda zu entsenden, wurde von meinem Interlocutor nicht geäußert.

Die Reise nach Paris: Es galt zunächst, die Nervosität zu beschwichtigen, welche wegen der Washingtoner Reise entstanden war. Mein Interlocutor sprach mit Bidault, um ihn im gleichen Sinne zu informieren wie er das in Washington getan hatte. Angesichts der noch in Paris herrschenden Kabinettskrise war Bidault zurückhaltender als Washington. Immerhin hat auch er sich dazu bekannt, daß kein Abgehen vom Vertragswerk geplant sei. Allerdings zeigte er sich weniger „empressé". Was die Frage der Konsultation Bonns während der Viererkonferenz anbetrifft, war die Antwort durchaus positiv. Dagegen legte Bidault in der Frage der Errichtung von gegenseitigen Botschaften Zurückhaltung an den Tag.

Reise nach London: Sie galt den gleichen Zwecken wie diejenige nach Washington und Paris. Eine Unterredung mit Churchill fand nicht statt. Der Besuch war in folgender Beziehung besonders interessant:
Zwischen Churchill und dem Foreign Office besteht nicht der traditionelle enge Kontakt. Churchill, der zum ersten Mal Außenminister ist, verfährt sehr selbstherrlich, fast ohne Konsultation des Foreign Office. Das Fehlen des ausgleichenden Faktors Eden macht sich sehr nachteilig bemerkbar. So wie es bei der bekannten Locarno-Rede zuging, wo wesentliche Gedanken in Unkenntnis des Foreign Office geäußert wurden, geht es jetzt in sehr vielen Angelegen-

[115] Dulles, John Foster (1888–1959), amerikanischer Politiker, 1946–1950 Delegierter der USA bei der UNO, 1953–1959 Außenminister der Vereinigten Staaten.

heiten zu. Im Foreign Office herrscht eine gewisse Unruhe über Churchills Absichten. Churchill möchte am liebsten nach Bermuda ohne alle Experten und ohne einen Ratgeber. Auch für die Begegnung mit den Sowjets will er keine Konferenz mit Tagesordnung, sondern ein bloßes Gespräch – eine Lösung, die für Washington gänzlich unmöglich wäre. Man glaubt, daß Churchill solchen Anforderungen kaum gewachsen wäre. Er ist nämlich ein wesentlich gealterter Churchill und physisch kaum in der Lage, Gespräche, die so aufreibend sind, wie mit den Russen, durchzustehen.

22. Juni 1953

Die Unruhen in der Ostzone: Die blutigen Ereignisse des 17. Juni in Ostberlin **56** – sie forderten ein Dutzend Todesopfer – kamen für Bonn völlig überraschend. Die Überraschung war um so größer, als man hier in der letzten Zeit immer stärker befürchtete, die ostdeutsche Bevölkerung werde der Bolschewisierung allmählich erliegen. Daß die Massen nun derart den Kopf erhoben, befreit zwar nicht von diesen Sorgen, doch werden diese Bedenken sehr gedämpft.

Infolge der hermetischen Abschließung und der entsprechend spärlich fließenden Nachrichten kann man sich über die Unruhen noch kein vollständiges Bild machen. Immerhin scheinen sie durch folgende Merkmale charakterisiert: Es handelt sich bei ihnen um viel mehr als bloße Massendemonstrationen, es war eine – wenn auch waffenlose – *Revolte* der Bevölkerung. Diesen Charakter verleiht den Unruhen zunächst ihr Umfang. Die Bewegung hat außer Ostberlin alle größeren Städte der Ostzone ergriffen und sich auf Hunderttausende erstreckt. Sehr aufschlußreich ist, daß überall die Arbeiterschaft Träger der Bewegung war; also diejenige Klasse, der in einer Sowjetrepublik eine privilegierte Rolle in der Staatsführung zukommt. Da die Bewegung die Arbeiterkreise so allgemein mitriß, ist es völlig abwegig, von einer Anzettelung der Ereignisse durch westliche Agenten zu sprechen. Es handelt sich um eine spontane Explosion der Not und der Wut der Bevölkerung. Interessant ist, daß die Manifestationen, die in ihren Anfängen gegen das Regime Grotewohl-Ulbricht gerichtet waren, rasch umschlugen; ihre Spitze richtete sich sehr bald eindeutig gegen die Russen selbst. Die Vorfälle zeigen, daß das russische Regime in den acht Jahren seit 1945 auch in den Arbeitermassen keinen festen Fuß zu fassen vermochte. Die erste Anfälligkeit der deutschen Arbeiter für Kommunismus scheint den Kulminationspunkt überschritten zu haben; auch hier griff die Ernüchterung Platz, wie sie in Satellitenstaaten erfahrungsgemäß nach wenigen Jahren einzutreten pflegt.

Tiefen Eindruck macht die Ohnmacht der Regierung Grotewohl. Sie wurde durch die Ereignisse völlig diskreditiert, zuerst durch ihre würdelose Selbstanklage, alles falsch gemacht zu haben, und dann durch die einmütige Verstoßung seitens der eigenen Bevölkerung. Heute hält sie sich nur noch durch den Waffenschutz der russischen Besatzungsmacht am Leben. Ihre Autorität erlitt in ganz Deutschland einen tödlichen Stoß; auch fürs Ausland kann sie kaum mehr als repräsentativ gelten, geschweige denn auf gleichen Fuß mit der westdeutschen Regierung gestellt werden.

Die Vorfälle in der Ostzone dürften als historisches Ereignis sich der Erinnerung des In- und Auslandes einprägen und dementsprechend politische Folgen nach verschiedenen Richtungen äußern. Sie stellen zunächst die Sowjets vor die schwierige Frage, ob Semjonows neuer Kurs fortgesetzt werden soll, oder ob die Meinung sich durchsetzt, die Unruhen seien diesem neuen Kurs zuzuschreiben, weil er von der Bevölkerung als Schwäche aufgefaßt würde. Vom Standpunkt der Russen wäre es klüger, wenn sie auf eine harte Repression verzichten würden. Um die Entscheidung wird noch gerungen. Bis zur Stunde ließen die Russen eine für ihre Verhältnisse frappante Milde walten. Das wäre Semjonows Konzeption konform, denn ihm geht es in erster Linie darum, Adenauer, Promotor und Stütze der Europäischen Verteidigungs-Gemeinschaft und der Integration, zu schwächen. Da die Europäische Verteidigungs-Gemeinschaft, welche zur eigentlichen „bête noire" der Russen geworden ist, mit aller Vehemenz von der Sozialdemokratischen Partei bekämpft wird, ging der Kreml zur Taktik über, sich dieser Feindin im Kampf gegen Adenauer als Instrument zu bedienen. Der „milde" Kurs Semjonows gab den Sozialisten in der Tat wirksame Argumente: Adenauers skeptische Einstellung zur Viererkonferenz sei falsch, weil Semjonows Maßnahmen zeigen, daß die Einstellung der Russen sich gewandelt habe und es lasse sich mit ihnen über die Wiedervereinigung reden.

Auch in Bonn üben die Berliner Ereignisse großen Einfluß aus. Sie waren für Adenauers Stellung keineswegs nur förderlich. Auch er wird vor schwierige Fragen gestellt. Nachdem die Ostzone sich derart deutlich für die Wiedervereinigung eingesetzt hatte, wird auch Adenauer kaum darum herumkommen, seine bisherige Formel „Viererkonferenz nur wenn sie erfolgreich ist" abzuschwächen. Es wird für ihn schwer, die Ostzonenbevölkerung einfach auf die Zukunft zu vertrösten. Die tragischen Ereignisse in Berlin und in Mitteldeutschland (so nennt man hier neuestens die Ostzone) lassen bereits in der deutschen Presse die Forderung immer lauter ertönen, man müsse alles tun, um Viererbesprechungen zu beschleunigen, um die Diskussion der Wiedervereinigung Deutschlands in Fluß zu bringen. Es ist ein leichtes Einschwenken des Kanzlers auf diese Linie, wenn er in einem dringenden Appell Eisenhower, Churchill und Frankreich an die Resolution des Bundestags vom 10. Juni 1953 erinnert und sie ersucht, alles zu tun, um dem ganzen deutschen Volk die Einheit wiederzugeben.

Auch die Westmächte werden den Aufschrei in Berlin nicht überhören können. Bereits haben die Hochkommissare bei der russischen Hochkommission Protest eingelegt gegen den „unverantwortlichen Rückgriff auf militärische Gewalt" und forderten die Aufhebung „der der Bevölkerung auferlegten harten Maßnahmen". Diese spektakulären Ereignisse werden aber auch in Zukunft nicht so rasch in Vergessenheit geraten und dazu dienen, den Westen an das Versprechen im Deutschland-Vertrag zu erinnern, sich für die Wiedervereinigung Deutschlands einzusetzen.

Über die Entstehung der Unruhen kursieren die verschiedensten Versionen. Die Russen sagen, westliche Agenten hätten sie angezettelt, was ziemlich absurd ist. Die deutsche Version ist selbstverständlich entgegengesetzt: Danach wurden die Demonstrationen – wenigstens in ihren Anfängen – von russischer Seite gefördert. Semjonow habe sich dadurch der Regierung der Deutschen Demokratischen Republik entledigen wollen, doch wollte er Grotewohl nicht durch einen russischen Befehl, sondern durch den Unwillen der deutschen Bevölkerung vertrieben sehen. Gleichzeitig sollte diese Geste Westdeutschland zeigen, wie sehr sich die russische Einstellung gewandelt habe. Jedenfalls entglitten die Manifestationen in ihrem weiteren Verlauf rasch der sowjetischen Lenkung und wuchsen zu dem Aufstand der Massen an. Es wird schwer sein, über die Genesis der Unruhen volle Klarheit zu schaffen. Plausibel an der deutschen Version ist, daß die Sowjets in der Tat zur Taktik übergehen, bei der Bekämpfung Adenauers ihren Gegner – die sozialistische Opposition in Westdeutschland – zu stärken, weil sie erkannten, daß mit den westdeutschen Kommunisten sie Adenauer nichts anhaben können.

11. August 1953

Ihrem Wunsche entsprechend beehre ich mich, Ihnen über aktuelle innen- und **57** außenpolitische Probleme der Bundesrepublik zu berichten:

I.

Die *innenpolitische Struktur* ist durch ihre relativ große Stabilität gekennzeichnet. Seit den Wahlen von 1949 sind keine wesentlichen Verschiebungen eingetreten. Damals wurden 86 Prozent der rund 30 Millionen Stimmen zu Gunsten demokratischer Parteien abgegeben. Die drei Koalitionsparteien Christlich Demokratische Union – Christlich Soziale Union (CDU/CSU), Freie Demokratische Partei (FDP) und Deutsche Partei (DP) erhielten 47, die Sozialdemokratische Partei Deutschlands (SPD) 29 und verschiedene nichtextreme Splittergruppen zusammen 10 Prozent. Die Kommunisten erreichten 6 und drei rechtsextreme Gruppen zusammen 3 Prozent. Die restlichen 5 Prozent entfielen auf Unabhängige. Bei der Verteilung der Sitze profitierten die großen Parteien. Ende Juni 1953 gab es folgende Gruppen im Bundestag (ohne die beratenden Abgeordneten aus Berlin): Koalition 215, SPD 130, Föderalistische Union 19, Kommunisten 14, Fraktionslose 24. Die Koalition verfügte somit über eine feste Mehrheit. Sie erreichte aber nicht das für Änderungen des Grundgesetzes nötige qualifizierte Mehr von 2/3 der insgesamt 402 Sitze.

Extremistische Strömungen wurden bisher erfolgreich abgewehrt. Die Sozialistische Reichspartei ist als verfassungswidrig aufgehoben worden. Eine

massive Gruppierung nazistischer Elemente ist zur Zeit nicht zu befürchten.
Vorstöße, wie der des ehemaligen Staatssekretärs im Goebbelschen Propagandaministerium, Naumann [116], blieben vereinzelt. Sie haben für die Wahlen
keine entscheidende Bedeutung. Der Neonazismus wagt sich – zwar nicht immer – nur schüchtern an die Oberfläche. Er findet aber keine rechte Resonanz.
Schwieriger ist es herauszufinden, in welchem Ausmaß nazistische Ideen auch
innerlich überwunden sind. Eine bescheidene Zunahme der Rechtsparteien ist
nicht ausgeschlossen. Die Kommunisten haben nicht zuletzt durch die Berliner Ereignisse vom 17.Juni weiter an Ansehen verloren. Sie werden – wie andere Splittergruppen – alle Mittel in Bewegung setzen müssen, um auch im neuen
Bundestag vertreten zu sein.

Die günstige Entwicklung der letzten vier Jahre ist durch keine Krise gestört
worden. Die Verhältnisse auf allen Lebensgebieten bessern sich fortlaufend.
Das ist für den einzelnen spürbar. Die maßgebenden Kräfte haben bewiesen,
daß mit demokratischen Mitteln trotz bedeutsamer Hindernisse regiert werden kann.

Bei den Wahlen vom 6.September 1953 werden die demokratischen Kräfte
die überwiegende Mehrheit erhalten. Fraglich ist nur, welche Richtung das
Rennen macht.

Die Politik Adenauers verfolgt zwei Hauptziele: Die Rückgewinnung der
Souveränität und den Aufbau eines modernen Sozialstaates. Beide dienen der
Beseitigung der Kriegsfolgen. Die Regierung erzielte beachtenswerte Erfolge.
Der Wiederaufbau von Handel und Industrie, die damit verbundene Festigung
der Währung und die Lockerung der Devisenbewirtschaftung sind die augen-
fälligsten positiven Resultate. Ihre bzw. Bundesminister Erhards „soziale
Marktwirtschaft" entspricht der Mentalität, dem Arbeitswillen und der Be-
triebsamkeit der Deutschen. Sie hat im Verein mit den alliierten Hilfen einen
unerwarteten wirtschaftlichen Aufschwung gebracht. Heute herrscht überall
Hochkonjunktur. Die Zahl der Arbeitslosen erreichte Mitte 1953 einen Tiefstand von mehr als einer Million. Es gelang, rund zehn Millionen Flüchtlinge
unterzubringen. Lastenausgleich und Sozialmaßnahmen für Kriegs- und Na-
zigeschädigte sowie der soziale Wohnungsbau sind in Durchführung. Das vorläufig in der Grundstoffindustrie eingeführte Mitbestimmungsrecht half entscheidend mit, ernsthafte Spannungen zwischen den Sozialpartnern zu vermeiden.

Außenpolitisch konnte die Regierung schrittweise innert kürzester Zeit die
Souveränität zurückgewinnen. (Der am 26.Mai 1952 unterzeichnete Generalvertrag sieht nur noch drei alliierte Reservatrechte vor, nämlich die Stationierung von Streitkräften, das Problem Berlin und die Frage der Wiedervereini-

---

[116] Naumann, Werner (1909–1982), 1937 Leiter des Reichspropagandaamtes in Breslau, 1938
Ministerialdirektor und Chef des Ministeramtes im Reichspropagandaministerium, enger
Mitarbeiter von Goebbels, 1944 Staatssekretär im Propagandaministerium, 1953 Verhaf-
tung durch die britische Besatzungsmacht, aber keine Haft.

gung). Die Integration der Bundesrepublik in die westliche Gemeinschaft (Europäische Verteidigungsgemeinschaft, OECE, EZU und Montan-Union) wurde vorangetrieben. Die Regelung von Schulden aller Art (z. B. Londoner Abkommen, Entschädigungsabkommen mit Israel) hilft mit, den Kredit der Bundesrepublik zu festigen.

Adenauer will seine traditionell westliche Politik fortsetzen. Er gilt nicht nur bei seinen Parteifreunden, sondern auch bei weiten Volkskreisen als hervorragendste politische Persönlichkeit. Die Mehrheit der Bevölkerung anerkennt im allgemeinen seine Leistungen. Sein Vorgehen ist allerdings den Massen nicht immer in allen Einzelheiten verständlich. Dies führt dazu, daß ihm eine eigentliche Popularität fehlt. Das Ansehen des Kanzlers ist jedoch in den letzten sechs Monaten ununterbrochen gestiegen. Vorkommnisse der jüngsten Zeit, wie etwa der Austritt des liberalen Flügels aus der FDP Niedersachsens und Nordrhein-Westfalens dürften auf die Stellung Adenauers keinen entscheidenden Einfluß haben. Ein möglicher Rückgang der FDP könnte durch eine Zunahme der CDU-Stimmen wettgemacht werden.

Die Opposition bestreitet den Wahlkampf ohne ein klares Programm. Es fehlt ihr seit jeher an einer umfassenden Konzeption. Seit dem Tode Schumachers gebricht es der Opposition auch an einem Adenauer ebenbürtigen Kopf.

Im Wahlkampf tritt die innenpolitische Auseinandersetzung hinter die außenpolitische zurück. Die Ziele der Opposition ergeben sich aus ihrer doktrinär marxistischen Einstellung: Sie will die soziale Marktwirtschaft durch die Planwirtschaft ersetzen. Die Grundstoffindustrie soll verstaatlicht werden. Die SPD verspricht wesentlich höhere Sozialleistungen als die bisher zugebilligten. Dieses Versprechen hat für die zahlreichen Schichten, die mit einem Minimum auskommen müssen – etwa 1/3 der Bevölkerung erreicht bloß das Existenzminimum – mehr Gewicht als die Vorwürfe gegen das herrschende Wirtschaftssystem. Wie die Mittel für vermehrte Sozialleistungen beschafft werden sollen, wird nicht gesagt. Die von der Regierung eingehaltene Grenze kann nicht überschritten werden, ohne den Haushalt ernstlich zu gefährden.

Die aussenpolitische Zielsetzung der SPD verliert sich in Allgemeinheiten. Die SPD verkündet, die Zusammenarbeit mit den anderen Staaten müsse sich auf das ganze freie Europa, nicht nur auf fünf Partner beziehen. Sie verschweigt, wie dieses Ziel in einem Sprung verwirklicht werden soll. Sie hat kein Verständnis für das durch die Verhältnisse bedingte schrittweise Vorgehen Adenauers.

Wiedervereinigung und Europäische Verteidigungs-Gemeinschaft bilden den Kernpunkt der gegenwärtigen Wahlkampagne. Für Regierung und Opposition hängen Wiedervereinigung und EVG indirekt voneinander ab. Beide sind sich darüber einig, daß

1. die rasche Wiedervereinigung das Hauptziel jeder deutschen Politik ist,
2. die Wiedervereinigung nur gemeinsam mit den demokratischen Kräften der freien Welt und

3. nur auf friedlichem Wege herbeigeführt werden kann.

Außerdem besteht Einigkeit darüber, daß freie Wahlen die erste Voraussetzung für die Wiedervereinigung bilden und schließlich, daß ein vereinigtes Deutschland politisch, wirtschaftlich und kulturell zum freien Westen gehört, sowie daß die Neutralisierung ein untragbarer Preis für die Wiedervereinigung wäre.

Meinungsverschiedenheiten liegen vor über den einzuschlagenden Weg. Der These des Kanzlers: zunächst Stärkung des Westens durch die EVG und dann Verhandlungen mit den Russen, setzt die Opposition die Auffassung entgegen, die EVG werde die Wiedervereinigung auf lange Zeit hinaus verunmöglichen. Sie lehnt zwar einen deutschen Verteidigungsbeitrag nicht grundzsätzlich ab. Sie will ihn lediglich nicht im Rahmen der EVG leisten und erst, wenn Deutschland seine volle Souveränität wiedergewonnen hat.

Der Kanzler hat es verstanden, diesem Gegensatz in den Augen der Öffentlichkeit die Schärfe zu nehmen. Er befürwortet eine Viererkonferenz, sofern sie auch nur die geringste Aussicht auf Erfolg hat. Daneben will er die EVG vorantreiben. Damit ist dem erhofften Propagandaschlager der Opposition : „EVG oder Wiedervereinigung" die Durchschlagskraft genommen.

Es ist schwierig, eine *Wahlprognose* zu stellen. Die Parteiblätter haben sich bis heute nicht zu einer eingehenden Analyse hergegeben. Die Unbekannten sind zahlreich. Noch sind nicht alle Kandidaten bezeichnet. Wahlabmachungen sind noch im Gange. Viele junge Wähler und Wählerinnen sind zum ersten Mal stimmberechtigt. Wieviel Stimmen wird der zum ersten Mal an einer Bundeswahl teilnehmende Gesamtdeutsche Block (früher BHE = Bund der Heimatvertriebenen und Entrechteten) auf sich vereinigen? Wie wird sich das neue Wahlgesetz, das einer Zersplitterung vorbeugen will, auswirken? Wahrscheinlich wird das Zentrum als Fraktion nicht mehr erscheinen. Ob es den Rechtsparteien und Kommunisten gelingt, eine der zwei Klauseln (5 Prozent der Stimmen oder wenigstens ein Abgeordneter in direkter Wahl) zu erfüllen, ist umstritten.

Der Wahlkampf wird hart, im allgemeinen aber ruhig geführt. Sofern sich nicht wider Erwarten bis zum 6. September ein krisenhaftes Ereignis einstellt, ist kaum mit bedeutenden Gewichtsverschiebungen zu rechnen. Nichts deutet auf ein plötzliches Auftauchen innenpolitisch sensationeller Schwierigkeiten hin. Der von Adenauer erwartete Schachzug des Kremls ist bisher nicht getan worden. Die russische Note vom 5. August ist keinesfalls geeignet, Adenauer bei seinen Anhängern in Mißkredit zu bringen.

Es wäre überraschend, wenn eine Partei allein die Mehrheit der Sitze erringen würde. Ebenso unwahrscheinlich dürfte mindestens unmittelbar nach der Wahl die Bildung einer großen Koalition zwischen den Regierungsparteien und der SPD sein.

Kenner der Lage glauben an Adenauers Sieg. Nach Erhebungen des Instituts für die Erforschung der öffentlichen Meinung, die allerdings kaum die breiten

Massen erreichen, sollen fast 50 Prozent der Befragten sich für eine Fortsetzung der gegenwärtigen Politik ausgesprochen haben. Dem Optimismus des Kanzlers läßt sich die Berechtigung meines Erachtens nicht absprechen.

Sollte es der Koalition nicht gelingen, die Mehrheit zu erhalten, so wäre sie auf die Unterstützung eines heterogenen Zweckverbandes – des Gesamtdeutschen Blocks – angewiesen. Daß dieser mit der SPD eine Mehrheit bilden könnte, ist unwahrscheinlich; mindestens solange man nicht eine entscheidende Zunahme der SPD prophezeien will. Immerhin ist es nicht ausgeschlossen, daß der Gesamtdeutsche Block das Zünglein an der Waage bildet. Er hat sich vorsichtigerweise nicht näher über seine Absichten in diesem Falle ausgesprochen. Seinerzeit trat er für die EVG ein.

Die Folgen eines Regierungswechsels sind nicht übersehbar. Zwar hat die SPD feierlich erklärt, die von der Regierung eingegangenen Verpflichtungen honorieren zu wollen. Da aber wichtige Abmachungen noch nicht unter Dach sind, würde ein wesentlicher Teil des von Adenauer Erreichten über Bord geworfen. Die EVG bekäme vermutlich den letzten Todesstoß. Der Generalvertrag würde hinfällig, die erstrebte Souveränität in die Ferne gerückt und die künftigen Verhältnisse zu den Besetzungsmächten müßten neu geordnet werden. Wären die Alliierten gewillt, wesentliche Änderungen zuzugestehen? Adenauer behauptet, das Maximum erreicht zu haben. Die Zusammenarbeit in den verschiedenen europäischen Gremien und Organisationen würde mindestens vorübergehend gelähmt, sofern die Sozialdemokraten ihre nationalistische Haltung von heute nicht änderten. Eine sozialdemokratische Regierung müßte sich das Vertrauen des Auslandes zuerst verdienen. Der Kreml wäre um einen hartnäckigen Gegner ärmer. Neben diesen außenpolitischen Konsequenzen ergäben sich schwerwiegende Gefahren für die Wirtschaft und die Finanzen. Es wäre dabei mit Rücksicht auf die gegenwärtige gute Lage weniger mit sofortigen, als mit allmählich einsetzenden Störungen zu rechnen. Diese würden selbstverständlich beschleunigt, wenn die Weltwirtschaftslage sich verschlechtern sollte.

II.

Adenauer hat die *Richtlinien* seiner *Außenpolitik* kürzlich folgendermaßen formuliert: „Deutschland ist keine Weltmacht mehr. Es kann nur in der festen Gemeinschaft mit anderen Staaten Sicherheit finden. Kein Vertragssystem könnte ein isoliertes Deutschland schützen. Eine nationale Armee könnte es ebensowenig."

Seine Zurückhaltung, verbunden mit dem unerschütterlichen Willen zur Zusammenarbeit, bilden den Schlüssel für seine Erfolge bei den Alliierten. Er wird in allen Deutschland betreffenden Fragen konsultiert. Sein Einfluß auf die westliche Politik nimmt stetig zu.

Den *Russen* begegnet er mit äußerster Skepsis. Er möchte Beweise des guten Willens im Kreml sehen, beispielsweise die Freilassung der deutschen Kriegs-

gefangenen. Die Vorkommnisse vom 17. Juni und die Maßnahmen der Pan-
kow-Regierung zur Störung der Lebensmittelaktion sind nicht geeignet, seine
Haltung zu beeinflussen. Im Gegenteil! Gerade darum sucht er unermüdlich
nach konstruktiven Lösungen. Er hat Churchills Vorschlag in abgewandelter
Form aufgenommen und wäre bereit, dem Sicherheitsbedürfnis der URSS in
multilateralen Abmachungen Rechnung zu tragen. In einem solchen Sicherheitssystem sieht er nicht eine Alternative, sondern eine Ergänzung seiner
Europapolitik. Konkrete Vorschläge hat er jedoch bisher noch nicht gemacht.
In seiner Umgebung wird an einem wirklichkeitsnahen Plan noch gearbeitet.

Des Kanzlers Sorge ist es, unter allen Umständen Lösungen auf Kosten
Deutschlands zu vermeiden. Dazu bedarf es alliierter Hilfe. Sie wird ihm weitgehend gewährt. In allen wichtigen Fragen besteht zwischen Bonn einerseits
und Washington, London und Paris anderseits Übereinstimmung im Grundsätzlichen.

Die Hauptpunkte des deutsch-alliierten Programms für die *Wiedervereinigung* sind:

Abhaltung freier Wahlen in ganz Deutschland;

Bildung einer freien Regierung für ganz Deutschland;

Abschluß eines mit dieser Regierung frei vereinbarten Friedensvertrags;

Regelung aller noch offenen territorialen Fragen in diesem Friedensvertrag;

die Sicherung der Handlungsfreiheit für ein gesamtdeutsches Parlament und
eine gesamtdeutsche Regierung im Rahmen der Grundsätze und der Ziele
der Vereinten Nationen.

Diese Richtlinien sollen ausschließlich auf friedlichem Wege verwirklicht
werden.

Meinungsverschiedenheiten bestanden über den zweckmäßigen Zeitpunkt
und den äußeren Rahmen entsprechender Verhandlungen mit Moskau. Sie
sind durch die Ereignisse vom 17. Juni in den Hintergrund gedrängt worden.
Alliierte und Deutsche erkannten, daß sie sofort alles in ihren Kräften Stehende
tun müßten, um dem deutschen Volk die Einheit und Freiheit wiederzugeben.

Auf Grund dieser gemeinsamen Erkenntnisse erfolgte der alliierte Vorschlag
an die Russen, auf Viermächtebasis im Herbst 1953 eine Deutschlandkonfe-
renz abzuhalten. Adenauer war an diesem Resultat wesentlich beteiligt.

Die russische Note vom 5. August hat in Bonn nicht überrascht. Der Leiter
der Politischen Abteilung des Auswärtigen Amtes, mit dem ich mich heute
über die Lage unterhielt, unterstrich, daß der russische Versuch, einen Keil
vorzutreiben, völlig gescheitert sei. Die Konferenz von Baden-Baden habe dies
in beachtenswerter Weise zum Ausdruck gebracht. Deren Bedeutung liegt
übrigens in zwei Punkten. Einmal war die Arbeit am europäischen Zusammenschluß durch die Krisen in Paris und Rom sowie wegen der deutschen
Wahlen gehemmt. Die einhellige *Bekräftigung des Europagedankens* soll den
Völkern zeigen, daß neben der Auseinandersetzung mit Rußland die Stärkung
des Westens unbehindert voranzutreiben ist. Außerdem bestätigte sich, daß

die Franzosen Bedenken haben gegen eine Föderation, wie sie den Deutschen vorschwebt. Diese Meinungsverschiedenheit ist noch nicht ausgetragen. Insbesondere ist die Frage nach dem Schicksal der Souveränität der Gliedstaaten in allen ihren Verästelungen noch offen.

Wichtiger als das Konferenzergebnis ist für Adenauer der Besuch Bidaults in Bonn. Beide sind sich bewußt, daß eine europäische Gemeinschaft nur auf der Basis einer *deutsch-französischen Verständigung* möglich ist. Die etwas erkalteten Beziehungen zwischen Bonn und Paris will der Kanzler sofort nach den Wahlen neu beleben und Lösungen der hängigen Fragen, insbesondere der Saarfrage, herbeiführen.

Erstaunt hat in Bonn, daß Bidault sich gegenüber Moskau viel skeptischer erwies als erwartet. Eine Tatsache, die für den Kanzler von großer Tragweite ist. Er beurteilt mit Bidault – und auch mit den vier übrigen Teilnehmern an der Konferenz in Baden-Baden – die russische Note sowie die Rede Malenkows im wesentlichen gleich: Moskau konnte die *Viererkonferenz* nicht ablehnen, verschiebt aber die Voraussetzungen in grundlegender Weise. Es will alle Fragen in einen Topf werfen, Rot-China mitsprechen lassen und hat die deutschen Anliegen keines Wortes gewürdigt. Bidault hält eine Konferenz ohne fest umrissene Traktanden für gefährlich. Ein Fehlschlag würde von der russischen Propaganda ausgewertet. Adenauer teilt diese Befürchtungen. Auch er glaubt, daß dem Kreml an einer baldigen Aussprache nichts liegt und daß die russische Note ein Ausweichmanöver ist. Sie hat indessen das französisch-deutsche Einvernehmen nicht getrübt. Die Warnung der Franzosen vor dem deutschen Chauvinismus hat bei Bidault nicht verfangen.

Das deutsche Gespräch mit den anderen Alliierten ist noch nicht über erste Fühlungnahmen hinausgekommen. Bonn teilt die pessimistische Auffassung der hiesigen Vertreter von Washington und London. Im Auswärtigen Amt hält man es nicht für wahrscheinlich, daß die alliierte Antwort noch vor dem 6. September erfolgt.

In seinen bisherigen kritischen Äußerungen gegenüber der Öffentlichkeit hat sich der Kanzler auf das deutsche Problem beschränkt. Für ihn hat China jedenfalls darüber nicht mitzusprechen. Eine erste Prüfung des Textes zeige, daß folgende Fragen ungeklärt geblieben seien:

1. Ist die Sowjetunion bereit, freie Wahlen abzuhalten und dieses wichtigste deutsche Anliegen zu erörtern?
2. Geht die Sowjetunion von ihrer bisherigen These, daß der Friedensvertrag nur unter den Vier Mächten ausgehandelt und Deutschland auferlegt werden soll, ab oder nicht?
3. Ist die Sowjetunion bereit, einer gesamtdeutschen Regierung außen- und innenpolitische Handlungsfreiheit zu garantieren?
4. Wird die Sowjetunion bereit sein, die Sicherheit Europas und damit auch Deutschlands zu gewährleisten?

Diese Fragen und ihre Weiterverfolgung werden die Deutschen in den Mittelpunkt ihrer kommenden Besprechungen mit den Alliierten stellen.

Das *EVG-Programm* ist im Rahmen der deutsch-alliierten Besprechungen an zweite oder dritte Stelle gerückt. Es wird überschattet vom Plan einer Viererkonferenz.

Die Krisen in Italien und Frankreich wirken retardierend. Bidault will – so hat er Adenauer erklärt – ebenfalls an der EVG festhalten, muß jedoch den günstigsten Zeitpunkt abwarten, um die Zustimmung des Parlaments einzuholen. Ähnlich liegen die Dinge in Rom. Der Kanzler hat denn auch im Augenblick keine neue Initiative ergriffen, um die Inkraftsetzung zu beschleunigen. Im Auswärtigen Amt ist man trotz aller Schwierigkeiten überzeugt, daß sich der EVG-Vertrag als lebensfähig erweisen wird.

19. August 1953

58 *Die russische Note vom 15. August 1953:* Die Reaktion von Regierung und Opposition auf die russische Note an die Alliierten vom 15. August d. J. macht eine Ergänzung meines Berichtes vom 11. August über innen- und außenpolitische Probleme der Bundesrepublik nötig.

In Bonn herrscht nun der Eindruck vor, der Kreml wäre zu einer Konferenz über das Deutschlandproblem bereit. Der Fortschritt sei aber illusorisch, da die wesentlichen Voraussetzungen für ein Vierer-Treffen sich nicht gebessert hätten.

Der Kanzler erklärte, die russische Stellungnahme ziele auf eine Neutralisierung Deutschlands ab. Sie wolle der EVG ein Ende setzen. Die Konzeption Moskaus würde den Vereinigten Staaten die Grundlage ihrer Europapolitik entziehen. Die vorgeschlagene Lösung akzeptieren, hieße für die Bundesrepublik Selbstmord begehen. Die entscheidenden Punkte seien unannehmbar. Insbesondere könne die Bonner Regierung nicht daran denken, mit den Ministern in Pankow eine gemeinsame provisorische Regierung zu bilden. Das Kabinett billigte gestern die Auffassung Adenauers. Dieser vertrat gegenüber der Presse mit Entschiedenheit die These, es müsse nun erst recht so bald wie möglich eine Viererkonferenz abgehalten werden. Die Aussichten für eine Verständigung seien zwar äußerst gering. Doch nur so könne Klarheit über die russischen Absichten geschaffen werden.

Die „Frankfurter Allgemeine" bemerkte dazu, solche Überlegungen seien dem Kanzler früher fremd gewesen. „Vermutlich ist dieser bereits seit Wochen zu beobachtende, in den letzten 24 Stunden aber besonders ausgeprägte Meinungsumschwung in der Haltung des Kanzlers vor allem darauf zurückzuführen, daß er heute davon überzeugt ist, bei einer solchen Konferenz würden die russischen Pläne vollkommen scheitern."

Möglicherweise spielen auch wahltaktische Erwägungen eine gewisse Rolle. So wie die Dinge liegen, vermag die Note, in der allgemein der von Adenauer vor den Wahlen erwartete russische Schachzug gesehen wird, die Wahlsituation nicht nachhaltig zu beeinflussen. Darüber sind sich Politiker und Diplomaten einig. Die erste Kremlnote fand so viel Ablehnung, daß die zweite mit ihren zum Teil abweichenden Formulierungen keine Durchschlagskraft mehr hat. Diese verbreitete Auffassung teilt man beispielsweise auch in der Umgebung des Bundespräsidenten.

Die SPD ist mit dem Kanzler darüber völlig einig, daß der Vorschlag auf Bildung einer vorläufigen gesamtdeutschen Regierung abzulehnen ist. Die Opposition hält mit dem Kanzler an der Forderung fest: zuerst freie Wahlen und dann Bildung einer Gesamtregierung. Obschon die Russen sich damit nicht einverstanden erklärt haben, glaubt Ollenhauer, Viermächte-Verhandlungen könnten zu einer Lösung der deutschen Frage führen. Eine Fortsetzung des Notenwechsels hält er indessen für zwecklos.

Die offiziellen Verlautbarungen der beiden Seiten zeigen in allen wesentlichen Punkten Übereinstimmung in der Ablehnung der russischen Politik. Es bestehen auch keine Unterschiede in bezug auf die Wünschbarkeit baldiger Besprechungen. Nuancen hinsichtlich der Erfolgsaussichten und des „wahren" Willens der Machthaber in Moskau sind dagegen unverkennbar, vielleicht aber zum Teil innenpolitisch bedingt.

Es scheint demnach, der russische Schritt habe indirekt zu einer Annäherung der außenpolitischen Standpunkte des Kanzlers und des Führers der Opposition beigetragen.

Die Meinungen von Regierung und Opposition gehen nach wie vor auseinander im Streit um Klein-Europa oder Groß-Europa. Ein Teilprogramm in diesem Komplex bildet die Frage: EVG oder Wiederbewaffnung im Rahmen der NATO, wie sie der Opposition vorschwebt.

Die in Erscheinung tretende Annäherung in der Wiedervereinigungsfrage darf nicht zur Annahme verleiten, die Außenpolitik stehe nicht mehr im Mittelpunkt des Wahlkampfes oder die innenpolitischen Gegensätze würden nun plötzlich gemildert. Für derartige Abschwächungen der Spannungen fehlt es an Anzeichen. Ollenhauer verkündigte noch dieser Tage, die SPD werde unter keinen Bedingungen mit Adenauer zusammenarbeiten.

5. September 1953

Alliierte Antwort auf die sowjetischen Deutschland-Noten: Ich unterhielt mich **59** über diese Note gestern mit dem ersten Chefbeamten des Auswärtigen Amtes und resümiere im wesentlichen seine Ausführungen:

Die kurze und klare Note der Westmächte, welche die Antwort bildet auf die sowjetischen Deutschland-Noten vom 4. und 15. August, findet in Bonn einmütige Zustimmung: Nicht nur bei Regierung und Koalition, sondern auch bei der Presse, ja sogar bei der Opposition! Besondere Genugtuung löste die Ablehnung der vom Kreml vorgeschlagenen provisorischen gesamtdeutschen

Regierung aus; eine nicht auf freien Wahlen beruhende Regierung ist nicht qualifiziert, lebenswichtige Entscheidungen über die Zukunft Deutschlands zu treffen.

Der Text kam unter ausgiebiger Konsultation Bonns zustande. Wie mir mein Interlokutor diskret anvertraute, führte diese Konsultation unter anderem zu einer bedeutsamen Änderung; ursprünglich wurde das Konferenzthema umschrieben: Freie Wahlen „and other aspects of the German problem". Gegen die letztere Wendung erhob Adenauer Bedenken, denn nach seiner Auffassung sollte sich die Viererkonferenz auf keine Erörterung, auch nicht eine Vorerörterung, des Friedensvertrags einlassen. Diesem Wunsche wurde Rechnung getragen, und die Formel „other aspects" gestrichen und ersetzt durch „Erörterung des Status der künftigen deutschen Regierung". Diese Textänderung könnte, falls die Konferenz stattfindet, noch bedeutsam nachwirken. Was die Frage des Status der künftigen deutschen Regierung anbelangt, so bleiben Ziel und These des Westens: dem künftigen Deutschland wirkliche Souveränität zu geben; Attribut dieser Souveränität ist aber die Freiheit, Verbindungen mit anderen Staaten einzugehen.

Die Note lehnt die Erörterung „komplizierter Fragen" ab. Damit ist gemeint die von den Sowjets vorgeschlagene Diskussion der Teilnahme Chinas, der Abrüstungsfrage sowie des Verbots von Stützpunkten; eine solche Umschreibung des Verhandlungsthemas würde nur zu uferlosen Diskussionen führen. Nach Vorschlag der Westmächte soll das Deutschland-Problem Hauptfrage der Konferenz sein.

Die Westmächte sind entschlossen, an dem Postulat freier Wahlen festzuhalten. Dies ist für sie eine Schlüsselfrage. Abgesehen davon kann von diesem Punkt auch deshalb nicht abgegangen werden, weil nach den Ereignissen des 17. Juni in Berlin die Bevölkerung der Sowjetzone Anspruch auf eine solche Wahl hat. Dagegen kam man dem russischen Begehren in einem anderen Punkte entgegen: die Forderung einer internationalen Untersuchungskommission zur Feststellung der Vorbedingung freier Wahlen wird nicht mehr zur conditio sine qua non gemacht. Diese Konzession glaubt man machen zu dürfen, weil man nach den Ereignissen des 17. Juni nicht mehr fürchtet, daß die Ostzonenbevölkerung sich eine Wahlverfälschung gefallen lasse. Nach Meinung meines Interlokutors ist die Stimmung der dortigen Bevölkerung keineswegs entmutigt. Mehr denn je „koche die Volksseele". Wie man nachträglich erfuhr, sei es am 17. Juni an verschiedenen Orten zu unerhört blutigen Ausschreitungen gegenüber Organen der Deutschen Demokratischen Republik gekommen: Funktionäre der Sozialistischen Einheitspartei seien ertränkt, andere buchstäblich vom Volk zerrissen worden.

Ein weiteres Entgegenkommen der Alliierten ist, daß man sich bereit erklärte, gleichzeitig mit der Frage der freien Wahlen auch den künftigen Status der deutschen Regierung zu erörtern. Da dies ein Hauptanliegen der Sowjets ist, verbleiben ihnen wenig Gründe zur Ablehnung. Trotzdem ist man keineswegs sicher, ob der Kreml die Einladung akzeptiert. Möglicherweise wird Moskau einwenden, daß man seinen Friedensvertragsvorschlag noch nicht erörtern will. Noch offener beurteilt man die Frage nach den Aussichten der Konferenz. Die russischen Noten vom 4. und 15. August bestärkten hier noch mehr den Eindruck, daß sich in der sowjetischen Politik seit Stalins Tod grundsätzlich kaum etwas geändert habe. Nach anfänglichem Tasten scheint man im Kreml zum Standpunkt zurückzukehren, den festen Griff auf die Satellitenstaaten und die Ostzone nicht aufzugeben. Bonn befürchtet, daß die Sowjets nicht ernstlich an eine Wiedervereinigung Deutschlands denken, vielmehr den Status quo beibehalten wollen und mit dem Notenwechsel lediglich das Odium des Nein-sagens vermeiden wollen. Infolgedessen ist mein Interlokutor wegen des künftigen Schicksals der Ostzone ausgesprochen pessimistisch. Dazu bereitet ihm noch besondere Sorgen die wachsende Wut der Ostzonenbevölkerung, da sie zu Explosion führen könnte.

Falls es zu der geplanten Konferenz von Lugano kommt, so befürchtet mein Interlokutor, ihr Verlauf könnte eine Wiederholung derjenigen im Palais Rose vom Jahre 1951 sein.

14. November 1953

Saarfrage: Die Besprechungen zwischen dem Bundeskanzler und Botschafter **60** François-Poncet, die die Saarverhandlungen Adenauers mit Außenminister Bidault vorbereiten sollen, nehmen ihren Fortgang. Über ihren Inhalt wurden – begreiflicherweise – keine offiziellen Mitteilungen herausgegeben. Gerüchte, wonach zahlreiche Schwierigkeiten aufgetaucht seien, wurden bezeichnenderweise von Bonn nicht dementiert.

Ich hatte Gelegenheit, mich mit dem Staatssekretär des Auswärtigen, Professor Hallstein, über diese Gespräche zu unterhalten. Mit Rücksicht auf das allgemeine geübte Stillschweigen war auch er zurückhaltend, doch entnahm ich folgendes seinen Äußerungen:

Der Bundeskanzler hat in François-Poncet einen verständnisvollen Gesprächspartner. Beide gehen davon aus, daß die Saarfrage gelöst werden sollte, weil damit der Hauptdifferenzpunkt zwischen den beiden Nationen aus der Welt geschafft werden könnte. Mein Gesprächspartner bestätigte, daß die Besprechungen sich noch in sehr schwieriger Phase befinden. Wohl treffe man sich in dem Gedanken der Europäisierung der Saar, insbesondere sei Adenauer – trotz der starken Widerstände bei der Opposition, aber auch in seiner Koalition – zu dieser Konzession bereit.

Auch in einem anderen Punkt komme man sich näher: Die Europäisierung solle durch eine Volksabstimmung und nicht – wie es die deutsche Seite möchte – durch einen Beschluß des saarländischen Landtags ratifiziert werden. Die Hauptschwierigkeiten liegen aber auf der wirtschaftlichen Seite. Frankreich möchte die wirtschaftlichen Vorrechte und Privilegien des augenblicklichen

Status quo möglichst beibehalten. Deshalb die Eile, mit der die französische Nationalversammlung die französisch-saarländischen Wirtschaftskonventionen ratifizierte. Diese Tatsache brachte eine Versteifung in materieller wie in psychologischer Hinsicht.

Was den vom Holländer Goes van der Naters[117] ausgearbeiteten Saarplan anbetrifft, so können sich eigentlich beide Teile – Frankreich und Deutschland – nicht sehr dafür erwärmen. Mein Interlocutor insistierte, daß, wenn man die Lösung der Saarfrage auf der Europäisierung aufbaue, dieser Grundsatz eine echte Ausgestaltung erfahren müsse. Mit anderen Worten: Die Europäisierung müßte sich auch auf die wirtschaftlichen Fragen erstrecken. Das gegenwärtig bestehende Wirtschaftsmonopol Frankreichs wäre damit nicht vereinbar. Die Bundesrepublik müßte eine paritätische Stellung mit Frankreich bekommen. Alles andere wäre eine „unechte Europäisierung". Botschafter Grandval würde „bloß ein europäisches Mützchen aufgesetzt". Mit einer solchen Lösung könnte sich der Kanzler nicht dem deutschen Parlament präsentieren.

Ob es Adenauer und François-Poncet in ihren weiteren Gesprächen gelingen werde, die bestehenden Schwierigkeiten auszuräumen und eine gemeinsame Basis zu finden, ist noch eine offene Frage. Gelingt dies nicht, so dürfte es kaum zum Saargespräch mit Bidault kommen.

---

[117] Goes van Naters, Marius van der (geb. 1900), niederländischer Delegierter im Europarat, seit 1952 Berichterstatter des Europarates für die Saarfrage.

1954

9. Januar 1954

Die Bundesrepublik an der Jahreswende 1953/54: Westdeutschlands Konsoli- **61**
dierung machte 1953 auf allen Gebieten bedeutsame Fortschritte. Es gab keine
Belastungsproben in der Art der Zahlungsbilanzkrise von 1951 oder der heftigen Verfassungs- und Parteikämpfe um den Wehrbeitrag. Die Neuwahlen
brachten vielmehr der bisherigen Außen-, Innen- und Wirtschaftspolitik eine
plebiszitäre Bestätigung. Das Land, seit vier Jahren ohne Regierungskrise,
kann einer weiteren Ära der Kontinuität entgegensehen. Der schwache Punkt
ist, daß alles zu stark auf den Kanzler abgestellt ist. Obwohl die Frische und
Arbeitskraft des 78jährigen ans Naturwunder grenzen, lastet doch das Problem seiner allfälligen Nachfolge als Hypothek auf der Zukunft.

Die Aufwärtsentwicklung der Bundesrepublik bewirkte eine beachtliche
Hebung ihres internationalen Ansehens. Fast alle Staaten diesseits des eisernen
Vorhangs stehen mit ihr in diplomatischen Beziehungen. Insbesondere arron-
dierten sich die Verhältnisse zu Südamerika, Afrika und Asien. Nach Abschluß des Wiedergutmachungsvertrags kam es sogar mit Israel zur Anbahnung von Beziehungen und trotz der Verstimmung, die darüber bei den arabi-
schen Staaten entstand, konnten schließlich mit fast allen reguläre Beziehungen
aufgenommen werden.

Parallel mit dieser universellen Anerkennung der Bundesrepublik ging ihre
Behandlung als gleichberechtigte Macht. Schon längst unternehmen die westlichen Großmächte in Fragen, die deutsche Interessen tangieren, keinen Schritt,
ohne Adenauer zu konsultieren und – meistens – nicht ohne seinen Rat zu be-
folgen. Virtuell gehört Adenauer bereits zum Konzert der Mächte. Zu dieser
Geltung steht im Gegensatz, daß die im „Generalvertrag" vom 26. Mai 1952
vorgesehene Wiederherstellung der deutschen Souveränität noch nicht Rech-
tens wurde, weil in Frankreich die Ratifizierung des Vertrags über die Europäische Verteidigungsgemeinschaft stagniert. Diese Diskrepanz zwischen der de
jure und der de facto Lage wird von den Staaten, die reguläre Beziehungen unterhalten, mehr und mehr als Anomalie empfunden. Vor allem könnte dies im
deutschen Volk Unzufriedenheiten entfachen, auf die Adenauer mit Recht aufmerksam macht.

Außer dieser – nur halbgelösten – Frage blieben noch zwei außenpolitische
Hauptpunkte ungelöst: Die Wiedervereinigung und die Sicherung des Landes

durch das Bündnis mit dem Westen. Was Letzteres anbelangt, wurden deutscherseits die Vorbedingungen erfüllt: Der EVG-Vertrag ist von beiden Kammern ratifiziert. Die Frage ist nur noch wegen des französischen Widerstands in Schwebe.

So sehr die Europäische Verteidigungsgemeinschaft totgesagt wird, Adenauer hält an ihr unentwegt fest. Von den vielen Gründen, die ihn bewegen, sind drei entscheidend:
a) Die Rücksicht auf die Sicherheit; Deutschland liegt nicht nur auf der Scheidelinie zwischen West und Ost, sondern auf einem der hauptsächlichsten strategischen Durchmarschwege. Bei dieser prekären militär-geographischen Lage wird die Neutralisierung, also der Verzicht auf das westliche Bündnis, für zu gefährlich gehalten. Eine unzulänglich bewaffnete Neutralität (mehr würden die Sowjets nicht konzedieren) und erst recht eine unbewaffnete Neutralität würde ein bedenkliches Vakuum schaffen; Deutschland liefe Gefahr, das Schicksal Prags zu erleiden. b) Adenauer hält an der Europäischen Verteidigungsgemeinschaft fest, weil er keine andere Alternative zu ihr sieht. Weder der Beitritt zur NATO, noch ein deutsch-amerikanisches tête à tête könnten die Europäische Verteidigungsgemeinschaft ersetzen, weil ohne Frankreich – ohne seine Häfen, Bahnen, Straßen und seine aktive Mitwirkung eine westliche Armee in Deutschland einfach in der Luft hängen würde. c) Adenauers dritter Beweggrund ist innenpolitischer Natur: Er hegt Mißtrauen in die deutsche Generalität; von deutschen Divisionen, als Kontingent in die Europaarmee eingebaut, ohne eigenen Generalstab und Infrastruktur, hofft er, daß sie keinen verhängnisvollen Einfluß auf die Außenpolitik gewinnen könnten.

Noch entfernter von der Verwirklichung ist die Frage der Wiedervereinigung Deutschlands - trotz der bevorstehenden Berliner Konferenz! Was die hiesige Öffentlichkeit von ihr erwartet, ist nicht viel mehr als ein Hoffnungsschimmer! In amtlichen Kreisen herrscht Sorge, ja Unbehagen! Man warnt vor Optimismus, um einer gefährlichen Enttäuschung in der deutschen Bevölkerung vorzubeugen. Man glaubt an keinen Gesinnungswandel der Sowjets; bei scheinbarer Bereitschaft zu Gesprächen über die Wiedervereinigung Deutschlands denkt der Kreml nicht ernsthaft an eine Herausgabe der Ostzone. Hauptziel der Russen bleibt die Verhinderung der Europäischen Verteidigungsgemeinschaft! Wohl werden sie viel von Wiedervereinigung sprechen, aber dafür untragbare Bedingungen aufstellen: 1. Neutralisierung; 2. Demilitarisierung (totale oder quasi totale); 3. Anerkennung der Oder-Neiße-Linie; 4. Ablehnung des Kernstücks des westlichen Wiedervereinigungsprogramms: „zuerst freie Wahlen, dann erst Bildung gesamtdeutscher Regierung". Kaum eine dieser Bedingungen ließe sich im deutschen Parlament durchsetzen. Das Fatale ist, daß der Westen für die Wiedervereinigung vorläufig keine anderen Gegenleistungen den Sowjets anzubieten hat. Die Zeitungen sprechen viel von einem Sicherheitspakt als Preis, doch dürfte dieser den Sowjets kaum genügen. Übrigens ist Bonn in diesem Punkt merkwürdig einsilbig. Man verweist, daß eine in die Europäische Verteidigungsgemeinschaft eingebaute deutsche Armee den Sowjets Sicherheit vor deutscher Aggression biete. Die weiteren Varianten (Locarnopakt und sogenannter van Zeeland-Plan) begegnen in Bonn großen Vorbehalten.

Prognosen über den Konferenzverlauf will man hier nicht stellen. Sie wären bloße Kombinationen, umso mehr als mit Sicherheit russische Schachzüge zu erwarten seien, die auf Verwirrung und Spaltung der deutschen und französischen Meinung ausgehen. Man glaubt, die Sowjets werden die Konferenz in die Länge ziehen wollen, weil, solange in Berlin debattiert wird, in Paris kein Schritt zur Verwirklichung der Europäischen Verteidigungsgemeinschaft – der bête noire der Russen – unternommen wird. Mit einem völligen Scheitern der Viererkonferenz wird nicht gerechnet. Die Russen könnten sich eventuell zu Teilkonzessionen – Lockerungen im Waren-und Personenverkehr -bequemen, um nicht durch ein Scheitern der Viererkonferenz die für sie wichtige Fünferkonferenz zu kompromittieren.

Die in den vergangenen Jahren realisierte innenpolitische Konsolidierung manifestierte sich deutlich in der Bundestagswahl. Der in absoluter Freiheit verlaufene Wahlakt brachte den Regierungsparteien 60 Prozent der Stimmen! Durch Aufnahme der Flüchtlingspartei (BHE) in die Regierung und Neuwahlen in Hamburg erreichte Adenauer die für Verfassungsänderungen erforderliche Zweidrittelmehrheit im Bundestag und Bundesrat! Diese Mehrheitsverhältnisse versprechen nicht nur eine Kontinuität des Regierens, sondern eine weitere politisch-moralische Konsolidierung, denn die Wahl ist eine deutliche Absage an die antidemokratischen Kräfte. Der Zusammenbruch der Extremisten von rechts wie von links – es verblieben ihnen je 2 Prozent der Stimmen – ist das Erfreulichste an der Wahl.

Der Erfolg birgt aber auch Gefahren. Die Geringste ist, daß Adenauer mit dieser Mehrheit im Parlament frei schalten und walten würde. Daß die Bäume nicht in den Himmel wachsen, dafür sorgt die Zweidrittel der Wählerschaft umfassende Koalition, die noch uneinheitlicher ist, als sie es schon war. Der innere Zusammenhalt ist schwächer geworden. Die innenpolitischen Spannungen sind nicht beseitigt, sie haben sich bloß verlagert: Während sie bisher auf der äußeren Front mit anderen Parteien ausgetragen wurden, findet das jetzt innerhalb der Regierungsparteien statt. Dies gilt besonders für die Christlich Demokratische Union, welche allein mehr als die Hälfte der Stimmen errang. In diesem Mammutgebilde liegen auch die Keime künftigen Zerfalls. Und noch eine Gefahr ist gewachsen: Nicht jedem ist es gegeben, ein so schwieriges Roß wie diese heterogene Koalition zu regieren. Das Problem der Nachfolge Adenauers stellt sich für die Zukunft noch schwieriger.

Mit dem Aufgehen rechtsgerichteter Splitter in den Regierungsparteien hat sich ein Rutsch nach rechts vollzogen. Doch ist dies keine Gefahr. Sollte die gegenwärtige Koalition auseinanderfallen, so wäre deswegen die Demokratie nicht in Gefahr, da dann die Sozialdemokratische Partei zur Regierung käme und diese ist gut demokratisch. Dadurch unterscheidet sich die Bundesrepublik vorteilhaft von anderen europäischen Staaten, daß der Regierung eine demokratische Opposition gegenübersteht, so daß eine Regierungskrise nicht gleich eine Krise der Demokratie herauf beschwört.

Das Jahr brachte eine ganze Reihe von Gesetzen und Staatsverträgen, welche die Konsolidierung fördern. Dies gilt von der sogenannten „Kleinen Steuerreform" und ihren beachtlichen Steuersenkungen; sie soll 1954 durch die Große Steuerreform erweitert werden. Mit dem 1953 angelaufenen Lastenausgleichsgesetz und dem Bundesvertriebenengesetz wird die Eingliederung der Flüchtlinge wirksam gefördert und diesem Problem viel von seiner Schärfe genommen. Von großer Tragweite für die Wiederherstellung des internationalen Kredits ist das Londoner Schuldenabkommen, durch das Verzinsung und Rückzahlung von rund 2/3 der deutschen Auslandsschulden geregelt werden. Dem gleichen Ziel dient der Wiedergutmachungsvertrag mit Israel.

Die Wirtschaft stand wiederum im Zeichen großer Prosperität. Der befürchtete Rückschlag trat nicht ein. Vielmehr vermochten sich Produktion und Absatz noch über den Stand des Vorjahres zu erheben und weisen neue Höchstzahlen auf. Allerdings ist mit einem weiteren Aufsteigen kaum zu rechnen. Die Exporte sind mit 18 Milliarden um 8 Prozent höher als im Vorjahr und ergeben einen Überschuß von 2,3 Milliarden gegenüber 700 Millionen in 1952. Diese sprunghafte Entwicklung sichert einerseits die Verwirklichung der übernommenen Finanzverpflichtungen und stellt weitere Lockerungen in Aussicht, anderseits wird – ähnlich wie bei uns – das Problem der Überschüsse in der EPU zu einer Hauptsorge. Die Zahl der Beschäftigten stieg auf 16 Millionen, die der Arbeitslosen sank im Oktober auf 900000. Bei einer Bevölkerung von 49 Millionen bedeutet das praktisch Vollbeschäftigung. Ebenso wichtig ist, daß der Arbeitsfriede während des ganzen Jahres gewahrt blieb. Es waren keine Streiks von Belang zu verzeichnen.

Sehr bemerkenswert ist die Konsolidierung der Währung. Dank einem ausgeglichenen Staatsbudget, einer soliden Währungsreserve von 1685 Millionen Dollars (die dem Einfuhrwert von 4 1/2 Monaten entspricht) und den Überschüssen der Handelsbilanz wurde die Deutsche Mark zu einer der härtesten Währungen in Europa.

Das rasche Tempo der Aufwärtsentwicklung in Deutschland, besonders nach dem Tiefstand von 1945/46, hat das Selbstbewußtsein des Volkes enorm, bisweilen ungesund, gesteigert. Es ist unvermeidlich, daß diese psychische Situation auf die politischen Tagesfragen ausstrahlt und nicht immer glücklich! Die Regierung Adenauer verstand, auf diese Kräfte mäßigend einzuwirken. Falls ihr vergönnt ist, die neue Legislatur zu Ende zu führen, so wäre nach einer achtjährigen Periode der Kontinuität und der wirtschaftlichen Stabilisierung für die moralische Konsolidierung des deutschen Volkes viel gewonnen. Es hätte zumindest wieder einigermaßen festen Boden unter den Füßen.

22.*Februar 1954*

Bilanz der Berliner Konferenz[118]*:* Dieser Bericht fußt zur Hauptsache auf Dar- **62** stellungen, wie sie mir von dem nach Berlin delegierten deutschen Botschafter Blankenhorn und vom italienischen Botschafter, der sich lange mit Bidault unterhalten hatte, anvertraut wurden.

Die Berliner Konferenz, obwohl zur Lösung der Deutschland- und Österreich-Frage einberufen, vermochte von diesen beiden Zielen gar nichts zu erreichen. Es bleibt beim Status quo des besetzten und geteilten Deutschlands und Österreichs. Es fand nicht einmal eine Annäherung der Standpunkte statt. Selbstverständlich hat diese völlige Ergebnislosigkeit im Punkte Wiedervereinigung in Bonn sehr enttäuscht. Doch ergibt sich daraus für die Regierung Adenauer kein politischer Rückschlag, weil die Öffentlichkeit von der Konferenz sozusagen nichts erwartet hatte. Sie schiebt – von den Sozialisten abgesehen – das Odium des Scheiterns auf die Russen. Das Verhältnis zu den Westmächten hat nicht gelitten, im Gegenteil. Bei Volk und Regierung dominiert die Auffassung, daß Dulles, Eden und Bidault alle Möglichkeiten ausgeschöpft hätten. Adenauer bescheinigte das, als er ihnen den Dank aussprach „für die ebenso umsichtige wie energische und unzweideutige Haltung, mit der sie um die Wiederherstellung der deutschen Einheit gerungen haben". Bonns Sorge sind die Deutschen in der Sowjetzone, die nun einer weiteren psychologischen Belastungsprobe ausgesetzt werden: Wird der eiserne Vorhang, der in den letzten Monaten ein wenig hochgezogen war, sich wieder senken? Man glaubt nicht, daß es bereits nächstens dazu kommt.

Trotz des Fehlschlags in der deutschen Frage beurteilt man die Konferenz hier nicht rein negativ. Als Aktivum wertet man zunächst, daß die Westmächte sich geschlossen für die Wiedervereinigung einsetzten und diese Solidarität bis zum Schluß blieb. Als Positivum wird registriert, daß es zu keinem offenen Bruch zwischen Ost und West kam und daß die Spannung sich nicht erhöhte. Die Partner blieben on speaking terms. Die Fäden laufen weiter. Am 26.April tritt in Genf die auf Korea und Indochina beschränkte Asienkonferenz zusammen. Möglicherweise wird sie nicht die letzte Konferenz sein.

Die Konferenz schaffte vor allem über eine Reihe von sowjetischen Absichten Klarheit: Was die *Tendenz der russischen Politik* anbelangt, so glaubt man, daß den Sowjets an einem besseren internationalen Klima gelegen sei; auch Bidaults Eindruck ist, Molotow wünsche mit den Westmächten in Kontakt zu bleiben. Davon abgesehen kann aber von einer grundlegenden Wandlung der sowjetischen Außenpolitik seit Stalins Tod nicht die Rede sein. Nach Meinung meiner Interlocutoren standen in der Berliner Konferenz für die Russen zwei

---

[118] Die Außenministerkonferenz der Vier Mächte über Deutschland in Berlin fand vom 25.1.–18.2.1954 statt, beschlossen wurde lediglich, eine weitere Konferenz in Genf zum Korea- und Indochina-Problem abzuhalten.

Hauptziele im Vordergund: die Chinafrage und die Erhaltung des Status quo in Europa.

1.Status quo: Die Konferenz zeigte, daß die Sowjets eine Wiedervereinigung Deutschlands unter keinen Umständen wollen. Laut Bidault gewannen alle drei Außenminister den Eindruck, daß Molotow vom Kreml strikteste Instruktionen mitbekommen hatte, am politischen und militärischen Status quo Deutschlands und Österreichs keinerlei Änderungen zuzulassen.

Ihre Unnachgiebigkeit ist nicht eine Frage der Erzielung eines höheren „Kaufpreises". Auch wenn man den Sowjets für die Rückgabe der Ostzone mehr geboten hätte, wären sie nicht darauf eingegangen. Ihre Unnachgiebigkeit hat ihren Grund in der Furcht, solche Konzessionen könnten in ihrem Satellitenreich zu viel ins Rutschen bringen. Man gibt sich in Bonn Rechenschaft, daß, nachdem der direkte Versuch zur Wiedervereinigung Deutschlands gescheitert ist, diese Frage wahrscheinlich für Jahre zurückgestellt bleibt, so daß ein Fortschritt in der deutschen Frage erst von einer allgemeinen Entspannung zwischen West und Ost zu erwarten ist. Da die geplante Asienkonferenz sowie der Meinungsaustauch über Abrüstung eine Entspannung einleiten könnten, werden sie hier begrüßt.

2. China: Molotows Hauptinteresse galt ganz offensichtlich der chinesischen Frage. Angeblich soll das Verhältnis Peking – Moskau derzeit nicht das beste sein. Peking sei unzufrieden, weil die russischen Lieferungen nicht, wie versprochen, erfolgen. Daher ein verstärktes Bemühen des Kremls um China.

Für die bevorstehende Asienkonferenz sind – laut Bidault – keine Voraussagen möglich. Die überaus heiklen Traktanden – Korea und Indochina – machen die Konferenz zu einem Sprung ins Dunkle. Ob es zu weiteren Konferenzen kommt, läßt sich heute noch nicht sagen, noch weniger, ob sich daraus für die Wiedervereinigung Deutschlands Chancen ergeben. Es ist im Laufe der Berliner Konferenz nie zur Erörterung von Konzessionen und Gegenleistungen auf globaler Ebene gekommen.

3. Europäische Verteidigungsgemeinschaft (EVG): Die Konferenz verstärkte in Bonn den Eindruck, daß die EVG nicht mehr, wie einst, der Komplex des Kremls sei; man glaubt, Molotow sei auf dem Wege, sich mit ihr abzufinden und zwar selbst im Falle des Beitritts der Bundesrepublik zur EVG. Auch Bidault glaubt nicht an eine internationale Krise, falls der Vertrag über die Europaarmee in Kraft treten würde. Selbstverständlich bekämpft der Kreml nach wie vor ihr Zustandekommen, doch ist für seine wirkliche Einschätzung der EVG folgendes bezeichnend: Es lag in Molotows Händen, die Europaarmee durch den Vorschlag: „Freie Wahlen gegen Verzicht auf EVG" zu torpedieren. Der Vorschlag hätte die Gemüter in Deutschland tief gespalten. Daß er auf dieses Manöver verzichtete, zeigt, daß er in der EVG keine vitale Gefahr für Rußland sieht. Aus dieser Situation zieht Adenauer die Folgerung, daß der bisherige Kurs der Anlehnung an den Westen und der Integrationspolitik noch konsequenter fortgeführt werden müsse.

Ich registriere noch eine in Bonn unterstrichene Interpretation der Berliner Konferenz; diese hätte gezeigt, daß Molotows letzte Absichten über den Status quo hinausgehen und auf eine russische Expansion über ganz Europa abzielen. Dies sei der Sinn von Molotows immer wieder vorgetragenen Vorschlägen auf Abzug der amerikanischen Truppen aus Europa.

Mein deutscher Interlocutor betonte wiederum, wie sehr durch das feste Auftreten Bidaults Frankreich seine Großmachtstellung neu befestigt hätte. Bidault war die große Überraschung für alle: für Dulles und Eden eine freudige, für Molotow eine Enttäuschung. Das Zusammenspiel der drei Westmächte in der Konferenz war von einer vorbildlichen Geschicklichkeit.

9. April 1954

Saar: Die Hoffnung Bonns, Adenauers Rückkehr werde den toten Punkt der **63** Saarverhandlungen überwinden, hat sich nicht erfüllt. Seine Begegnung mit Bidault mußte immer weiter hinausgeschoben werden. Naters van der Goes war in Bonn und brachte von Paris neue Formulierungen mit, die aber für Bonn – was auch Naters einsah – einfach untragbar wären. Hallstein fuhr zu Maurice Schumann[119] ohne Hoffnung und kam ohne Fortschritte zurück.

Mein Gesprächspartner, Botschafter X., bezeichnete die Lage – zum ersten Mal – als düster. Ganz unumwunden fügte er sogar bei: wenn wegen gescheiterter Saarverhandlungen Paris die Europäische Verteidigungsgemeinschaft (EVG) ablehnt, so droht ein Zusammenbruch der von Adenauer jahrelang betriebenen Integrationspolitik – also des Hauptstücks seiner Außenpolitik.

Drei Hauptschwierigkeiten bestehen: Immer noch in erster Linie das Wirtschaftsproblem, da Frankreich nach wie vor auf der Wirtschaftsunion mit der Saar beharrt, während die Deutschen den stufenweisen Um- und Abbau der Wirtschaftsunion zum marché commun der Montan-Union-Staaten wollen. Aber auch politische Fragen sind noch umstritten: Die Stellung des Hohen Kommissars der Saar: Frankreich möchte, daß er in allen internationalen Gremien (Montan-Union, EVG, Europäische Politische Gemeinschaft (EPG) wie der Vertreter eines selbstständigen Staates auftrete. Praktisch ergäbe das – in Verbindung mit der französisch-saarländischen Wirtschaftsunion – eine Zweitstimme Frankreichs. Frankreich möchte die Europäisierung der Saar sofort in Kraft treten lassen, Bonn erst nach Zustandekommen der EPG.

Frankreichs neuestes Begehren ist, die Bundesrepublik soll sich verpflichten, bei eventuellen Friedensverhandlungen sich für die Übernahme des Saar-Statuts in den künftigen Friedensvertrag einzusetzen. Dies würde der Entscheidungsfreiheit der künftigen gesamtdeutschen Regierung (Art. 7 des Ge-

---

[119] Schumann, Maurice (geb. 1911), französischer Politiker, ab 1940 in der Armee de Gaulles, Sprecher der Provisorischen Regierung der französischen Republik, Mitglied der Nationalversammlung, 1951–1954 Staatssekretär im Außenministerium.

neralvertrags) widersprechen. Die Formel „vorbehältlich Friedensvertrag"
würde zur leeren Floskel. Auch die Volksabstimmung würde sinnlos, wenn
die Bundesrepublik die Saar bereits jetzt grundsätzlich aufgäbe. Europäisierung unter solchen Umständen wäre ein Mäntelchen für die Beibehaltung des
Status quo.

Auch der folgende Kommentar meines Gesprächspartners scheint mir zu-
treffend! Adenauer würde, wenn er diesen Entwurf vors Parlament brächte,
glatt desavouiert. Er stieße auf die Ablehnung nicht nur der Opposition, auch
der ihm befreundeten Parteien, ja sogar seiner eigenen. Er würde mit dem Vorwurf empfangen: „Du hast die Saar verkauft!" Infolge der empfindlich gewor-
denen öffentlichen Meinung hat sich die Situation auch hier versteift. Der
Kanzler ist schon mit der bisherigen Konzession: Europäisierung – die für viele
verschleierte Abtretung bedeutet – an die Grenze gegangen. Käme es zum
Scheitern der Saarverhandlungen, zur Ablehnung der EVG und damit zum
Zusammenbruch der Integrationspolitik, so wären dies starke Stöße für den
Kanzler. Allerdings besteht kein Grund zu dramatisieren. Adenauer ist nicht
der Mann, der wegen einer Niederlage sein Kanzleramt aus der Hand gibt! Er
würde m. E. selbst einen so vehementen Schlag politisch überleben.

Der amerikanische Botschafter Bruce[120] tut sein Möglichstes, um eine Saar-
Regelung zu vermitteln. Auf amerikanischer Seite ist man über die französische Haltung tief verärgert. Ich hatte den Eindruck, daß Bonn, falls alle Stricke
reißen, als letzten Ausweg die Anrufung einer amerikanisch-britischen Media-
tion in Erwägung zieht.

Genfer Konferenz: Auch die Aussichten dieser Konferenz bezeichnet mein
Interlocutor als düster. Noch sind die Westmächte über die Hauptfragen un-
eins. Die Aktion von Dulles kommt reichlich spät; sein Plan einer gemeinsamen Abwehrfront und einer ultimativen Warnung an Peking gibt der Lage kri-
senhaften Aspekt. Hochkommissar François-Poncet, mit dem ich dieser Tage
frühstückte, zeigte sich alarmiert. Die scharfe Betonung des amerikanischen
Interesses an Indochina rückt die Einschaltung der amerikanischen Luft- und
Flottenstreitkräfte – nicht der Landmacht – in den Bereich der Möglichkeiten
und damit die Gefahr einer Ausweitung des Konflikts.

Sowjetische Note vom 31. März 1954: Sie zeigte einmal mehr – meint mein
Gesprächspartner –, daß man die Geschicklichkeit der Sowjet-Diplomatie
überschätze. Molotow erkannte, daß er an der Berliner Konferenz mit seinem
europäischen Sicherheitspakt, unter Ausschluß Amerikas, einen Fehler gemacht hatte. Wie ein Schüler suche er diesen Fehler nun zu korrigieren. Eine
Verschlimmbesserung kam heraus.

Der Gedanke des Beitritts der URSS zum Atlantik-Pakt sowie des Beitritts
der USA zu Molotows europäischem Sicherheitspakt wird denn auch in Bonn

---

[120] Bruce, David (1898–1977), amerikanischer Diplomat, 1949–1952 Botschafter der USA in
Paris, 1952/53 stellvertretender Außenminister, 1957–1959 Botschafter in Bonn.

einmütig abgelehnt. Die Verwirklichung der sowjetischen Vorschläge würde die Verteidigungsorganisation des Westens aushöhlen, ja zerstören. Die NATO würde in die gleiche Ohnmacht gestürzt wie der Sicherheitsrat der Vereinten Nationen. Ein anderes Hauptziel der Note sei, Deutschland aus jeder militärischen Gruppierung auszuschalten; nachdem alles getan wurde zur Verhinderung der Europäischen Verteidigungsgemeinschaft, gehen die Sowjets nun vorsorglicherweise daran, allfällige Beitrittsmöglichkeiten der Bundesrepublik zur NATO auszuschalten.

Vor allem visiert die Sowjetnote Frankreich. Sie will dort die Unsicherheit noch steigern. Sie will die Hoffnung entstehen lassen, daß durch die militärische Ausschaltung der Deutschen die Gefahren der internationalen Lage gebannt werden könnten. Mein Interlocutor hält das Manöver für zu plump, um bei den Westmächten zu verfangen und glaubt, der Plan dürfte bald allgemein ad acta gelegt werden.

27. Oktober 1954

Pariser Konferenz vom 19.–23. Oktober: Ein Teilnehmer der Pariser Konfe- **64** renz berichtete mir von seinen Eindrücken. Die Konferenz beendet die bisher gefährlichste Krise des Westens. Nach der Ablehnung des Vertrags über die Europäische Verteidigungsgemeinschaft war das Desinteressement der Vereinigten Staaten an Europa und ihr Rückzug auf die periphere Verteidigung zu einer sehr konkreten Gefahr geworden. Europa war bedrohter als man das gemeinhin glauben wollte.

In Paris konnten fast alle von der Londoner Konferenz formulierten Grundsätze in Vertragstexte umgesetzt werden. Gelöst wurde das überfällige Problem der deutschen Souveränität. Wäre diese Frage offen geblieben, so hätte das den Rechtsextremisten in Deutschland großen Auftrieb gegeben. Die Sicherheit Europas ist wesentlich verstärkt, nicht nur durch den deutschen militärischen Beitrag, sondern dank der festen Verpflichtung von Amerika und Großbritannien, Truppen auf dem Kontinent zu stationieren.

Die parallel laufenden Zweier-, Vierer-, Neuner- und Vierzehner-Konferenzen bewirkten ein atemberaubendes Tempo. Dank den ausgezeichneten Vorbereitungen verliefen die Verhandlungen über die deutsche Souveränität und den Beitritt der Bundesrepublik zum Brüsseler Pakt und zur NATO glatt.

Wie erwartet kam die Krise von der Saarfrage. Das Schicksal der Konferenz stand auf des Messers Schneide. Das Saarabkommen kam in letzter Stunde und mit knapper Not zustande. Es ist ein Kompromiß, der für Adenauer bis an den Rand des Tragbaren geht. Adenauer blieb nichts anderes übrig, als dem Abkommen zuzustimmen, da der weitergehende deutsche Standpunkt in der Saarfrage weder von England noch von Amerika unterstützt wurde.

Die Saarlösung weist Analogien auf zu dem 1920 vom Versailler-Vertrag geschaffenen autonomen Saargebiet. Wie einst der Völkerbundskommissar, hat jetzt der vom Ministerrat der Westeuropäischen Union zu ernennende Kommissar die Saar nach außen zu vertreten und die Innehaltung des Saarstatuts zu überwachen. Die außenpolitische Vertretung durch Frankreich hört somit auf. Dagegen bleibt die bisherige Wirtschafts- und Währungsunion mit Frankreich aufrecht. Sie soll sukzessive gelockert werden durch Erleichterung der deutschen Importe. In den inneren Angelegenheiten ist die Saar autonom. Mein Interlocutor insistiert: Es ist kein neuer Staat entstanden, es hat auch keine „Europäisierung" stattgefunden, d. h. keine territoriale Abtretung an die Westeuropäische Union; die Saar gehört, bis ein Friedensschluß endgültige Verhältnisse schafft, völkerrechtlich zu Gesamtdeutschland.

Drei Hauptanliegen der deutschen Seite wurden erfüllt: 1. Das Abkommen ist ein Provisorium. Mendès-France[121] ließ das Ansinnen, die Bundesrepublik solle sich verpflichten, bei den Friedensverhandlungen für die jetzige Lösung einzutreten, fallen. 2. Zwei Volksbefragungen sollen an der Saar stattfinden: die erste demnächst über das neue Saarstatut und eine zweite bei Abschluß eines Friedensvertrags über dessen Saarbestimmungen. 3. Die Zulassung der prodeutschen Parteien. Alles in allem also vom deutschen Standpunkt ein Fortschritt.

Trotz dieser Erfolge erwarten Adenauer keine triumphalen Empfänge, sondern harte Auseinandersetzungen. Wie gewöhnlich, wenn Adenauer abwesend ist, geht es drunter und drüber. Die Hauptverträge werden kaum gewürdigt, dafür wird das Saarabkommen von den Parteien übermäßig kritisiert: Voll zu den gefundenen Lösungen steht nur die Christlich Demokratische Union (CDU); ihr Fraktionsführer von Brentano[122] erklärte: „Wenn nötig, werden wir mit unseren alleinigen Stimmen ratifizieren." Die Opposition lehnt alles in Bausch und Bogen ab. Von überraschender Schärfe ist die Reaktion der Koalitionsparteien: die Freien Demokraten (FDP) und die Flüchtlingspartei (BHE) überbieten sich in ihrer Kritik. Die Koalition ist bröckelig geworden, sogar das Kabinett ist gespalten. Das Hauptbedenken ist: Das Provisorium der Saarlösung sei nicht echt, es handle sich um ein verschleiertes Definitivum. Dem hält die Regierung die zweite Volksbefragung entgegen; da die Saarbevölkerung über die Bestimmungen des künftigen Friedensvertrages abstimmen soll, könne von einem Definitivum nicht die Rede sein.

Trotzdem werden die Aussichten der Bonner Ratifizierung positiv beurteilt. Die FDP wird sich einen Austritt aus der Regierung noch sehr überlegen. Die Aufregung im Parlament dürfte sich legen, denn sie wird im Volke nicht von einer Grundwelle der Empörung getragen. Zudem stehen im Falle einer Ableh-

---

[121] Mendès-France, Pierre (geb. 1907), französischer Politiker, 1947–1958 Gouverneur des internationalen Währungsfonds, 1954/55 Ministerpräsident und Außenminister, Gegner de Gaulles.

[122] Brentano, Heinrich von (1904–1964), 1945 Mitbegründer der CDU in Hessen, 1946–1949 MdL, 1949–1964 MdB, 1949–1955 und 1961–1964 Vorsitzender der CDU/CSU-Fraktion, 1955–1961 Außenminister.

nung zu große deutsche Interessen auf dem Spiele. Die Ratifizierung ist gesichert, falls für die Genehmigung die einfache Mehrheit genügt. Doch sind juristische Spitzfindigkeiten seitens der Opponenten zu erwarten, wie z. B. qualifiziertes Mehr, Anrufung des Bundesverfassungsgerichts etc. Wenn eine Zweidrittelmehrheit erforderlich wäre, würde die Ratifizierung allerdings fraglich. Doch sagte ein sehr versierter Politiker zu mir: „Adenauer wird noch viel Ärger und Mühe haben, die Pariser Abkommen durchzusetzen, aber es wird gelingen."

Adenauer ist mit der Saarlösung insofern zufrieden, als ein Definitivum vermieden wurde, sodaß – wie hier mit Recht angenommen wird – die Zeit für Deutschland arbeiten kann. Aber gerade deshalb ist Adenauer zu optimistisch, wenn er hofft, die Saar werde zu einer Brücke zwischen Deutschland und Frankreich werden. Der Saarkommissar müßte die Gabe eines Magiers haben, um das Saarstatut so zu handhaben! Viermehr ist zu befürchten, daß die Saarlösung zur Quelle neuer Reibungen mit Frankreich werde, weil von beiden – Deutschland und Frankreich – versucht werden wird, die Entwicklung an der Saar weiterhin zu ihren Gunsten zu beeinflussen. Die alten Rivalitäten werden – vielleicht noch verstärkt – weitergehen und das Saarproblem wird kaum von der politischen Tagesordnung verschwinden.

Das Pariser Vertragswerk zieht unter eines der größten Nachkriegsprobleme einen Schlußstrich: Die Stellung Deutschlands in der Völkergemeinschaft. Sicherlich ist dieses Resultat in erster Linie der Konsolidierung Deutschlands sowie dem Einfluß der West-Ost-Spannung zuzuschreiben, doch zu einem sehr großen Teil ist es auch die Furcht von Adenauers geradliniger Außenpolitik, welche die erforderliche Vertrauensatmosphäre schuf.

Die wiedergewonnene Souveränität und militärische Macht bringt die Rückkehr der Bundesrepublik in die große Politik. Dies wird nicht ohne Reibungen gehen. Aber auch auf dem innenpolitischen Felde eröffnen sich Möglichkeiten zum Guten und zum Bösen. Heute haben die Kräfte der Demokratie und Mäßigung die Oberhand. Zweifellos wird die neue Stellung der Bundesrepublik den autoritären und militaristischen Tendenzen Auftrieb geben. Werden die ersteren sich behaupten können? Das kann man heute nicht voraussagen. Doch spricht viel dafür.

Interessant ist die hiesige Stimmungswandlung hinsichtlich Mendès-France. In brüskem Übergang von einstiger Kritik zu Lob betont mein Interlocutor, wie sehr das Verhältnis zwischen Adenauer und Mendès-France sich in Paris verbessert habe. Ihre Begegnungen nahmen einen sehr guten Verlauf. Zum ersten Mal kam es zwischen den beiden so verschieden gearteten Staatsmännern zu einem wirklichen Gespräch, d. h. mit gegenseitigem Eingehen auf die Belange des anderen. Bei ihrem tour d'horizon der deutsch-französischen Probleme wurden große französische Lieferungen von Getreide und Zucker gegen deutsche Maschinen ins Auge gefaßt, ferner gemeinschaftliche Unternehmen in den Kolonien u. a. In Paris wurde das Eis zwischen den beiden Männern gebrochen. Es gelang, ein Vertrauensverhältnis herzustellen und namentlich den Zweifel zu beheben, Mendès-France hätte sich in Genf an die Kommunisten verkauft. Mendès-France sei nicht ein Mann von schönen Worten; er ist ein nüchterner Realist. Anstatt Lippenbekenntnisse zur Europa, bekommt man bei Mendès-France konkrete Lösungen zu hören.

Sowjetnote vom 23. Oktober: Die Antwort auf den russischen Vorschlag einer Viererkonferenz dürfte ähnlich lauten wie die Antwort, welche die Alliierten Molotow bereits in Berlin erteilten: Erst verbindliche Zusage freier Wahlen, dann erst Viererkonferenz.

Was die Russen unter „freien Wahlen" verstehen, das zeigen die Wahlen vom 17. Oktober in der Sowjetzone. Nach hiesiger Auffassung waren sie ein Wahlbetrug und es liege nahe, daß eventuelle gesamtdeutsche Wahlen nach gleichem Rezept durchgeführt würden. Walter Ulbricht ließ die Katze aus dem Sack, als er am 9. Oktober in der „Tribüne" schrieb: „Die Aufstellung gemeinsamer Kandidatenlisten der Nationalen Front ist Vorbereitung für das, was wir später für ganz Deutschland weiterführen wollen." Warnend wird hier auf diesen Ausspruch hingewiesen.

18. November 1954

65 *Sowjetischer Vorschlag einer allgemeinen Sicherheitskonferenz:* Ich hatte Gelegenheit, mit dem stellvertretenden Leiter des Auswärtigen Amtes die russische Note vom 13. November zu besprechen. Er verwies darauf, daß die sowjetische Note vom 23. Oktober mit dem Vorschlag einer Viererkonferenz zur Erörterung der deutschen und der österreichischen Frage sowie der Frage eines kollektiven Sicherheitssystems von den Westalliierten noch nicht beantwortet sei und schon unternehme Moskau einen neuen Schritt: In seiner Note vom 13. November schlägt der Kreml eine *allgemeine* Konferenz zur Erörterung eines kollektiven europäischen Sicherheitssystems vor. In diesem russischen Schritt sei der erste Erfolg der in Paris bewerkstelligten Einigung des Westens zu erblicken. Wäre diese nicht zustandegekommen, so hätten sich die Russen kaum zu dieser Demarche herbeigelassen.

Nach Bonner Auffassung hat die Sowjetnote zwei Hauptziele: Es handelt sich um einen weiteren Versuch, die Ratifizierung der Pariser Verträge zu stören und die amerikanischen Truppen aus Europa hinauszumanövrieren. Trotzdem nimmt man die Note hier sehr gelassen.

Man befürchtete, die Russen würden wirksameres Geschütz auffahren. Doch fehlen wiederum die Angebote mit Durchschlagskraft: Wiedervereinigung aufgrund freier und international kontrollierter Wahlen gegen Verzicht auf Pariser Verträge. Die Note wiederholt lediglich die seit der Berliner Konferenz mehrfach vorgetragenen Gedanken.

Laut meinem Gesprächspartner wird die Bundesrepublik, da sie nicht Empfänger der russischen Note ist, keine formelle Antwort erteilen. Doch ist ein lebhafter Meinungsaustausch mit den Westmächten im Gange. Insbesondere wurden Dulles deutsche Anregungen in ungefähr folgender Richtung unterbreitet: Die Reaktion Bonns auf die russische Note ist keineswegs prinzipielle Ablehnung. Adenauer hat noch am selben Tag – in Darmstadt vor 12000 Personen – erklärt, er begrüße eine solche Konferenz zu gegebener Zeit, falls sie verspreche, ein echtes kollektives Sicherheitssystem zu schaffen und zur Wiedervereinigung Deutschlands führe. Die Ablehnung gilt dem Termin des 29. November, weil eine so wichtige internationale Konferenz nicht innert zwei Wochen zusammentreten könne. Vor allem muß die Ratifizierung der Pariser Verträge ihre Priorität behalten. Nach erfolgter Ratifizierung – also etwa im März oder April – wäre Bonn bereit, über ein kollektives europäisches Sicherheitssystem zu verhandeln. Hier berührt sich übrigens die russische Note mit Gedanken, die Adenauer bereits am 30. Oktober in seiner Rede vor dem Presse Club in New York geäußert hatte, als er vorschlug, die Westmächte möchten sich zu einer regionalen Gruppe zusammenschließen und mit der UdSSR einen Nichtangriffspakt abschließen. In der Zwischenzeit – schlug Adenauer Dulles vor – sollte auf diplomatischem Weg abgeklärt werden, ob Moskau grundsätzlich zu Selbstbeschränkungen der Truppen bereit sei analog den Limitierungen des Brüsseler Paktes und auch der NATO. Dulles habe sich mit diesen Anregungen einverstanden erklärt.

Bonn will die Türe nicht zuschlagen; schon wegen der öffentlichen Meinung in Deutschland und weil man sich darüber im klaren ist, daß das wichtigste Ziel der deutschen Politik, die Wiedervereinigung Deutschlands, nur auf friedlichem Weg, d. h. im Einvernehmen mit Moskau erreicht werden kann. Man verspricht sich von einer Konferenz auch zu einem späteren Zeitpunkt nicht viel, doch hält man solche Verhandlungen für aussichtsvoller, wenn durch die Pariser Verträge zwischen West und Ost ein besseres Gleichgewicht der Kräfte hergestellt wird. Adenauer teilt nicht die Befürchtung der Sozialdemokratischen Partei, daß die Haltung Moskaus sich *nach* der Ratifizierung verhärten werde, vielmehr glaubt er, die Sowjets werden nach erfolgter Ratifizierung aufgeschlossener für Verhandlungen werden.

Die Presse ergeht sich in Mutmaßungen über die Reaktion der Sowjets. Diese Vermutungen gehen von der Erwartung einer Rumpfkonferenz über einen rein östlichen Sicherheitspakt bis zu der Vermutung einer Blockade Berlins. Mein Interlocutor teilte nicht diese Befürchtungen: Eine Rumpfkonferenz, an der außer den Satelliten wohl kaum ein Staat – nicht einmal Jugoslawien – teilnehmen würde, wäre ein Schlag ins Wasser. Noch weniger glaubt er an einen Vorstoß gegenüber Berlin. Die Russen sind zu große Realisten, um ernsthaft zu glauben, daß der Westen die Ratifizierung des Pariser Vertragswerks, welches die Krönung seiner jahrelangen Bemühungen ist, aufgeben und sich so kurzfristig zur Konferenz entschließen werde. Moskau rechnet mit der Ablehnung des 29. November. Vielleicht wollen sie sich damit für die eventuelle Konferenz den Vorwand sichern, daß es nicht ihre Schuld sei, wenn nun die Wiedervereinigung Deutschlands nicht mehr im Vordergrund stehe.

17. Dezember 1954

66 *Bonner Parlament ratifiziert in erster Lesung:* Der Bundestag stimmte gestern in erster Lesung den Pariser-Verträgen zu; er überwies die Ratifizierungsgesetze an die Ausschüsse zur Detailberatung. Die zweite und dritte Lesung sollen um die Wende Januar/Februar stattfinden.[123] Der Antrag der Sozialdemokraten, die Ratifizierung zu verschieben, wurde mit 236 gegen 153 Stimmen abgelehnt. Diese geschrumpfte Mehrheit – die Regierungsparteien zählen zusammen 336 Stimmen – illustriert das Abbröckeln der Koalition. Als spaltendes Element wirkte das Saarabkommen; die Christlich Demokratische Union blieb zwar geschlossen, bei den Koalitionspartnern gab es aber viele Dissidente, namentlich bei den Freien Demokraten und der Flüchtlingspartei. Doch ist deswegen die Mehrheit für die Ratifizierung nicht gefährdet! Vielmehr hält die überwiegende Meinung der von mir konsultierten Politiker die Ratifizierung für gesichert – sofern Paris nicht versagt!

Entsprechend gespannt blickt man dorthin. Die anfängliche Zuversicht sinkt: Vor acht Tagen traf ich bei Herrn von Brentano – dem mutmaßlichen künftigen Außenminister – noch einen „gemäßigten Pessimismus" an. Zwar registrierte er das Sinken von Mendès-France' Parlamentsmehrheit, doch rechnete er mit einer Mehrheit; seine Zuversicht schöpfte er aus der Auffassung, die französische Kammer werde nicht das Odium eines zweiten Neins wagen wegen der Brüskierung der USA und der Gefahr einer Isolierung Frankreichs. Dagegen traf ich heute ausgesprochene Besorgnis im Bundeskanzleramt an. Botschafter Blankenhorn war – wie noch selten – von Besorgnis erfüllt. Angesichts der Atmosphäre in Paris taxiert er die Ablehnung in Paris und die fast ebenso verhängnisvolle Verschiebung als reales Risiko. Trifft dies ein, so entsteht ein gefährliches Vakuum, denn auf eine Wiederholung des Wunders, wie es sich diesen Herbst an der Londoner- und Pariser-Konferenz ereignete, könne man kaum hoffen. Dieses Vakuum brächte neue Krisengefahren; speziell in der noch in Konsolidierung begriffenen Bundesrepublik könnte eine solche außenpolitische Niederlage Adenauers bei den politisch Labilen einen psychologischen Erdrutsch anbahnen.

Charakteristisch für die Debatte[124] waren die in zwei Blöcke geteilten Mei-

---

[123] Die Ratifizierungsgesetze zu den Pariser Verträgen wurden vom Bundestag am 17. Februar 1955 verabschiedet: Gesetz betr. das Protokoll vom 23. Oktober 1954 über die Beendigung des Besatzungsregimes; Gesetz über den Aufenthalt ausländischer Streitkräfte; Gesetz betr. Beitritt zum Brüsseler Vertrag und zur NATO; Gesetz betr. Saarstatut.

[124] Erste Lesung der Pariser Verträge im Bundestag am 15. und 16. Dezember 1954. Sten. Berichte, S. 3111 ff.

nungen, die gleichsam zu Dogmen erstarrt, Argumenten unzugänglich, sich
keinen Schritt näher kamen. Die Diskussion kam immer wieder auf ihren Ausgangspunkt zurück: Der Kanzler sagt: die Bundesrepublik muß sich eng an
den Westen anschließen, nur dann seien aussichtsreiche Verhandlungen mit
den Sowjets über die Wiedervereinigung Deutschlands möglich. Die sozialdemokratische Opposition behauptet: die Einreihung der Bundesrepublik in das
westliche Allianzsystem erschwere die Wiedervereinigung, deshalb müsse sofort, noch vor der Ratifizierung der Pariser-Verträge, versucht werden, mit
den Sowjets ins Gespräch zu kommen. Ollenhauers Kritik gipfelte sogar in
dem Verdacht, den Besatzungsmächten sei es nicht Ernst mit der von ihnen
versprochenen Unterstützung der Wiedervereinigung Ds, gegebenenfalls würden sie diese ihren eigenen Interessen opfern, z. B. falls damit eine Entspannung mit Moskau zu erlangen wäre; Frankreich wolle im Grunde die Verewigung der deutschen Teilung.

Aus der Regierungserklärung Adenauers ist besonders hervorzuheben sein
Bekenntnis zu Frankreich: „Wichtigstes Ziel der deutschen Außenpolitik ist,
mit Frankreich zu einem Verhältnis der guten Nachbarschaft zu gelangen, weil
ohne eine solche Gestaltung des deutsch – französischen Verhältnisses ein dau-
erndes Gedeihen Europas undenkbar ist." Was das Saarabkommen anbetrifft,
verschwieg der Kanzler nicht dessen Hauptschwäche: daß Bonn und Paris das
Saarstatut verschieden auslegen. Ollenhauer attackierte heftig diese Blöße: „Es
ist einmalig, daß dem Parlament ein Vertrag vorgelegt werde, der noch durch
neue Besprechungen mit dem Partner geklärt werden müsse." Um das Parlament zu beschwichtigen, kündigte Adenauer neue Gespräche mit Mendès-
France an und „für den Fall, daß diese zu keiner Übereinstimmung führen
würden, werde ich dem französischen Ministerpräsidenten vorschlagen, die
amerikanische und die britische Regierung zu bitten, in gemeinsamen Besprechungen die Meinungsverschiedenheiten zu bereinigen".

Die Debatte verlief lebhaft, doch im allgemeinen geordnet. Der einzige tu-
multartige Zwischenfall entstand nicht über eine Frage der Pariser-Verträge,
sondern über eine Frage, die am Rande stand: Als Adenauer von den sozialen
Maßnahmen seiner Regierung sprach, kam es bei den Sozialdemokraten zu
höhnischen HaHa-Rufen, was Adenauer zu der Bemerkung hinriß: „Ich be-
haupte ja gar nicht, daß Sie dabei mitgemacht hätten." Diese Äußerung provozierte – besonders weil die Debatte durchs Radio übertragen wurde – einen minutenlangen Tumult. Die Linke schrie „Pfui", erhob sich, machte Miene, den
Saal zu verlassen; erst nach minutenlangen Lärmszenen konnte Adenauer fort-
fahren.

Viel größere Beachtung verdient eine andere Szene: Adenauers Gesundheit
war bereits vor der Debatte nicht mehr von der sprichwörtlichen Robustheit,
sodaß die Ärzte dem Rastlosen für Januar einen Erholungsaufenthalt vor-
schrieben. Nach den Strapazen einer 20-stündigen Debatte, der er von der ersten bis zur letzten Minute beiwohnte und bei der die Last der Replik ganz auf

seinen Schultern ruhte, war dem bald ins 80. Jahr Eintretenden die physische Erschöpfung deutlich anzumerken. Als Adenauer von den Sozialdemokraten mit penetranten, an ein Kreuzverhör mahnenden Fragen ausgequetscht wurde, kam es zu ernsten Zeichen physischer Erschöpfung. Mit Bestürzung erlebte das Parlament und die Hunderttausende von Radiohörern einen Kanzler, der nach Worten ringt, weil ihn sein Gedächtnis für Minuten verlassen hat, der, in die Enge getrieben wie nie zuvor in seiner parlamentarischen Laufbahn, schließlich die Rednertribüne verlassen muß – bleich und verwirrt – und so das Rededuell abbricht (siehe beigelegter Protokollauszug). Schuld an Adenauers mitgenommenen Gesundheit ist nicht nur das Übermaß an Arbeit, sondern auch die Ereignisse: Der Zusammenbruch der Europäischen Verteidigungsge- meinschaft – seines Lieblingswerkes – war für ihn ein Schock, den er zunächst glatt zu überwinden schien, der aber doch nicht so spurlos vorbeiging. Jeden- falls ließ dieser Vorfall das Damoklesschwert über der Bundesrepublik – die Nachfolge Adenauers – sehr augenfällig sichtbar werden!

Die Bewegungsfreiheit des Kanzlers war aber auch durch die Rücksicht auf Paris gehemmt. In der ganzen Debatte war er offensichtlich bestrebt, Frank- reich zu schonen. Von der Opposition mit Fragen bedrängt, zog er vor, weni- ger Karten aufzudecken als ihm parlamentarisch nützlich gewesen wäre, um nicht Zündstoff in die Pariser Debatte zu werfen.

1955

11. Januar 1955

Ein ereignisreiches Jahr 1955: Beim Neujahrsempfang des Bundespräsidenten **67**
unterhielt ich mich eine Weile mit dem Bundeskanzler. Das Gespräch wandte
sich dem kommenden Jahr zu, ob es bewegter oder ruhiger sein werde. Adenauer glaubt an ein sehr ereignisreiches Jahr und speziell für sich rechnet er –
trotz Billigung der Verträge durch die französische Nationalversammlung –
nicht damit, daß die Zeiten ruhiger würden. Bereits in den nächsten Tagen
stünden ihm z. B. eine schwere Konferenz mit Mendès-France bevor. Offenbar wechseln bei der Beurteilung von Mendès-France immer wieder Licht und
Schatten, denn mein Interlocutor anerkannte wohl vorbehaltlos die Art, wie
Mendès-France sich für die Ratifizierung der Verträge eingesetzt hatte, er be-
wundert auch seinen Mut und seine Durchschlagkraft, doch liege im Wesen
von Mendès-France eine gewisse Undurchsichtigkeit und Unverbindlichkeit.
Sein außenpolitischer Adlatus, mit dem ich anschließend sprach, drückte sich
ähnlich aus: Bei Mendès-France wisse man oft nicht recht, woran man sei; seine raschen und direkten Methoden, zu verhandeln, würden bisweilen sprung-
haft wirken. In Baden-Baden – fuhr Adenauer fort – wolle er über die Viererkonferenz sprechen. Mendès-France habe London und Washington vorgeschlagen, eine neue Note an Moskau zu richten wegen Abhaltung einer Viererkonferenz und dabei die nicht ungefährliche Anregung gemacht, daß, wenn die
Angelsachsen einen solchen Schritt nicht wünschen, er – Mendès-France – bereit wäre, für sie in Moskau zu sondieren. Dies sei ein abwegiges Verfahren. Er
– Adenauer – sei durchaus *für* eine Viererkonferenz als einen weiteren Versuch
einer Entspannungspolitik zwischen Ost und West und weil dies von der französischen wie der deutschen öffentlichen Meinung lebhaft verlangt wird, doch
sei der gegenwärtige Zeitpunkt für diese Konferenz ungeeignet; zuerst müsse
unter die überfällige Ratifizierung endlich ein Schlußstrich gesetzt werden.
Durch Zwischenverhandlungen würde die Endentscheidung aufs neue auf die
lange Bank geschoben. Noch immer sei seine Hauptsorge: ein Bruch in der Solidarität des Westens. Moskaus Hauptziel bleibe, die US von Westeuropa zu
lösen. Dieses Risiko sei, solange die vertraglichen Bindungen nicht perfekt
sind, sehr ernst zu nehmen.
Konferenz Adenauer – Mendès-France in Baden-Baden: Starke Zurückhaltung
kennzeichnet die Einstellung der führenden politischen Kreise Bonns zu dieser

Konferenz und deren Aussichten. Man tut gut, von dieser bloß eintägigen Konferenz keine zu großen Ergebnisse zu erwarten. Da keine feste Traktandenliste besteht, kommen fast zu viele Fragen der deutsch-französischen und auch der internationalen Politik zur Sprache: Viererkonferenz, Rüstungspool, vielleicht lockende Offerten zur gemeinsamen Erschließung Afrikas; werden diese den sauren Apfel des Saarproblems schmackhafter machen? Auch dem französischen Wunsch des Moselkanals steht die heikle Frage des Rheinseitenkanals gegenüber. Unter diesen Umständen wird die Konferenz mehr einen vorbereitenden Charakter haben. Adenauer wollte sie, um sein dem Bundestag gegebenes Wort von neuen Saarverhandlungen einzulösen; Mendès-France wünscht sie, um für seinen Rüstungspool-Plan das Terrain zu lockern.

Die Saarbesprechungen werden sich im Rahmen von bloßen Ausführungsbestimmungen halten müssen; es wird auch vom Saarkommissar, seinen Befugnissen und seiner Person gesprochen werden, aber es wird kaum – wie es Adenauers Kritiker fordern – zu Zugeständnissen kommen, die das Gesicht des Saarabkommens ändern. Mendès-France kann es nicht und Adenauer kann auch nicht mehr wie einst, large Konzessionen machen, denn seine Position ist nicht mehr so stark wie früher; Teile seiner Regierungskoalition sind nicht mehr geneigt, mit ihm durch dick und dünn zu gehen.

Der im Mittelpunkt der französischen Wünsche stehende Rüstungspool findet in Bonn kühle Aufnahme. Begrüßt wird die französische Initiative zur Standardisierung der Waffen; dagegen steht man dem Plan eines zentralen Rüstungsamtes kritisch gegenüber. Man verweist darauf, daß bereits die Westeuropäische Union ein Organ für Rüstungskontrolle vorsehe. Daß Mendès-France plötzlich, nach Ablehnung der Europäischen Verteidigungsgemeinschaft, auf die supranationale Lösung zurückgreift, macht stutzig. Was steckt dahinter? Man befürchtet, es gehe Frankreich darum, via Rüstungspool die Verteilung der von den USA gelieferten Waffen zu kontrollieren. Diese Kontrolle werde in der Praxis auf eine Diskriminierung der Bundesrepublik hinauslaufen. Die andere Besorgnis ist, daß, wenn ein so großer Sektor der Wirtschaft einer zentralen Bürokratie unterstellt werde, dies zu einem Rückfall in den Dirigismus führen würde. Unter diesen Umständen bedeutet die Ernennung Minister Erhards – des Champions des Liberalismus' – zum deutschen Delegationschef in der Rüstungspool-Konferenz ein ganzes Programm. Man will die Erörterung des Rüstungspools möglichst von der politischen auf die wirtschaftliche Ebene schieben.

Interessant ist, daß der Widerstand gegen den französischen Plan nicht in erster Linie von der Schwerindustrie ausgeht. Diese ist gar nicht besonders erpicht auf das Rüstungsgeschäft, weil ihr das Exportgeschäft, der Weltmarkt wichtiger erscheinen als Rüstungsaufträge.

Endlich hat man – trotz Beschwichtigungen aus Paris – den Verdacht, Frankreich plane ein neues Junktim zwischen dem Zustandekommen des Rüstungspools und der Ratifizierung der Verträge. Diese Methode, Bonn unter

Druck zu setzen, wäre in der Tat wenig glücklich, weil das deutsche Parlament in diesem Punkt empfindlich, überempfindlich geworden ist.

5. Mai 1955

Die Bundesrepublik souverän: Heute treten die Pariser-Verträge in Kraft. Die **68** Bundesrepublik wird nach zehn Jahren Besetzung souverän. Allerdings bestehen Einschränkungen hinsichtlich 1. der Wiedervereinigung, 2. Berlins und 3. in militärischer Beziehung. Auf diesen drei Gebieten haben sich die drei Alliierten Rechte vorbehalten.

Die Souveränitätserklärung ist mehr als die juristische Bestätigung einer Freiheit, der sich die Bundesrepublik bereits weitgehend erfreute. Sie ist der Beginn eines neuen Verhältnisses zwischen Bonn und dem Westen. Die Bundesrepublik wird zum gleichberechtigten Staat. Adenauer hat sein erstes Ziel erreicht. Mit der Souveränität erhält die Bundesrepublik u. a. das Recht zu einer eigenen, unabhängigen Außenpolitik. Sie kann insbesondere mit den Oststaaten diplomatische Beziehungen aufnehmen.

Die nach außen sichtbarste Änderung bildet die Auflösung der Hohen Kommission. Die drei bisherigen Hochkommissare werden in Zukunft als Botschafter ihre Länder in Bonn vertreten. Die Übergabe der Beglaubigungsschreiben durch Conant[125] (USA), Hoyar Millar[126] (Großbritannien) und François-Poncet (Frankreich) findet heute statt. Daß François-Poncet bleibt, hat hier überrascht. Es wird vermutet, in Paris sei man sich nicht darüber einig geworden, wer erster Botschafter werden solle. Mit einer Änderung in absehbarer Zeit wird gerechnet.

Eine weitere Folge des neuen Status' bildet die Umwandlung der in der Bundesrepublik sich aufhaltenden alliierten Besatzungstruppen in Stationierungstruppen. Deren Angehörige haben von heute an die deutschen Gesetze zu beachten. Die Vorrechte der alliierten Streitkräfte, zum Beispiel auf dem Gebiet der Beschlagnahmen, werden wesentlich eingeschränkt.

Die wissenschaftliche Atomforschung, die gesamte Industrieproduktion – abgesehen vom Kriegsmaterial – wird frei. Die alliierte Kontrolle in der Frage der Restitution und Kartelle entfällt. Die Alliierten dürfen keine Ausweisungen von Deutschen oder Ausländern aus der Bundesrepublik mehr vorneh-

---

[125] Conant, James Bryant (1893–1978), amerikanischer Wissenschaftler, Diplomat und Kulturpolitiker, maßgeblich an der Entwicklung der Atombombe beteiligt, 1946 Mitglied des Beratenden Ausschusses der Atomenergiekommission, 1953–1955 Hoher Kommissar, 1955–1957 erster Botschafter der USA in der Bundesrepublik.

[126] Millar, Frederick Hoyar (geb. 1900), britischer Diplomat, 1923 an der Botschaft Berlin, 1934–1938 im Foreign Office, 1939–1943 in Washington, 1950–1952 Vertreter bei der NATO, 1953–1956 britischer Hoher Kommissar bzw. Botschafter in Bonn, dann bis 1961 Unterstaatssekretär im Foreign Office.

men. Diese erhält die Lufthoheit endgültig zurück. Änderungen der territorialen Gestaltung der Länder liegen nun allein in deutschem Ermessen.

Wichtige Merkmale sind die Aufhebung der numerischen Beschränkung des Grenzschutzes und die nun anlaufende Wiederaufrüstung. Die nötigen Schritte zur Verwirklichung der militärischen Planung sollen sofort getan werden. Nach einer Erklärung des Amtes Blank werden dem Bundestag die erforderlichen Ausführungsgesetze (Soldatengesetz, Besoldungsgesetz, Versorgungsgesetz, Eignungsprüfungsgesetz) demnächst zugeleitet. Für den Aufbau der gesamten nach den Pariser-Verträgen vorgesehenen deutschen Streitkräfte von 500 000 Mann veranschlagt das Amt drei Jahre. Ende dieses Jahres werden die ersten Freiwilligen ihre Einberufung erhalten. In diesem Zeitpunkt dürften die ersten Lehrgänge für die Ausbildung der Kader beginnen. Man hofft nach ungefähr 18 Monaten über Kader in der Stärke von 150 000 Mann zu verfügen, sodaß Ende 1957 zur Einberufung der ersten Wehrpflichtigen geschritten werden könnte.

Von der seitens der Regierung ursprünglich geplanten Feierlichkeit anläßlich der Souveränitätserklärung ist nicht viel übrig geblieben. Die Opposition, aber auch die Koalitionsparteien schlossen sich dem Vorschlag der Christlichen Demokratischen Union, einen Staatsakt durchzuführen, nicht an und zwar mit der Begründung, solange die Wiedervereinigung noch hängig sei, bestehe kein Grund, die Wiedererlangung der Freiheit besonders herauszustreichen. Es findet indessen eine feierliche Kabinettssitzung statt und der Kanzler wird am Rundfunk sprechen.

Wiedervereinigung: Diese wird mit dem heutigen Tage erst recht zum Hauptziel der deutschen Politik. Das wird von allen Parteien betont. Das gestrige Gespräch zwischen Adenauer und dem Führer der Opposition brachte einmal mehr keine Annäherung. Ollenhauer fordert ein militärisch ungebundenes Deutschland als vollberechtigter Partner eines kollektiven Sicherheitssystems im Rahmen der Vereinten Nationen. Der Westen und der Osten hätten sich zusammen mit Gesamtdeutschland über dessen militärischen Beitrag zur Sicherheit Europas zu einigen. Dieser Beitrag dürfe für niemand eine Drohung sein. – Die Sozialdemokratische Partei möchte also darauf verzichten, Gesamtdeutschland in das Pariser-Vertragswerk einzubeziehen. Diesen Gedanken lehnt Adenauer ab. Er hat bisher stets die Meinung vertreten, auch Gesamtdeutschland müsse sich nach dem Westen orientieren.

Die Freie Demokratische Partei bedauert, daß die Regierung noch kein Verhandlungskonzept für die Vorbesprechungen über eine Viermächtekonferenz besitze. Sie macht konstruktive Vorschläge zur Wiedervereinigung, die das Sicherheitsbedürfnis des Ostens in den Vordergrund stellen. Ihr Programm enthält folgende Punkte: 1. Ausdrücklicher Verzicht auf Gewaltanwendung bei der Rückgewinnung der Ost-Oder-Gebiete; 2. Entmilitarisierung Mitteldeutschlands, d.h. des heute von der Deutschen Demokratischen Republik beherrschten Gebietes; 3. Zugang der Sowjets zu den Erzvorkommen in der

Ostzone, sofern die Atomrohstoffe für die Russen unentbehrlich sind und solange kein Abkommen über die Atomrüstung besteht; 4. Ausdehnung des
Handels mit den Sowjets, da diese am Bezug von Sachgütern interessiert seien;
5. Die vertragliche Rüstungsbeschränkung der Westeuropäischen Union könne zum Ausgangspunkt für eine Dachorganisation der kollektiven Sicherheit
gemacht werden.

Über den Termin einer Viermächtekonferenz ist in Bonn noch nichts Zuver-
lässiges zu erfahren.

Verhandlungen Adenauer-Pinay[127]*:*Die letzten Hindernisse zur Verwirklichung der Pariser-Verträge sind Ende April durch die Besprechungen des
Kanzlers mit dem französischen Außenminister beseitigt worden. Wie mir ein
hoher Beamter im Bundeskanzleramt und Vertrauter Adenauers bestätigte, ist
in allen Punkten Übereinstimmung erzielt worden. Schwierigkeiten habe es
nur bei der Abfassung des Communiqués gegeben. Die Meinungsverschiedenheiten in der Saarfrage seien behoben. Eigentlicher Kernpunkt habe der Röch-
ling-Komplex gebildet. Hier sei es auf beiden Seiten um eine Lösung um jeden
Preis gegangen: Frankreich und die Bundesrepublik lösen die Rechte der deutschen Eigentümer mit deren Einverständnis durch Zahlung von je 100 Millionen Schweizerfranken ab. Die Familie Röchling, deren Verhalten während des
Krieges in Paris Unwillen erregte, wird nicht mehr an die Saar zurückkehren.
Die französische Regierung hält ihren Reparationsanspruch aufrecht. Über
diesen haben sich die neuen Eigentümer, Frankreich und die Bundesrepublik,
später zu einigen.

Über die Anwendung des Saarabkommens sollen dem Rat der Westeuropäischen Union am 10. Mai in Paris gemeinsame Vorschläge unterbreitet werden.
Sie betreffen namentlich die Befugnisse des europäischen Kommissars.

Adenauers Saarpolitik hat also schließlich zum Erfolg geführt. Die Zukunft
wird zeigen, ob sich die deutschen Opfer rechtfertigen. Da das Bundesverfassungsgericht dieser Tage die von der Sozialdemokratischen Partei eingereichte
Klage auf Verfassungswidrigkeit des Saarabkommens abgelehnt hat, sind auch
die letzten rechtlichen Klippen umschifft und die Regierung hat auch im Innern freie Hand.

Wesentlich sei am Verhandlungsergebnis, so fuhr mein Gesprächspartner
fort, der beiderseitig erneut betonte Wille zur europäischen Zusammenarbeit.
Deren Fortentwicklung auf wirtschaftlichem Gebiet stehe im Vordergrund.
Die früher erörterten Pläne – wie z. B. der Pflimlin-Plan – sollten wieder aufgenommen und außerdem die Verkehrsfragen, der Flugzeugbau und die Atomforschung für friedliche Zwecke im Sinne der Integration gefördert werden.

---

[127] Pinay, Antoine (geb. 1891), französischer Politiker, 1948–1949 und 1950 Staatssekretär
für Wirtschaftsfragen, 1950–1952 Minister für öffentliche Arbeiten, 1952 Ministerpräsident und Finanzminister, 1955–1956 Außenminister, 1958–1959 Wirtschafts- und Finanzminister, 1959–1960 Finanzminister.

7. Juni 1955

69 *Kabinettsumbildung:* Der Ruf nach einem eigenen Außenminister ist alt. Es ist kein Geheimnis, daß das Auswärtige Amt der Führung entbehrte, da Adenauer wegen mehrfacher Kumulierung von Ämtern: Außenminister, Bundeskanzler und Parteichef der Christlich Demokratischen Union (CDU) so absorbiert war, daß er seine Aufmerksamkeit nur der hohen Politik zuwenden konnte.

Nun ist die vom Bundestag seit langem gewünschte und von Adenauer häufig angekündigte, aber ebenso oft hinausgeschobene Ernennung des Außenministers erfolgt. Wie erwartet, wurde Dr. Heinrich von Brentano ernannt. Brentano ist 51jährig, entstammt der alten Frankfurter Familie, welcher die Dichter Clemens und Bettina Brentano, der als Kathedersozialist bekannte Nationalökonom Lujo Brentano entsprossen waren. Seine politische Vergangenheit ist ohne jeden Tadel: Während des Naziregimes hielt der damalige Rechtsanwalt sich von allen Ämtern fern; umso eifriger trat er 1945 in die Politik: er ist Begründer der CDU in Hessen, seit 1949 Abgeordneter des Bundestags und Fraktionschef der CDU.

Eine schwere Aufgabe harrt Brentanos. Es ist keine dankbare Rolle, Nachfolger Adenauers und in seinem Schatten Außenminister zu sein, denn die Politik, also auch die Außenpolitik wird natürlich auch in Zukunft – wie es im Grundgesetz festgelegt ist – vom Bundeskanzler bestimmt werden. Immerhin können starke Persönlichkeiten, wie es das Beispiel der Minister Erhard und Schäffer zeigt, neben Adenauer sich durchsetzen. Brentano ist keine schwache Persönlichkeit; doch geht von seinem nervösen Wesen natürlich nicht die Sicherheit aus, mit der Adenauer seine große internationale Autorität gewann. Obwohl nicht Berufsdiplomat, ist er für sein Amt sehr gut vorbereitet. Immerhin hat er während seines sechsjährigen Wirkens als Fraktionschef der CDU viele parlamentarische und außenpolitische Bewährungsproben bestanden. Er gilt als einer der berufensten Ausleger der Außenpolitik des Bundeskanzlers. Durch seine jahrelange Tätigkeit im Straßburger Europarat erwarb er sich zahlreiche internationale Beziehungen namentlich auch eine Reihe persönlicher Freunde in Paris. Seit zehn Jahren zu den engsten Parteifreunden Adenauers zählend, darf die Prognose gewagt werden, daß die beiden Männer sich einspielen werden. Das Verhältnis zwischen ihnen erinnert in manchem an dasjenige von Churchill und Eden. Für die Kontinuität der Adenauerschen Außenpolitik dürfte es förderlich sein, daß diese schon zu seinen Lebzeiten einen Nachfolger findet.

Gleichzeitig fand die Ernennung des ersten Verteidigungsministers, Theodor Blank[128], statt. Er ist 49 Jahre alt, kommt aus der Christlichen Gewerk-

---

[128] Blank, Theodor (1905–1972), christlicher Gewerkschafter, ab 1945 MdL Nordrhein-Westfalen (CDU), 1949–1972 MdB, 1955–1956 Bundesverteidigungsminister, 1957–1965 Bundesminister für Arbeit und Sozialordnung, 1965–1969 stellvertretender Vorsitzender der CDU-Fraktion im Bundestag.

schaftsbewegung; erst als 30jähriger bestand er Abitur und studierte Mathematik und Physik. Auch seiner harrt eine nicht minder schwierige Stellung sowie die heikle Aufgabe, die vielen personellen Fragen, welche der Aufbau der neuen deutschen Armee stellt, zu lösen. An erster Stelle steht die Frage des Oberbefehls und der Suprematie der Zivilgewalt über das Militär.

Der dritte neu ernannte Minister ist der 49jährige Hans-Joachim von Merkatz[129]. Er ist Nachfolger des zum Ministerpräsidenten von Niedersachsen gewählten Bundesministers für Angelegenheiten des Bundesrates Hellwege[130]. Aus einer alten preußischen Adels- und Offiziersfamilie stammend, wandte er sich nicht der militärischen Laufbahn zu, sondern der Volkswirtschaft, Geschichte und dem Völkerrecht. Seine politische Vergangenheit während der Zeit des Naziregimes ist ebenso untadelig wie diejenige der beiden anderen neu ernannten Minister. Der konservativen Rechten angehörend, erwarb er sich im Parlament durch sein festes und charaktervolles Auftreten auch bei den anderen Parteien allgemeine Sympathien. Er war Fraktionschef der Deutschen Partei (DP).

7. Juni 1955

Russischer Vorschlag zur Aufnahme diplomatischer Beziehungen mit der Bundesrepublik: Heute abend war ich Gast des deutschen Parlamentarischen Clubs und befand mich zufällig in Gesellschaft von Staatssekretär Hallstein als die sensationelle Nachricht eintraf, daß die Sowjetunion der Bundesrepublik vorschlug, diplomatische Beziehungen aufzunehmen. Hallsteins erste Reaktion war, es entspreche einem wiederholt geäußerten Wunsch der Bundesregierung, mit Moskau diplomatische und wirtschaftliche Beziehungen aufzunehmen. Über Adenauers Einladung nach Moskau konnte er sich noch nicht äußern; doch hatte ich nicht den Eindruck, daß Bonn den Besuch grundsätzlich ablehnen wird – im Gegenteil! Doch wird Adenauer zunächst programmgemäß Mitte Juni nach Washington und London reisen und dort Gelegenheit haben, die Lage eingehend zu besprechen und Eisenhower, Dulles sowie Eden und Macmillan[131] darzulegen, daß im Falle einer Aufnahme diplomatischer Beziehungen mit Moskau die Kontinuität seiner Bündnispolitik mit dem Westen

70

---

[129] Merkatz, Hans-Joachim von (1905–1982), 1949–1969 MdB, 1955–1962 Bundesminister für Angelegenheiten des Bundesrats, 1960–1961 Bundesminister für Vertriebene, Flüchtlinge und Kriegsgeschädigte, 1955 stellvertretender Vorsitzender der DP, 1960 Übertritt zur CDU.

[130] Hellwege, Heinrich (geb. 1908), 1946–1950 MdL Niedersachsen, 1949–1955 MdB und Bundesminister für Angelegenheiten des Bundesrats, 1955–1959 Ministerpräsident von Niedersachsen, Vorsitzender der Deutschen Partei, 1961 Übertritt zur CDU.

[131] Macmillan, Harold Maurice (1894–1986), britischer Politiker, 1954–1955 Verteidigungsminister, 1955 Außenminister, 1957–1963 Premierminister und Führer der Konservativen.

nicht in Frage gestellt sei. Dabei dürfte Adenauer sehr zu statten kommen das große Kapital an Vertrauen in den USA und seine Bewegungsfreiheit entsprechend vergrößern.

Jedenfalls müsse der Moskauer Schritt trotz prinzipieller Bereitschaft noch reiflich überlegt werden. Das von Moskau in der Note umrissene Gesprächsprogramm bedürfe eingehender Vorbereitungen und vor allem der Abklärung hinsichtlich der Frage der Wiedervereinigung. Ist es den Russen ernst mit der Wiedervereinigung Deutschlands? Oder erstreben sie die Konsolidierung der derzeitigen Spaltung? Wäre letzteres der Fall und sollten nach Ansicht des Kremls *zwei* deutsche Botschafter in Moskau tätig sein, so könne Bonn nicht mitmachen.

Unter den Gästen des Abends – etwa 150 Abgeordnete, darunter alle Führenden – herrschte große Genugtuung über den Schritt des Kremls. Man sieht darin den großen persönlichen Erfolg Adenauers und die Bestätigung für die Richtigkeit seines außenpolitischen Kurses. Die These der Sozialdemokraten, nach Ratifizierung der Pariser Verträge würden die Sowjets jede Diskussion der deutschen Frage glatt ablehnen, ist widerlegt.

Der russische Schritt wird hier als Element der Entspannung gewertet, denn es ist, wie ein angesehener Parlamentarier halb im Scherz, halb im Ernst zu mir sagte: die Beziehungen sind de facto bereits aufgenommen. In der Tat war die sowjetische Note – ohne Vermittler – von der sowjetischen Botschaft in Paris direkt an die dortige Deutsche Botschaft gerichtet und von dieser akzeptiert worden.

16. Juni 1955

71 *Sowjetische Einladung an Adenauer:* Auf Grund von Unterhaltungen mit verschiedenen hiesigen Politikern, darunter mit dem neuen Außenminister von Brentano, sehe ich die Einstellung Bonns zu einigen Fragen der sowjetischen Einladung – wenigstens in ihren Konturen – sich abzeichnen:

1.) Bonn ist grundsätzlich *für* die Aufnahme diplomatischer Beziehungen mit der Sowjetunion. Desgleichen wird die von Moskau an Adenauer ergangene Einladung grundsätzlich bejaht. Doch soll die Moskaureise des Kanzlers erst nach *gründlicher* Vorbereitung stattfinden. Das soll heißen, daß an einen Termin im Spätsommer oder Herbst gedacht wird. Unter gründlicher Vorbereitung ist der Versuch zu verstehen zu sondieren bzw. zu verstehen geben, welche Verhandlungsziele in Betracht kommen und welche zu eliminieren sind.

2.) Zu den auszuscheidenden Verhandlungszielen gehört in erster Linie der Gedanke, die Bundesrepublik könnte ihr Bündnis mit dem Westen aufgeben. Adenauer lehnte dieses Ansinnen in wiederholten öffentlichen Erklärungen ab (Interview New York Times vom 12. Juni), desgleichen die Neutralisierung Deutschlands. Seine Antwort lautete: „Die Verträge, durch die die Bundesrepublik zum Partner der freien Welt geworden ist, sind für uns kein Handelsobjekt. Wir können und werden keine Politik der Neutralität betreiben. Jede Neutralisierung Deutschlands würde das Ende unserer Freiheit bedeuten und die Sicherheit Europas gefährden." Weiter führte er aus: „Ich bin überzeugt davon, daß die öffentliche Meinung in Deutschland auch künftig die vertraglichen Beziehungen zwischen der Bundesrepublik und den Westmächten als Grundlage unserer Außenpolitik unter allen Umständen anerkennen wird. Sie weiß genau, daß jedes Abweichen hiervon alle bisherigen Erfolge in Frage stellen würde."

3.) Sehr eindeutig wird der Gedanke abgelehnt, die Bundesrepublik könnte sich bereit erklären, mit der Deutschen Demokratischen Republik (DDR) diplomatische Beziehungen aufzunehmen. Zur allgemeinen Überraschung dagegen hat Außenminister von Brentano auf einen anderen Aspekt dieser Frage sehr elastisch reagiert. Er hat die Möglichkeit gleichzeitiger diplomatischer Vertreter der Bundesrepublik und der DDR in Moskau nicht a limine abgelehnt. Vielmehr sagte er, es gäbe da viele Möglichkeiten. Er verwies auf das Nebeneinander von Vertretungen der Bundesrepublik und der DDR in Helsinki und daß der dort bestehende Zustand nicht mit einer Anerkennung der DDR verbunden sei. Mit anderen Worten, die Anwesenheit eines ostzonalen Botschafters in Moskau wäre für die Bundesrepublik kein absolutes Hindernis, diplomatische Beziehungen zur Sowjetunion aufzunehmen, wenigstens nicht im Anfangsstadium! Brentano sagte mir, er wolle nicht mit Hilfe einer Nebenfrage der Hauptfrage, der Aufnahme diplomatischer Beziehungen, ausweichen.

4.) Wege zur Wiedervereinigung: Da man das Bündnis mit dem Westen nicht aufgeben will, rechnet man mit sehr lang dauernden Verhandlungen. Die Wiedervereinigung Deutschlands kann nur erreicht werden in einer Atmosphäre allgemeiner Entspannung. Diese soll durch Abrüstung und kollektive Sicherheit herbeigeführt werden. Adenauer erklärte: „Die Bundesregierung steht dem Gedanken eines allgemeinen Sicherheitssystems für Europa positiv gegenüber. Jedoch betrachtet sie als Voraussetzungen für die Wirksamkeit eines solchen Systems die Wiedervereinigung Deutschlands und die Beteiligung der Vereinigten Staaten und Kanadas. Die Bundesrepublik begrüßt jede Maßnahme, die geeignet ist, zu einer allgemeinen Rüstungsbegrenzung zu führen, als eine der wichtigsten Voraussetzungen für eine allgemeine Entspannung."

Der Text der an die Bundesrepublik gerichteten russischen Note war überraschend gemäßigt. Sie enthält keine Vorwürfe gegen die Bundesrepublik, keine Ausfälle gegen Adenauer. Im Gegenteil: Der oft als Verräter Geschmähte wird nach Moskau eingeladen. Der Bundesrepublik wird fast der Hof gemacht. Sehr interessant ist, daß für die Verhandlungen keinerlei Bedingungen gestellt werden.

In der Tat liegt erhöhtes russisches Werben in der Luft. Den Sowjets stehen viele verführerische Konzessionen zur Verfügung: freie Wahlen, internationale Kontrolle, Wiedervereinigung, Revision der Oder-Neiße-Linie gegen den

Preis der Aufgabe der Pariser Verträge. Adenauer soll dadurch in das schwere Dilemma hineinmanövriert werden: Er soll vor deutscher Öffentlichkeit als Politiker hingestellt werden, der ein Bündnis mit dem Westen der deutschen Wiedervereinigung vorzieht. Adenauer ist zu diesem Weg – wenn nötig – auch bereit, und er wird – wenn nicht alle Zeichen trügen – trotz größter Anfechtungen auch den erforderlichen Rückhalt im Parlament schließlich finden.

24. Juni 1955

72 *Vor den Konferenzen in Genf und Moskau:* Ich unterhielt mich mit führenden deutschen Politikern, darunter dem ersten Berater des Bundeskanzlers über Aspekte und Perspektiven der bevorstehenden Konferenz in Genf und Moskau.

Die Bundesregierung wird nächste Woche auf die sowjetische Einladung nach Moskau zur Herstellung normaler Beziehungen antworten und zwar in Form einer Note, welche durch die Deutsche Botschaft in Paris der dortigen Sowjetischen Botschaft überreicht wird. Weitere Kontakte zwischen diesen beiden Botschaften werden erstrebt, doch erst nach Überreichung der Note. Die Antwort wird auf beide Einladungen: zum Besuch wie zur Aufnahme der Beziehungen positiv lauten. Als Datum von Adenauers Besuch in Moskau käme September, jedenfalls nur ein Termin *nach* der Genfer Viererkonferenz in Betracht. Bedingungen werden nicht gestellt, insbesondere nicht Fragen wie Anerkennung der Sowjetzone und Revision der Oder-Neiße-Linie etc. als Voraussetzungen aufgeworfen.

In dem anzubahnenden deutsch-russischen Gespräch wird die Frage der Freilassung der deutschen Kriegsgefangenen, deren Zahl auf 100 000 (inklusive die Zivilinternierten) geschätzt wird, große Bedeutung annehmen. Adenauer dürfte sie in Moskau als eine der ersten zur Sprache bringen. Über Moskaus Pläne für die Konferenz weiß man hier noch nichts Genaues. Man glaubt, daß die Hauptziele der Sowjets sich nicht geändert haben; nach wie vor wollen sie die Amerikaner aus ihren kontinentalen Stützpunkten hinausmanövrieren und die Herauslösung Deutschlands aus dem westlichen Bündnis. Dafür sind sie – rechnet Bonn – bereit, mit ihren Angeboten bis an die Grenze des für Moskau Tragbaren zu gehen. Wo diese liegt, darüber gibt es nur Mutmaßungen. Regierungskreise teilen nicht die illusionistischen Erwartungen der Presse, daß die Angebote bis zu einer Revision der Oder-Neiße-Linie gehen könnten. Doch wäre nicht ausgeschlossen, daß die Wiedervereinigung inklusive international kontrollierter Wahlen angeboten würde.

Da das russiche Hauptziel (Loslösung vom Westen) für Bonn inakzeptabel ist, zerbricht man sich den Kopf, mit welchen Gegenleistungen man den Russen entgegenkommen könnte, um trotzdem zur Wiedervereinigung Deutschlands zu gelangen. Da die Sowjets wegen der Erstarkung des Westens und auch wegen der Entwicklung Chinas zur Weltmacht ein zunehmendes Bedürfnis nach Sicherheit haben, dürften sie interessiert sein, ihr Verhältnis zu Deutschland in Zukunft zu verbessern. In der Abrüstungsfrage könnte sodann eine mit Garantien versehene Limitierung der deutschen Aufrüstung für die Russen Wert haben. Auch in der Frage der Stützpunkte möchte Bonn nicht starr sein. Eine Möglichkeit wäre, daß Osten und Westen im Rahmen eines Sicherheitssystems einen langfristigen Plan ausarbeiten, wie die amerikanischen und sowjetischen Militärbasen in gewissen geographischen Räumen und zeitlichen Abschnitten zurückzuziehen seien; natürlich dürfte das niemals bis zum vollständigen Abzug der amerikanischen Truppen aus Deutschland gehen.

Genfer Konferenz: Adenauer kam von seinen Kontakten mit Eisenhower, Dulles, Eden und Macmillan sehr befriedigt zurück. Er vermied, auf eine direkte Beteiligung der Bundesrepublik an der Genfer Konferenz zu dringen, um damit nicht die Frage einer Beteiligung der Sowjetzone aufzuwerfen. Doch soll Bonn – anders als bei der 1954er Berliner Konferenz – nicht nur informiert, sondern auch konsultiert werden. Zu diesem Zweck begibt sich eine deutsche Delegation von Beobachtern nach Genf. Zeitungsmeldungen über eine „Achse Bonn-Washington" seien Nonsens; sie widersprächen der politischen Grundkonzeption von der „Einigkeit des Westens". In Abrede gestellt wird auch, daß die deutsche Frage bei der Genfer Konferenz kaum, sondern erst bei den Moskauer-Besprechungen mit Adenauer verhandelt werden sollte. Die amerikanischen und englischen Staatsmänner versprachen Adenauer, die Deutschland-Frage in Genf als eines der wichtigsten Probleme zu behandeln. Übrigens wäre es eine Illusion, die Lösung des Deutschland-Problems ausschließlich von direkten Verhandlungen Bonn-Moskau zu erwarten. Die Deutschland-Frage muß schon deshalb in Genf eine Rolle spielen, weil weder das allgemeine Abrüstungsproblem noch die sowjetischen Forderungen auf Sicherheitsgarantien sich vom Deutschland-Problem trennen lassen. Ein Sachverständigenausschuß der Westmächte für die Deutschland-Frage wurde gebildet. Delegierte der Bundesrepublik werden mitwirken. Er tritt dieser Tage in Bonn zusammen.

Alles in allem ist man in Bonn, was die Chancen der Konferenz angeht, mehr skeptisch als optimistisch. Trotz der wiederholten Gesten Moskaus, die seine Verhandlungsbereitschaft demonstrieren sollten und Verbesserungen der politischen Atmosphäre (Österreichischer Staatsvertrag, Besuch Belgrads, Entgegenkommen in den Verfahrensfragen für Genf) sind nach hiesiger Auffassung die Positionen der beiden Blöcke in den großen politischen Fragen zunächst noch unverändert und klaffen besonders in der Deutschland-Frage noch auseinander.

8. Juli 1955

73 *Bonn zur Genfer Konferenz:* Der Staatssekretär im Bundeskanzleramt, Herr Globke[132], sowie Minister Erhard waren heute bei mir zu Gast. Ich unterhielt mich mit ihnen über gewisse Aspekte der deutschen Frage an der kommenden internationalen Konferenz.

Bonn glaubt nicht – trotz der von den Russen in Belgrad und Wien praktizierten neuen Politik – an eine grundlegende Wandlung der russischen Einstellung. Man erwartet, daß Moskau in der deutschen Frage verlockende Vorstöße bereit hält: 1. Freie Wahlen; 2. Eine deutsche Armee; 3. Zufolge gewisser Informationen über die im Mai in Warschau abgehaltene Satellitenkonferenz rechnet Bonn sogar damit, die Sowjets könnten die Möglichkeit einer Diskussion der Oder-Neiße-Linie andeuten. Nach wie vor wäre der deutscherseits für diese Konzession zu zahlende Preis die Aufgabe des Bündnisses mit dem Westen.

Derartige Vorschläge – hier mehr als Fata morgana und Falle eingeschätzt – würden, und das ist Zweck der russischen Taktik, die deutsche Öffentlichkeit tief aufwühlen. Dennoch wird Adenauer unerschütterlich an seiner westlich orientierten Politik und den eingegangenen Bündnissen festhalten. Mein Gesprächspartner erzählte mir, Adenauer habe dies noch gestern dem Oppositionsführer Ollenhauer erklärt und ihn darauf hingewiesen, daß Deutschland, nachdem die Nazis das ganze Vertrauen des Auslands in die deutsche Vertragstreue zerstört hätten, die eben eingegangenen Verpflichtungen doppelt strikt respektieren müsse. Eine andere Politik wäre ein Abdanken.

Warum wurde in der deutschen Antwortnote mit keinem Wort die Einladung des Kanzlers nach Moskau erwähnt? Die Erklärung meines Gesprächspartners lautete folgendermaßen: Zunächst wäre es irrig, daraus zu schließen, Adenauer wolle nicht nach Moskau fahren. Vielmehr rechnet Bonn mit einer solchen Reise im September. Die Gründe für die Nichterwähnung liegen in folgendem: Eines der Hauptresultate von Adenauers Besuch in Amerika war, daß ihm von allen westlichen Staatsmännern versprochen wurde, die Frage der deutschen Wiedervereinigung an der Genfer Konferenz in den Vordergrund zu stellen. Unter diesen Umständen wollte Adenauer die Frage seines Besuches in Moskau bis nach erfolgter Genfer Konferenz in der Schwebe lassen, um nicht den Anschein zu erwecken, er wolle den Schwerpunkt der Besprechungen über die deutsche Frage von Genf nach Moskau verlegen. Bei dieser Lage der Dinge schien ein auf Zeitgewinn angelegter Zwischenbescheid gegeben.

Mein Gesprächspartner gab der Meinung Ausdruck, daß freie Wahlen in der Sowjetzone nicht nur die gegenwärtigen Machthaber wegfegen, sondern auch

---

[132] Globke, Hans (1898–1973), Beamter, 1932–1945 im Reichsinnenministerium, 1950 Ministerialdirektor im Bundeskanzleramt, 1953–1963 Staatssekretär und enger Mitarbeiter Adenauers, wegen seiner Tätigkeit im Dritten Reich (Mitherausgeber des Kommentars zu den Nürnberger Rassegesetzen) heftig angegriffen.

zu Gunsten Adenauers ausfallen würden. Es sei völlig abwegig, was die Opposition insinuiert, Adenauer begünstige Verzögerungen der Wiedervereinigungspolitik aus Bedenken, Wahlen könnten das Fortbestehen seines Regimes kompromittieren.

Demilitarisierung der Sowjetzone: Wenn ein solcher Vorschlag aus den Konferenzen sich ergeben sollte, scheint er für Bonn durchaus tragbar.

Nach wie vor rechnet man in Bonn mit keiner raschen Lösung in der deutschen Frage, vielmehr mit einer Entwicklung, die sich auf lange Zeit, sogar auf Jahre erstreckt.

Minister Erhard zur Moskauer Reise: Minister Erhard erwähnte mir, daß, wenn Adenauer nach Moskau reisen sollte, er ihn begleiten würde. Dies hätte nicht die Bedeutung, daß er mitfahre, um eine Ausweitung des Handels mit den Sowjets anzutreiben wie es vielleicht gewisse Industrielle möchten, sondern im Gegenteil, um den Kanzler zu warnen; es sei anzunehmen, daß die Sowjets auch auf wirtschaftlichem Gebiet mit verlockenden Angeboten auftreten werden. Erhards Rolle wäre dann die, dem Kanzler zu sagen, wieviel oder – besser gesagt – wie wenig hinter den schönen Angeboten für Deutschland stekke.

Wirtschaftliche Integration Europas? Ich sprach ferner mit Minister Erhard über das immer wieder von Bonn vertretene Programm der wirtschaftlichen Integration Europas. Wie anzunehmen, äußerte sich Erhard für ein funktionelles Zusammenarbeiten. Er sei gegen supranational organisierte Wirtschaftsgebiete und gegen die Einführung supranationaler Behörden. Da die Mehrzahl der europäischen Staaten gegen die supranational organisierte Form ist, sei es unrealistisch, solche Wirtschaftsgebiete anzustreben. Europa ist dafür nicht reif. Solche Gebilde würden nur die Gefahr heraufbeschwören, daß sie in Kampfstellung gerieten zu anderen Wirtschaftsgebieten; anstatt einer Erweiterung zum Weltmarkt würden neue wirtschaftliche Kampffronten entstehen. Ähnliche Anschauungen huldigen übrigens auch die Bank deutscher Länder sowie der von der Londoner Schuldenkonferenz bekannte Finanzexperte Abs[133]. Integrationsfreundlichen Äußerungen der Bonner Kreise dürfte der Charakter von Rückzugsgefechten zukommen.

1. September 1955

Adenauers Besuch in Moskau: Hier verdichtet sich immer mehr der Eindruck, **74** Moskau wolle – obwohl es immer wieder sein Interesse für die Wiedervereinigung Deutschlands beteuert – in Tat und Wahrheit das Gegenteil der Wiedervereinigung, nämlich die Beibehaltung des gegenwärtigen Status quo, d. h. des

---

[133] Abs, Hermann Josef (geb. 1901), deutscher Bankier, 1957–1967 Vorstandssprecher der Deutschen Bank, galt mehrfach als Kandidat für hohe Regierungsämter in der Bundesrepublik.

kommunistischen Regimes der Deutschen Demokratischen Republik und damit die Spaltung Deutschlands. Die auf den Moskauer Besuch gesetzten Erwartungen sinken entsprechend und werden von offizieller Seite noch systematisch gedämpft. Regierungskreise deuten an, es stehe gar nicht fest, ob es in Moskau zur Anbahnung diplomatischer Beziehungen mit der Sowjetunion kommen werde. Die neueste Version lautet: Adenauers Reise gelte der *„Vorbereitung* diplomatischer Beziehungen", wobei der Akzent – so wird betont – auf dem Wort „Vorbereitung" liege. Das soll bedeuten: Wenn die Sowjetunion zur Entspannung der deutschen Frage, d. h. für die Wiedervereinigung *gar kein* Entgegenkommen erkennen lasse, dann läge es eben auch im Bereich des Möglichen, daß für die sofortige Anknüpfung diplomatischer Beziehungen die Zeit vorläufig nicht für reif angesehen würde.

Vieles spricht dafür, daß Adenauer erwägt, eine so kühne Partie zu spielen. Das Bedenken gegen den Austausch diplomatischer Beziehungen, weil sich daraus ungünstige Konsequenzen für die Wiedervereinigung ergeben könnten, gewinnt an Gewicht. Vor allem sollen die ernüchternden Auslassungen dazu dienen, die Spekulationen zu dämpfen, welche Adenauers Einladung nach Moskau hier entzündet hatte. Die deutsche Öffentlichkeit soll von Adenauers Reise nicht erwarten, er werde – gleich einem deus ex machina – die Wiedervereinigung hervorzaubern. Bonn will vor allem die Gefahr bannen, daß Adenauer, falls er – wie hier befürchtet wird – mit leeren Händen aus Moskau zurückkehren sollte, deswegen in der deutschen öffentlichen Meinung einen Vertrauenssturz erleide. Das ist – nach hiesiger Auffassung – eine der Absichten, die der Kreml verfolgt. Die angestrebte Ernüchterung scheint übrigens auch einzutreten und wenn Adenauer nächste Woche nach Moskau reist, tut er es nicht mehr mit der Hypothek einer zu anspruchsvollen öffentlichen Meinung; er hat entsprechend mehr Aktionsfreiheit.

15. September 1955

75 *Moskauer Konferenz: erste Reaktionen.* Ich unterhielt mich gestern kurz nach seiner Rückkehr mit einem Mitglied der deutschen Delegation, Prof. Grewe[134], Leiter der Politischen Abteilung im Auswärtigen Amt.

Er erklärte, die Verhandlungen mit den Sowjets seien äußerst zäh gewesen. Der Kanzler sei bisher nie auf so hartnäckige Gesprächspartner gestoßen. Die Russen hätten starr an ihrer in der Note vom 7. Juni und am ersten Konferenztag dargelegten Haltung festgehalten. Neu sei in der Folge eigentlich nur gewesen, daß die Russen immer deutlicher zu verstehen gaben, sie hätten Zeit, und ein erstes Nachgeben müsse von deutscher Seite erfolgen. Die deutsche Dele-

---

[134] Grewe, Wilhelm G. (geb. 1911), deutscher Diplomat und Staatssprecher, enger politischer Berater Adenauers. Sonderbevollmächtigter auf der Berliner Konferenz 1954 und der Genfer Viermächtekonferenz 1955, 1955–1958 Leiter der politischen Abteilung des Auswärtigen Amtes, 1958–1962 Botschafter in Washington.

gation sei dadurch vor eine schwierige Frage gestellt worden, weil die Kriegsgefangenenfrage innenpolitisch keinen weiteren Aufschub ertrage.

Die beiderseitigen Grundsatzerklärungen ließen sich kaum auf einen Nen-
ner bringen. Die Russen verlangten die sofortige Aufnahme der diplomatischen Beziehungen. Sie sehen in den Pariser Abkommen ernsthafte Hindernisse für die Wiedervereinigung. Adenauer sollte diese im Einvernehmen mit Pankow anstreben. Von den Kriegsgefangenen zunächst kein Wort.

Die Deutschen stellten demgegenüber gerade diese Frage an die Spitze: Ohne Freigabe der in Rußland zurückgehaltenen Deutschen keine diplomatischen
Beziehungen. Die Wiedervereinigung bleibt Sache der vier großen Mächte.
Die Bundesregierung betrachtet sich als die allein legale Vertretung aller Deutschen.

Man habe, so fuhr mein Gewährsmann fort, im Schoße der deutschen Delegation ernsthaft um einen Kompromiß gerungen. Die Russen hätten „hoch
und heilig" versprochen, die Freigabe der Gefangenen innert kurzer Frist zu
vollziehen. Alles hänge davon ab, ob sie ihr bloß mündliches Versprechen auch
honorierten. Bulganin[135] habe beim Abschied den Kanzler nochmals ausdrücklich ermächtigt, in Bonn entsprechende Zusicherungen zu machen.

Ich erhielt den Eindruck, nicht nur diese, mindestens im formellen offen ge-
bliebene Frage, veranlasse meinen etwas skeptischen Gesprächspartner, das
Gesamtergebnis zurückhaltend zu beurteilen. Er vermied es jedenfalls, die
Konferenz als einen Erfolg zu bezeichnen. „Adenauer konnte nicht mit leeren
Händen zurückkehren." Offenbar hätte auch die Russen ein Scheitern der
Konferenz nicht befriedigt.

Undurchsehbar und mühsam sei der von den Russen praktizierte Wechsel
des Klimas zwischen den Sitzungen – Spannungen bis zum äußersten – und den
gesellschaftlichen Anlässen – beinahe überbordende Freundschaftsbezeugun-
gen – gewesen. Ein Positivum sieht mein Gesprächspartner darin, daß die Russen außerhalb der Sitzungen irgendwelche Unannehmlichkeiten vermieden.
Weder die Vertreter Pankows noch der Satellitenstaaten seien je auf der Bildflä-
che erschienen. Diese Rücksichtnahme und der sozusagen einmalige Glanz des
Bundeskanzlerempfangs müßten bei der Beurteilung des Ergebnisses mit berücksichtigt werden. Der gute Wille zur Verständigung lasse sich den Russen
nicht völlig absprechen. Verborgen bleibe allerdings, worauf der Kreml auf
weite Sicht abziele.

In der Bundesrepublik wirkte der Kompromiß wie ein Blitz aus heiterem
Himmel. Moskau hat erreicht, was es anscheinend in diesem ersten Gespräch
wollte: den Austausch von Botschaftern. In deutscher Sicht kommt das Resultat einem Wechsel auf die Zukunft gleich. Es ist Bonn – mindestens optisch –

---

[135] Bulganin, Nikolai Alexandrowitsch (1895–1975), sowjetischer Politiker, 1934–1958 Mitglied des ZK der KPdSU, 1947–1949 und 1953–1955 Verteidigungsminister, 1955–1958
Ministerpräsident, 1958 aus allen Partei- und Regierungsämtern entlassen.

nicht gelungen, die Kriegsgefangenenfrage vor der Aufnahme der Beziehungen zu regeln. Das gemeinsame Communiqué spricht nur davon, „daß die Herstellung und Entwicklung normaler Beziehungen zwischen der Bundesrepublik Deutschland und der Sowjetunion zur Lösung der ungeklärten Fragen, die das ganze Deutschland betreffen, beitragen und damit auch zur Lösung des nationalen Hauptproblems des gesamten deutschen Volkes – der Wiederherstellung eines deutschen demokratischen Staates – verhelfen werden." Außerdem sollen in nächster Zeit Handelsbesprechungen geführt werden. – Ob die zurückgehaltenen Deutschen heimkehren, bevor die Botschafter verreisen, bleibt abzuwarten. Für den Kanzler wäre damit viel gewonnen. Zu einer schriftlichen Abmachung über die Gefangenen hätten die Russen offenbar nur Hand geboten, wenn Adenauer auch die Zuständigkeit der DDR in dieser Frage zugestanden hätte. Das konnte und durfte der Kanzler nicht, ohne sein Gesicht zu verlieren. Er zog das Risiko vor, daß das russische Versprechen unerfüllt bleiben könnte. In der Öffentlichkeit ist die Hoffnung auf die baldige Heimkehr der Gefangenen gestiegen und mit ihr auch das Prestige des Kanzlers. In alliierten Kreisen in Bonn wird die Vermutung vertreten, Adenauer hätte sein Ansehen nie leichtfertig aufs Spiel gesetzt.

In hiesigen politischen Kreisen wird die Möglichkeit diskutiert, Bonn spekuliere darauf, seiner Botschaft in Moskau dürfte es innert kurzer Frist gelingen, den dortigen Vertreter Pankows in den Hintergrund zu schieben. Perspektiven in dieser Richtung scheinen nicht zum vornherein abwegig, insbesondere wenn man bedenkt, daß dem westdeutschen Botschafter Türen offen stehen, die den Vertretern der DDR verschlossen bleiben. Bonn dürfte nichts unterlassen, um die neue Mission mit ersten Kräften auszustatten.

Umstritten ist in den Pressekommentaren die Frage, ob die Normalisierung der Beziehungen die Wiedervereinigung erschwert oder erleichtert. Man fürchtet eine Anerkennung des status quo. Der vom Kanzler an Bulganin gerichtete Brief erhält zwar zwei Vorbehalte: 1. Der Austausch von Botschaftern bedeutet keine Anerkennung der Oder-Neiße-Linie; die Grenzfragen bleiben der friedensvertraglichen Regelung vorbehalten. 2. Die Bundesrepublik hält ihren Anspruch aufrecht, das ganze deutsche Volk zu vertreten. Dieses Schreiben vermag als einseitiger Akt keine befriedigende Klarheit zu schaffen. Die entscheidenden Meinungsverschiedenheiten bleiben bestehen, solange Moskau den Vorbehalten nicht zustimmt, wodurch es Pankow fallen ließe. Damit rechnet hier heute niemand. Der Kanzler wird sich nie der angeblich von Chruschtschow[136] geäußerten Meinung anschließen, in Moskau sei der Weg frei geworden für unmittelbare Gespräche Bonns mit dem Sowjetzonenstaat.

---

[136] Chruschtschow, Nikita Sergejewitsch (1894–1971), sowjetischer Politiker, 1934–1966 Mitglied des ZK der KPdSU, 1939–1964 Mitglied des Politbüros bzw. Präsidiums des ZK der KPdSU, 1953–1964 Erster Sekretär des ZK, 1958–1964 Vorsitzender des Ministerrates, betrieb eine Politik der Entstalinisierung, 1964 aller Ämter enthoben.

Adenauer blieb in einem Punkte fest: Er überläßt den vier Mächten die Verantwortung in der Wiedervereinigungsfrage. Die regierungstreue Presse pflichtet ihm darin weitgehend bei.

Der zweite Vorbehalt Adenauers ist nicht nur an die Russen, sondern ebensosehr an den Westen gerichtet. Bonn wird auch in Zukunft eifersüchtig darüber wachen, daß seine Ansprüche auf alleinige Vertretung Gesamtdeutschlands beachtet werden.

Bemerkenswert sind vorläufig unkontrollierbare Gerüchte, wonach Jugoslawien nun daran denken soll, die Sowjetzonenregierung anzuerkennen. Auch Schweden soll die Frage erneut prüfen.

Ein abschließendes Urteil über das Moskauer Resultat wird frühestens möglich sein, wenn der Kanzler (voraussichtlich Ende nächster Woche) dem Parlament berichtet hat. Die großen Parteien, einschließlich der Opposition, üben noch Zurückhaltung. Als einziger Parteivorsitzender hat sich bisher Dr. Dehler von der Freien Demokratischen Partei zum Wort gemeldet. Er sprach von einem dürftigen Ergebnis. Sonst herrscht die Tendenz, Vorteile und Nachteile zunächst gegeneinander abzuwägen, wobei nicht verhehlt wird, daß manche Hoffnungen sich nicht erfüllten. Das sozialdemokratische Delegationsmitglied erklärte nach der Rückkehr: „Es gab keine andere Lösung."

22. September 1955

Deutsch-sowjetische Beziehungen: In seiner heutigen Erklärung vor dem Bundestag umriß der Kanzler das Ergebnis der Moskauer Besprechungen. Er unterstrich kurz die Bedeutung der versprochenen Freilassung der noch in Rußland zurückgehaltenen Militär- und Zivilpersonen, ohne etwa die Regelung dieser Frage für sich persönlich in Anspruch zu nehmen. Im Mittelpunkt stand die Feststellung, die Bundesrepublik habe ebenso wie die übrigen Westmächte das Recht, mit dem Kreml Beziehungen zu unterhalten. Dadurch werde der Westen nicht geschwächt. Er sehe darin vielmehr eine Verstärkung der westlichen Stimme in Moskau. Die Verträge mit dem Westen blieben das Mittel zur Wiedervereinigung in Frieden und Freiheit. Wichtig sei, daß auch die Sowjets ihre Pflicht anerkannt hätten, an der Wiedervereinigung mitzuarbeiten. Die sowjetische Regierung wisse, daß nach seiner Auffassung eine Entspannung nur am Ende politischer Entscheidungen eintreten könne. Voraussetzung dafür sei ein echtes Sicherheitssystem, das bei Fortbestand der Teilung unmöglich sei. Zu den Vorbehalten über die deutschen Grenzen und die Stellung der Regierung der Bundesrepublik als allein legale Vertretung Deutschlands machte der Kanzler u. a. zwei Hinweise: 1. In Potsdam blieb die Grenzfrage dem Friedensvertrag vorbehalten. Die sowjetische Meinung, das Problem sei damals gelöst worden, sei irrig. – 2. Die NATO-Mächte hätten Bonn als allein berechtigten Vertreter Deutschlands anerkannt. Die Anerkennung der DDR durch Drittstaaten müßte als unfreundlicher Akt gegenüber der Bundesrepu-

76

blik betrachtet werden. – Abschließend betonte Adenauer, er habe in Moskau das Mögliche herausgeholt. Er verkenne die Problematik der Lösung nicht. „Ohne jedes Risiko sind unsere Probleme nicht lösbar, läßt sich die Wiedervereinigung nicht herbeiführen."

Der Bundestag wird voraussichtlich mit einer in außenpolitischen Fragen bisher kaum je erreichten Mehrheit der Aufnahme der diplomatischen Beziehungen zustimmen. Erwartungsgemäß haben die Koalitionsparteien sich hinter den Kanzler gestellt. Die Nuancen in der Begründung ihrer Stellungnahme sind unbedeutend.

Die Opposition sah sich vor ein unlösbares Dilemma gestellt. Die Kontaktnahme mit Moskau entspricht ihren Wünschen, ebenso die Freigabe der Gefangenen. Sie war aber gegen die „Politik der Stärke" des Kanzlers, ohne die es vielleicht nie zu Verhandlungen gekommen wäre. Ein Nein oder Stimmenthaltung konnte sie sich mit Rücksicht auf ihre Wähler nicht leisten. Ollenhauer, der Vorsitzende der Sozialdemokratischen Partei Deutschlands (SPD), erklärte zwar, die Moskauer Konferenz bedeute das vollständige Scheitern der Außenpolitik der Bundesregierung. Die sozialdemokratische Fraktion im Bundestag beschloß indessen einstimmig, das Ergebnis zu billigen. Auch sie will alle Chancen ausnützen, die die diplomatischen Beziehungen zur Förderung der Wiedervereinigung bieten.

Die Bemühungen um gemeinsame Entschließungen des Bundestags sind auf gutem Wege. Die eine soll sich mit der Kriegsgefangenenfrage befassen. Die andere würde die Vorbehalte des Kanzlers in seinem Schreiben an Bulganin bekräftigen, wonach erstens die Grenzfrage bis zum Friedensvertrag offen bleibt und zweitens sich die Bundesregierung als allein legitimierter Repräsentant der Deutschen betrachtet.

Paradoxerweise steht dieser einmütigen Zustimmung im Parlament – die der Auffassung der breiten Öffentlichkeit entspricht – eine andere Tatsache gegenüber: Das Unbehagen in den politischen Kreisen Bonns über das Resultat des ersten vom Westen unabhängig erfolgten Schrittes des Kanzlers hält an. Mit einem gewissen Hang zur Selbstzerfleischung und zur Verabsolutierung wird bemängelt, daß der Aufnahme der Beziehungen eine russische Gegenleistung politischen Inhalts nicht gegenübersteht. Man hat von Moskau mehr erwartet und ist enttäuscht, weil Hoffnungen, vor denen der Kanzler freilich gewarnt hat, sich nicht erfüllten. Die Wiedervereinigung erscheint vielen erst recht in die Ferne gerückt.

Der Vertreter Bayerns in Bonn erklärte mir, Adenauer sei ausgezogen, um das goldene Vlies zu holen. Zurückgebracht habe er ein trojanisches Pferd. Mein Gesprächspartner teilt die Befürchtung mancher, die russische Propaganda in der Bundesrepublik werde auf die Dauer nicht ohne jeden Erfolg bleiben, und zwar sowohl innen- wie außenpolitisch.

Ein anderer christlich-demokratischer Politiker bedauerte mir gegenüber, daß der Kanzler aus innenpolitischen Erwägungen zum Handeln in einer außenpolitischen Frage gezwungen werde. Der Kanzler wäre jedoch von allen Seiten, auch aus den eigenen Reihen, angegriffen worden, wenn er mit leeren Händen zurückgekommen wäre. Es scheine ihm, die innenpolitische Bedeutung der Kriegsgefangenenfrage werde in der Diskussion zu sehr in den Hintergrund gedrängt durch alle möglichen außenpolitischen Spekulationen. In die Aufnahme der Beziehungen werde zuviel hineininterpretiert. Vorläufig werde sich nicht viel ändern. Ausschlaggebend sei erst die kommende Genfer Konferenz.

Ein Teilnehmer an den Moskauer Verhandlungen bestätigte mir, die Meinungen innerhalb der deutschen Delegation seien geteilt gewesen. Der Kanzler sei namentlich vom sozialdemokratischen Vizepräsidenten des Bundestages, Carlo Schmid, unterstützt worden. Der Außenminister und die Berater vom diplomatischen Dienst, insbesondere der deutsche Botschafter bei der NATO, Blankenhorn, hätten sich, wenn überhaupt, nur unter größten Bedenken mit dem Kompromiß abgefunden.

In seinen Erklärungen vor der Presse beteuerte der Kanzler und mit ihm der Außenminister Brentano, die Bundesrepublik werde selbstverständlich ihre Verpflichtungen gegenüber dem Westen honorieren. Er appellierte an seine Verbündeten, die Wiedervereinigung nun erst recht voran zu treiben. Das russische Bedürfnis nach Entspannung müsse der Westen ausnützen. – Nachdem Adenauer aber – wie er selbst zugibt vom russischen Potential stark beeindruckt – an seiner bisherigen Linie mindestens nicht stur festgehalten hat, melden sich vermehrt kritische Stimmen, die es nicht für ausgeschlossen halten, der ersten Konzession könnten allenfalls auf lange Sicht weitere folgen. Vorläufig deutet aber nichts darauf hin.

29. September 1955

Bonn oder Pankow: In seinem Bericht über die Verhandlungen in Moskau erklärte der Kanzler am 22. September vor dem Bundestag: „Die Bundesregierung ist daher nach wie vor die einzige frei und rechtmäßig gebildete deutsche Regierung, die allein befugt ist, für das ganze Deutschland zu sprechen." Um jeden Zweifel an der Unveränderlichkeit dieser Haltung zu zerstreuen, sei die Sowjetregierung darüber unterrichtet worden. Sie nehme also die Beziehungen mit Bonn zwar nicht mit Billigung, aber doch in Kenntnis dieses Standpunktes auf.

77

Der anschließende Passus über die allfällige Anerkennung Pankows durch andere Regierungen lautet wie folgt: „Auch dritten Staaten gegenüber halten wir unseren bisherigen Standpunkt bezüglich der sogenannten ‚DDR' aufrecht. Ich muß unzweideutig feststellen, daß die Bundesregierung auch künftig die Aufnahme diplomatischer Beziehungen mit der ‚DDR' durch dritte Staaten, mit denen sie offizielle Beziehungen unterhält, als einen unfreundlichen Akt ansehen würde, da er geeignet wäre, die Spaltung Deutschlands zu vertiefen."

Die Frage ist bisher von Adenauer nie in dieser Schärfe vor der Öffentlichkeit behandelt worden. Die Erklärung liegt dem Sinne nach indessen voll und ganz auf der bisherigen Linie Bonns. Sie erhielt den Beifall der Koalition im Bundestag, insbesondere der Christlich Demokratischen Union/Christlich Sozialen Union (CDU/CSU).

In der Debatte vom 23. September griff der Chef der Opposition, Ollenhauer, den zitierten Absatz auf. Er sagte, alle seien sich wohl darüber klar, „daß die Frage der diplomatischen Beziehungen zwischen den Regierungen der westlichen Welt und Pankow durch unseren Entschluß, einen Botschafter nach Moskau zu entsenden, komplizierter geworden ist, als sie vorher war". Er bedaure die Form, in der der Kanzler das Thema behandelte, außerordentlich. Adenauer habe oft davon gesprochen, wie lang und schwierig der Weg zur Wiedergewinnung des Vertrauens der Welt zum deutschen Volke sei. „Wenn er jetzt beinahe ultimativ erklärt, daß die Bundesregierung auch künftig die Aufnahme diplomatischer Beziehungen zu der DDR durch dritte Staaten als einen unfreundlichen Akt ansehen würde, dann frage ich mich, wem mit solchen starken Worten eigentlich gedient ist. Dem deutschen Volke sicher nicht!" Man müsse über diese Dinge reden, aber in einer „uns gemäßeren Form" auf dem Wege einer freundschaftlichen Verständigung.

Der Kanzler wiederholte nach dem Votum Ollenhauers den einschlägigen Passus seiner Erklärung. Es war dies sein einziger Eingriff in die Diskussion.

Der schwedische Gesandte in Bonn bezeichnete den Passus der Regierungserklärung als außerordentlich weitgehend. Er deute auf eine gewisse Unsicherheit in Bonn hin. Es komme darin allerdings auch das Bestreben zum Ausdruck, einerseits die Trennung nicht noch mehr zu verhärten und anderseits die Ausführungen über die Verbundenheit Bonns zum Westen zu unterstreichen. – Aus dem weiteren Gespräch gewann ich den Eindruck, Schweden werde die von meinem Partner als unübersehbar bezeichnete Entwicklung zunächst abwarten. Jedenfalls ergaben sich keine Anhaltspunkte für eine bevorstehende Anerkennung Pankows durch Stockholm. Im Gegenteil. Heute morgen meldete der deutsche Nachrichtendienst, der schwedische Außenminister habe die Mitteilung einer norwegischen Zeitung dementiert, wonach Schweden die Regierung Grotewohl anerkennen werde.

Ein hoher Ministerialbeamter im Bundeskanzleramt, den ich in einer Routinesache aufsuchte, erklärte mir, der Kanzler habe es zur Zeit schwer. Adenauer müsse auf allen Seiten wehren, „um das Moskauerresultat aufzufangen". Er vermute, fuhr er etwas unvermittelt fort, auch die Schweiz habe es wegen ihrer Neutralität nicht leicht, in der Pankow Frage zurechtzukommen. – Ich legte dar, aus welchen Gründen es uns nicht möglich gewesen sei, die seinerzeitige Fühlungnahme mit Vertretern der Sowjetzone fortzusetzen und mit ihr irgendeine Vereinbarung zu treffen. Es bestehe, soweit ich es beurteilen könne, kaum Anlaß, unsere bisherige Haltung zu ändern.

Es zeigen sich immer mehr schwierige Fragen, die sich aus dem Moskauer

Ergebnis herauskristallisieren. Das gilt nicht zuletzt für das in diesem Bericht herausgegriffene Problem der Anerkennung Pankows durch andere Staaten.

Der Kanzler erklärte vor der Presse, er denke vorläufig nicht daran, mit den östlichen Satelliten diplomatische Beziehungen aufzunehmen. Zuerst müßten die Verhältnisse mit Moskau geregelt werden. Wird es Bonn gelingen, allfälligen Begehren der Satelliten zu widerstehen, nachdem es mit Moskau Botschafter ausgetauscht hat? Im Auswärtigen Amt wird die Auffassung vertreten, einem diesbezüglichen Wunsch einer Satellitenregierung könnte mit einem Hinweis auf deren Beziehungen zu Pankow entgegengetreten werden.

Die Westmächte konnte der Kanzler auf ihrer früheren Entscheidung behaften. Die zu keinem der beiden Blöcke zählenden Staaten werden von ihm nun in ziemlich schroffer Weise vor die Wahl gestellt: Bonn oder Pankow. – Dem Kreml räumte der Kanzler eine Sonderstellung ein: Pankow und Bonn. Ob er die gleiche Möglichkeit mit der Zeit nicht auch anderen zugestehen muß, ist eine Frage, die zur hiesigen Beunruhigung beiträgt, wenn sie auch nicht im Vordergrund steht.

Inzwischen haben die drei Westmächte auf Ersuchen der Bundesregierung durch ihre Außenminister in New York erneut erklärt, die Regierung in Bonn habe allein das Recht, für Deutschland in internationalen Angelegenheiten zu sprechen. Sie könnten weder das Sowjetzonenregime noch die Existenz eines Staates in der Sowjetzone anerkennen. Diese Bestätigung – und Ausweitung – der früheren westlichen Stellungnahme vom 23. Oktober 1954 wurde in Bonn mit Genugtuung aufgenommen.

20. Oktober 1955

Bonn und die Saar: Ich suchte gestern den stellvertretenden Leiter der Politischen Abteilung im Auswärtigen Amt, Gesandten Carstens[137], auf. Nach seinen Ausführungen nahm das Auswärtige Amt mit Befriedigung Kenntnis vom Vertrauensvotum für Faure[138]. Bonn hätte sich von einem negativen Ausgang der Abstimmung in Paris nichts Gutes versprochen. Eine Genfer Konferenz ohne vollwertigen französischen Vertreter wäre nach deutscher Auffassung vornehmlich in taktischer Hinsicht nicht frei von Risiken gewesen. Der Westen sei mehr als je an geschlossenem Auftreten interessiert.

Auch für die deutsch-französischen Probleme hätte ein Sturz Faures sich ungünstig ausgewirkt, namentlich etwa, wenn das Saarstatut verworfen würde. Für diesen Fall müsse Adenauer in Paris einen handlungsfähigen Partner

78

---

[137] Carstens, Karl (geb. 1914), Professor für Staats- und Völkerrecht, 1954–1966 im Auswärtigen Dienst, 1960–1966 Staatssekretär, 1972 MdB (CDU), 1973 Fraktionsvorsitzender, 1979–1984 Bundespräsident.

[138] Faure, Edgar (geb. 1908), französischer Politiker, 1952–1958 wiederholt Minister, 1952 und 1955 Ministerpräsident, 1966 Landwirtschaftsminister, 1968–1969 Unterrichtsminister, 1972–1973 Sozialminister, 1973 Präsident der Nationalversammlung.

haben, um eine andere Lösung als die einfache Rückkehr zum status quo anzubahnen. Frankreich werde sich allerdings, wenn überhaupt, nur mit Mühe zu neuen Vorschlägen durchringen. Ein Entscheid darüber dürfte vielleicht auch verzögert werden durch größere Sorgen, zum Beispiel in Nordafrika. Außerdem nähere sich Frankreich den Wahlen. Wenn Pariser Regierungskreise bisher neue Gespräche zur Änderung des status quo ablehnten, so frage es sich, ob das nicht mehr den Sinn einer letzten Warnung an die Wähler in der Saar habe. Die Bundesregierung wolle zunächst den Ausgang der Abstimmung abwarten. – Inzwischen hat der französische Ministerrat beschlossen, bei einer Ablehnung keine Verhandlungen mit Bonn aufzunehmen. Dazu hat die Regierung in Bonn sich noch nicht geäußert.

Mein Gesprächspartner fügte bei, das Auswärtige Amt begrüße den Beschluß des Ministerrats der Westeuropäischen Union in London, gemäß welchem die Mehrheit der abgegebenen gültigen Stimmen an der Saar entscheiden soll. Dadurch werde eine unerquickliche Auseinandersetzung vermieden, die sich nicht hätte ausschalten lassen, wenn das absolute Mehr der Stimmberechtigten verlangt worden wäre, dieses Quorum jedoch nicht hätte erreicht werden können, wohl aber eine einfache Mehrheit. Der Volksentscheid sei seinerzeit von Mendès-France verlangt worden. Der Kanzler habe sich dem in Baden-Baden nur widerstrebend gefügt; er wollte die Schaffung des ersten „europäischen" Staatsgebildes nicht irgendwie gefährden. Für die Franzosen stelle sich nun ihr früheres Verlangen als Klippe heraus, an der mit Wahrscheinlichkeit die langjährigen Bemühungen um eine Verständigung scheitern würden. Ein prodeutsches Plebiszit werde jede französische Regierung vor schwierige Fragen stellen.

Von meinem Gewährsmann wurde ich schließlich auf ein von deutschen Juristen jüngst ausgearbeitetes Gutachten verwiesen, wonach die Amtszeit des Ministerpräsidenten Hoffmann[139] spätestens am 23. Dezember dieses Jahres ablaufe, gleichgültig wie das Abstimmungsresultat ausfalle. Die Saarverfassung sehe vor, daß ein zum zweiten Mal gewählter Ministerpräsident nicht länger als drei Jahre im Amte bleiben dürfe. Hoffmann wurde am 23. Dezember 1952 wiedergewählt. Die erwähnte Verfassungsbestimmung sei zwar erst am 10. April 1953 rechtskräftig geworden; sie enthalte aber keine Bestimmung darüber, daß die Beschränkung nicht rückwirkend angewandt werden könnte.

Vor Genf: Das Auswärtige Amt besitzt keine Anhaltspunkte dafür, daß der in der „Times" Ende letzter Woche publizierte Artikel über eine von der bisherigen Planung abweichende Lösung der Wiedervereinigungsfrage als Versuchsballon der britischen Regierung anzusehen wäre. Diese Meinung wurde

---

[139] Hoffmann, Johannes (1890–1967), saarländischer Politiker, Gründer der Christlichen Volkspartei 1945, 1947–1955 Ministerpräsident des Saarlandes, setzte sich für ein Aufgehen der CVP in der CDU ein.

in einem Teil der deutschen Presse vertreten. Die „Times" erregte hier beträchtliches Aufsehen mit der Idee, ein west-östliches Sicherheitssystem wäre denkbar ohne vorhergehende Wiedervereinigung.

Mein Gesprächspartner erklärte, zwei Überlegungen müßten zum Schluß führen, die „Times" habe aus eigener Initiative gehandelt. Einmal sei dem deutschen Botschafter in London im Foreign Office von höchster Stelle bestätigt worden, die Wiedervereinigung stehe nach wie vor im Vordergrund. Außerdem hätten auch schon die bisherigen Gespräche, an denen die Bundesregierung beteiligt gewesen sei, Übereinstimmung der Meinungen gezeigt.

Die Bundesregierung habe infolgedessen auch keinen „eigenen" Plan. Nach den westlichen Vorschlägen werde ein wiedervereinigtes Deutschland außenpolitisch volle Entscheidungsfreiheit besitzen. Über das Sicherheitssystem könne vor der Konferenz nicht mehr gesagt werden, als daß der Westen den Russen, soweit möglich, entgegenkommen wolle. Die Bundesregierung betrachte die neueste Entwicklung im Nahen Osten mit kritischer Aufmerksamkeit. Die sich abzeichnende Einflußnahme Moskaus in Afrika sei nicht unbedenklich. Man könne darin ein Symptom sehen für sein unverändertes Streben nach Erweiterung des kommunistischen Machtbereichs. Wenn das das wahre Ziel der Politik des Kremls bleibe, dürften hinsichtlich der Wiedervereinigung auf Genf keine zu großen Hoffnungen gesetzt werden. Die Bundesregierung halte aber immer noch dafür, der Sowjetunion liege viel an einer längeren Periode der Entspannung.

In welchem Rahmen die Beobachter der Bundesregierung unter Führung von Minsterialdirektor Prof. Grewe, dem Leiter der Politischen Abteilung im Auswärtigen Amt, in Genf zu den Konferenzarbeiten herangezogen werden sollen, hängt nach meinem Gewährsmann von den Beschlüssen der vier Außenminister ab. Aus dem Argument, nur die Bonner Regierung und deren Vertreter würden von allen an der Konferenz beteiligten Regierungen anerkannt, werde sich kaum Gewinn ziehen lassen. Die Russen würden darauf beharren, daß den Vertretern der DDR die gleiche Behandlung zuteil würde wie den westdeutschen Beobachtern. Bonn werde sich aber allen Versuchen widersetzen, die die Stellung Pankows stärken könnten.

Die Kontakte zwischen der Regierung und der Opposition haben sich vermehrt. Außenminister von Brentano hat sich mit dem Vorsitzenden der Sozialdemokratischen Partei Deutschlands eingehend über die Vorarbeiten zur Genfer Konferenz unterhalten. Damit wird einem seit langem geäußerten Begehren Ollenhauers Rechnung getragen. Das Klima hat sich gebessert, ohne daß die Gegensätze schon gänzlich überwunden wären. Die Opposition glaubt nach wie vor, ohne eine Herauslösung Gesamtdeutschlands aus der NATO würden die Russen einer Wiedervereinigung nicht zustimmen.

27. Oktober 1955

79 *Saarabstimmung:* Ich sprach mit Staatssekretär K. [Carstens] über dieses Ereignis.[140] Daß das Saarstatut mit einer Zweidrittelmehrheit abgelehnt wurde,
erregte auch hier allgemein Überraschung. Das Abstimmungsergebnis schafft
eine schwierige und völlig neue Lage sowohl im Saargebiet wie für die internationalen Beziehungen: Ministerpräsident Hoffmann ist zurückgetreten, der
Landtag wird aufgelöst, Neuwahlen sollen folgen. Das Referendum hinterläßt
vor allem eine bedauerliche Spannung im deutsch-französischen Verhältnis,
von der noch niemand weiß, wie sie beseitigt werden kann. Vom Krankenlager
versuchte Adenauer diese Entwicklung zu steuern; fast beschwörend telegra-
fierte er an Ministerpräsident Faure: „Das Abstimmungsergebnis darf nicht die
guten Beziehungen zwischen Deutschland und Frankreich beeinträchtigen."
Das offizielle Bonn übt strengste Zurückhaltung. Auch die Presse enthielt sich
provozierender nationalistischer Ausbrüche.

In der Referendumskampagne wurde das eigentliche Thema der Abstimmung – das europäische Saarstatut – völlig verschoben. Die Bevölkerung küm-
merte sich kaum um dessen Inhalt; für sie war es eine Gelegenheit, mit dem un-
beliebten, undemokratischen Regime des Ministerpräsidenten Hoffmann ab-
zurechnen. Teilweise gilt das negative Votum aber auch der Macht, welche dieses Regime stützte. Daß die Saarländer sich von der Europäisierung des Saargebietes abkehrten, ist kein Wunder, nachdem das französische Parlament den
europäischen Gedanken mit der Verwerfung der Europäischen Verteidigungsgemeinschaft am 30. August 1954 so eklatant abgelehnt hatte. Realistisch betrachtet scheint mir das „Nein" zum Statut ein indirektes „Ja" zur Wiedervereinigung mit Deutschland zu bedeuten. Eine Fortsetzung der Politik auf Loslösung von Deutschland wäre eine gefährliche Verkennung des Plebiszits. Irrig
wäre auch das Argument, das Paris vor der Abstimmung gebrauchte, ein
„Nein" bedeute das Festhalten der Saarländer am Status quo. Davon scheint
Paris bereits abzurücken. Hoffmanns Rücktritt und die angekündigten Neuwahlen deuten darauf.

Lösungen dürften insofern nicht unmöglich sein, als Frankreichs Interessen
an der Saar nicht mehr territorialer Natur, sondern mehr wirtschaftlicher Art
sind. Auf dieser Ebene sollten sich Lösungsmöglichkeiten eher bieten, da
Bonn die starken Interessen Frankreichs an der Saar von jeher anerkannte und
auch die neuen Männer der prodeutschen Parteien sich in dieser Beziehung
nicht mehr so kritisch zeigen dürften.

Der Rücktritt Hoffmanns und Neuwahlen beseitigen aber nicht alle Schwierigkeiten: Die rechtliche Situation an der Saar bleibt ungelöst und unklar. Die
Neuwahlen dürften die prodeutschen Parteien ziemlich sicher in die Regierung
führen. Dann fangen neue Schwierigkeiten an, da die neuen Männer kaum ge-

---

[140] Am 23.10.1955 lehnte die Bevölkerung des Saarlandes mit 67,7% der abgegebenen Stimmen das Saarstatut ab. Die Regierung Hoffmann trat zurück.

willt sein dürften, den Eid auf die geltende Verfassung abzulegen, deren leitende Bestimmung die Loslösung von Deutschland ist. Zunächst hofft man in Bonn, den Schwierigkeiten dadurch zu begegnen, daß man die Westeuropäische Union weiter für die Lösung der Saarprobleme beizieht.

Eine Wiederherstellung der guten Beziehungen Paris-Bonn sollte umso eher möglich sein, als die Bundesregierung sich in der Saarangelegenheit loyal verhielt. Sie identifizierte sich bis zuletzt mit dem unterlegenen Statut. Dieses Zeugnis wird ihr von keinem geringeren ausgestellt als vom bisherigen Botschafter François-Poncet und jetzigen Mitarbeiter des „Figaro“: „Bundeskanzler Adenauer hat von Anfang an bis unmittelbar vor der Abstimmung ganz klar gesagt, daß er das Statut gern angenommen sähe . . . Er ist nicht von der Linie, die er sich vorgezeichnet hatte, abgewichen. Dementsprechend wäre es zutiefst ungerecht, ihn des doppelten Spiels zu verdächtigen. Er hat eher ein im politischen Leben seltenes Beispiel gegeben: Er ist gegen den Strom geschwommen, hat sich der öffentlichen Meinung entgegengestellt und hat als Staatsmann von großem Format und ehrlicher Mensch gehandelt. Aber in dem gleichen Umfang, in dem er seinen politischen Kredit und das Gewicht seiner Politik in die Waagschale warf, bedeutet die Abstimmung vom 23. Oktober für ihn einen Mißerfolg“.

Wirklich ein Mißerfolg? Schließlich hat Deutschland es dem vielumstrittenen Saarabkommen zu verdanken, daß dieser Volksentscheid zustande kam, der als Barriere gegen Abtrennungsversuche wirken dürfte.

3. November 1955

Anekdotisches von der Moskauer Konferenz: Ein deutscher Teilnehmer der **80** Moskauer Konferenz[141] erzählte mir einige Einzelheiten, die auch Sie interessieren dürften.

Die deutsche Delegation gewann in Moskau den Eindruck, dort herrsche ein wirkliches Duumvirat von Chruschtschow und Bulganin. Anzeichen bestehender oder kommender Divergenzen waren nicht zu beobachten. Bulganin und Chruschtschow gelten als seit 30 Jahren befreundet.

Bei allen Persönlichkeiten, mit denen die Delegation zusammenkam, handelt es sich um Männer von hoher Intelligenz und ausgesprochen starkem Willen, wie es zu erwarten ist von Leuten, die so viele blutige Selektionen zu überleben verstanden. Übrigens gilt Bulganin als ein Gegner der Methode blutiger Regierungswechsel; darauf seien die unblutigen Eliminierungen Malenkows, Mikojans[142] etc. in jüngster Vergangenheit zurückzuführen. Was Mikojan an-

---

[141] Die Verhandlungen hatten vom 9. bis 13.9.1955 stattgefunden.

[142] Mikojan, Anastas Iwanowitsch (1895–1978), 1935–1966 Mitglied des Politbüros, 1955–1964 einer der Ersten Stellvertretenden Vorsitzenden des Ministerrates, 1964/65 Vorsitzender des Präsidiums des Obersten Sowjet (Staatsoberhaupt), stand auf der Seite Chruschtschows.

betrifft, trat er nicht in Erscheinung; er sei gegen die Einladung der Deutschen gewesen.

Alle Empfänge spielten sich in einer Atmosphäre überraschender Herzlichkeit ab. Zu dieser stand in frappantem Kontrast die Härte bei den Verhandlungen. Insbesondere in der Kriegsgefangenenfrage gab es überaus harte Auseinandersetzungen. Die Russen versteiften sich auf die These, daß die Entlassung der Kriegsgefangenen, dieser angeblichen „Kriegsverbrecher", eine rein interne russische Frage sei und nicht gekoppelt werden dürfe mit der Frage der Aufnahme diplomatischer Beziehungen. Diesem Standpunkt stellte Adenauer die These gegenüber, daß diplomatische Beziehungen zwischen der Bundesrepublik und den URSS nur dann nutzbringend aufgenommen werden könnten, wenn die Kriegsgefangenen entlassen würden; der bestehende Zustand sei für die Gemüter in Deutschland psychologisch einfach untragbar. Es ging bei dieser Diskussion hart auf hart, und es kam so weit, daß die deutsche Delegation bereits ihre Flugzeuge bestellte. Diese Entschlossenheit bewirkte das Einlenken russischerseits, wobei es zu dem bekannten ehrenwörtlichen Versprechen kam.

Im Zuge dieser Besprechungen kam es auch zu einem scharfen Auftritt. Chruschtschow hatte von den von den Deutschen in Rußland begangenen Verbrechen gesprochen. In seiner Antwort bestritt Adenauer nicht, daß solche begangen wurden, erinnerte aber, daß auch die russische Armee in Deutschland viel Böses begangen hätte. Darauf kam es zu der in der Presse geschilderten heftigen Reaktionen Chruschtschows: es sei eine Beleidigung des russischen Volkes, von Verbrechen der russischen Armee zu sprechen! Adenauer antwortete, er hätte nicht von Verbrechen gesprochen. Als Gegner von Hitlers Regime distanzierte er sich von dessen Untaten und bemerkte – unter wachsender Spannung der Russen – jenes Regime sei durch das Verhalten des Auslands verlängert worden, indem mit Hitler – dabei richtete Adenauer seinen Blick auf Molotow – Besprechungen und Verhandlungen geführt worden seien und es zu Kontakten kam, wie zum Beispiel anläßlich – der Berliner Olympiade. Dieser unerwartet milde Schluß löste die Spannungen, andererseits hatten aber die Worte die Wirkung, daß von den Russen von da an das Thema der Vergangenheit nicht mehr aufgerührt wurde.

Im Zuge dieses Gesprächs kam es einmal auch zu beleidigenden Ausdrücken seitens Chruschtschows. Adenauer griff diese sofort auf und erklärte, er und die deutsche Delegation müßten sich eigentlich durch die von Chruschtschow gebrauchten Worte beleidigt fühlen, und er wäre es auch, wenn er nicht Chruschtschow als Mann von gutem Willen kennengelernt hätte. Deshalb und wegen des hohen Zieles, das die Verhandlungen verfolgen, gehe er über die Worte hinweg. Zu Beginn der folgenden Sitzung entschuldigte sich Chruschtschow ganz formell und erklärte, daß er bedaure, wenn Adenauer seine Worte als Beleidigung empfunden habe, und er ziehe diese Worte zurück.

Festes Auftreten bewährte sich überhaupt im Verkehr mit dem russischen

Gesprächspartner. Schon am Anfang erwies sich das als erforderlich, als die Russen dem deutschen Eisenbahnzug Schwierigkeiten machten; in diesem befand sich ein Waggon mit einem speziell isolierten und abgedichteten Abteil für geheime Besprechungen. Die Russen wollten unter allerhand Vorwänden den deutschen Zug auf Nebengeleise oder einen andern Bahnhof verschieben. Die feste Erklärung, daß unter diesen Umständen weitere Gespräche den Sinn verlören, bewegte die Russen, von ihrem Ansinnen Abstand zu nehmen.

Geheime Mikrophone hatten die Delegationsmitglieder in ihren Hotelzimmern nicht gefunden. Sie hatten auch nicht speziell gesucht, weil sie stets von der Annahme ausgingen, daß Abhörvorrichtungen vorhanden seien. Jedenfalls sah man überall Drähte, deren Zweckbestimmungen nicht ganz klar waren, oder in die Wände eingebaute vergitterte Gelasse. Um sich gegen Abhören einigermaßen zu schützen, setzte man sich ins offene Fenster, führte in leisem Ton das Gespräch und überließ es dem Straßenlärm, die Hörapparate am Registrieren der Unterhaltung zu hindern.

Das Wodka-Trinken sei nicht so gefährlich gewesen. Nie kam es zu Szenen eines Trinkgelages, wie dies vom Besuch in Belgrad berichtet worden war. Man konnte, ohne Anstoß zu erregen, in die Wodkagläser Weißwein einfüllen. Bulganin trinke übrigens schon seit vielen Jahren sozusagen keinen Wodka.

7. November 1955

Bonn zur Genfer Konferenz: Außenminister von Brentano zog am Freitag eine **81** Art Zwischenbilanz der Genfer Konferenz.[143] Unter dem Eindruck der negativen russischen Vorschläge sprach er von dem erheblichen Rückschlag der Verhandlungen in Genf; daran trage die Intransigenz Moskaus die Schuld, denn die sowjetische Seite sei auf eine ernsthafte Diskussion der weittragenden westlichen Vorschläge überhaupt nicht eingegangen. Die sowjetischen Vorschläge sehen ein Sicherheitssystem vor auf der Basis des Status quo der deutschen Spaltung; von freien Wahlen sei nicht mehr die Rede. Dies stehe im Widerspruch zu den Direktiven der vier Regierungschefs, welche die gemeinsame Behandlung der Sicherheitsfrage und der Wiedervereinigung auf der Grundlage freier Wahlen vorschreiben. Nach der bisherigen Haltung der Sowjets scheine Moskau die Wiedervereinigung in Freiheit nicht zu wollen, vielmehr zeichne sich das Gegenteil ab.

Der Minister betonte zwar, solange die Konferenz daure, sei das letzte Wort noch nicht gesprochen, und es scheine Anzeichen dafür zu geben, daß Molotow über Abänderungen seines Programms zu verhandeln bereit sei. Aber er stellte ausdrücklich fest, daß die Bundesregierung niemals einem Sicherheitssystem zustimmen werde mit zwei getrennten Teilen Deutschlands. Es gebe

---

[143] Die Genfer Konferenz der Regierungschefs der vier Großmächte hatte vom 18.– 23.7.1955 stattgefunden.

auch keine Lösung der Deutschlandfrage auf der Basis des vorgeschlagenen „Gesamtdeutschen Rates". Ebenso untragbar sei die Forderung nach Erhaltung der „sozialen Errungenschaften" der Sowjetzone und ihre Ausdehnung auf die Bundesrepublik. Mit solchen Postulaten werde die deutsche Einheit praktisch torpediert.

Ich hatte Gelegenheit, mit Staatssekretär Hallstein über die Genfer Konferenz zu sprechen. Er war über die in der Deutschlandfrage eingetretene Versteifung natürlich sehr enttäuscht, doch durchaus nicht pessimistisch, da er von der gegenwärtigen Phase der Deutschland-Diskussion nicht viel mehr erwartet hatte. Er glaube nicht, sagte er mir, daß die Russen ihr letztes Wort gesprochen hätten. Es sei eine Szene in dem Spiel mit vielen Akten! Die Russen, welche die Entspannungspolitik kreierten, weil sie den Westen beruhigt und seinen Abwehrwillen einschläfert, werden diese Taktik, die ihnen bereits allerhand Erfolg eintrug, nicht so schnell wieder aufgeben. Deshalb werden sie es in Genf nicht zu einem Bruch kommen lassen. Man stehe eben in einer weiteren Phase des Nervenkrieges. Den westlichen Delegierten sei übrigens aufgefallen, daß Molotow in den letzten Verhandlungen frappant nervös gewesen sei. Die Russen wollen ausprobieren, ob die von den Westmächten bisher gezeigte feste Haltung von Bestand sei. Über die Art und Weise, wie die Westmächte die Deutschlandfrage in der Konferenz behandeln, hörte ich kein Wort der Kritik, sondern nur Anerkennung und Lob. Die Information der deutschen Delegation geschehe prompt und eingehend.

21. November 1955

82 *Gescheiterte Genfer Konferenz:* Ich gebe Ihnen die Summe einer Reihe von Gesprächen, die ich dieser Tage über die Genfer Konferenz geführt hatte.

Der Eindruck des offiziellen Bonn: „Die Wiedervereinigung sei – derzeit wenigstens – unlösbar!", rief natürlich tiefe Enttäuschung hervor. Obwohl man hier nie viel von dieser Konferenz hielt, erwartete man nicht einen so negativen Ausgang. Daß Molotow die Vorschläge des Westens zur Wiedervereinigung beiseite schob, verwunderte nicht weiter; überraschend wirkte aber, daß Molotow den Schleier lüftete von seinem eigenen Ziel, ganz Deutschland kommunistisch zu machen. Ob Molotows Désintéressement für die westlichen Vorschläge zur Sicherung der URSS gegen deutsche Aggressionen ganz echt sei, wird bezweifelt. Diese Haltung sei ihm diktiert, weil er – wegen der Auswirkungen auf die Satelliten – die Sowjetzone unter keinen Umständen preisgeben darf. Deshalb keine freien Wahlen, selbst nicht um den Preis der Neutralisierung Deutschlands.

Hinsichtlich der Frage: „Wie weiter?", beobachte ich in den maßgebenden Kreisen Ratlosigkeit. Man ist sich über Mittel und Wege, mit denen die Wiedervereinigung angestrebt werden soll, noch nicht im klaren. Vorläufig spricht man viel von einer Belebung der europäischen Integrationspolitik. Wie ich hörte, werden nächstens solche Vorstöße unternommen werden. Ob diese – nach der Verwerfung der EVG und des Saar-Statuts – zu mehr als Teilintegrationen führen, dürfte problematisch sein. Diese Europapolitik scheint mir mehr ein Gerede, um die augenblickliche Verlegenheit zu überbrücken, denn eine Neuauflage der Integrationspolitik dürfte die Russen kaum zum Einlenken in der Frage der Wiedervereinigung veranlassen.

Bonn sieht die im Juli eingeleitete internationale Entspannung in voller Auflösung, was zur Politik der Stärke zurückführen dürfte. Ob das auch eine Rückkehr zum kalten Krieg bedeutet? Man glaubt es nicht! In den USA kann die republikanische Partei einen Rückfall in den kalten Krieg nicht brauchen mit Rücksicht auf die Präsidentenwahlen; Moskau will ihn nicht, weil er den militärischen Anstrengungen des Westens neue Impulse gäbe. Immerhin registriere ich eine Äußerung des hiesigen US-Botschafters, wonach man in drei bis vier Monaten in den kalten Krieg zurückfallen werde.

Trotzdem wird die Genfer Konferenz hier nicht als völlig ergebnislos taxiert. Sie erbrachte zwei Ergebnisse: Festigkeit des Westens und noch bessere Klarheit über Haltung des Ostens.

1. Über Ziel und einzuschlagende Methode ergab sich in Genf völlige Einigkeit der drei Westmächte. Das deutsche Anliegen der Wiedervereinigung wurde vom Westen 100%ig vertreten. In der am Schluß der Konferenz abgegebenen Dreimächteerklärung bekennen sich Washington, London und Paris in förmlicher Weise zu einer gemeinsamen Politik für die Wiedervereinigung und verpflichten sich, sich für diese Politik auch in Zukunft einzusetzen.

2. Bonn begrüßt, daß die Konferenz größere Klarheit über die Haltung Rußlands schuf. Sie enthüllte Moskaus Ziel, ganz Deutschland kommunistisch zu machen. Dies – hofft man – sollte die Hoffnung derjenigen deutschen Politiker dämpfen, die glauben, die Wiedervereinigung Deutschlands könnte in direkten deutsch-sowjetischen Verhandlungen eher erreicht werden.

In Regierungskreisen gibt man sich darüber Rechenschaft, daß augenblicklich nicht viel anderes übrig bleibt, als Geduld zu üben. Bonn hat beide Genfer Konferenzen, die vom Juli und die vom Oktober, für verfrüht gehalten; deshalb ist man nicht unglücklich, daß Genf auf die Ansetzung einer weiteren Konferenz verzichtete. Daß die Russen in Genf nicht ihr letztes Wort gesprochen hätten, hoffen die Deutschen auf Grund ihres in Moskau gewonnenen Eindrucks, die URSS könnten nicht gleichzeitig drei Sachen prästieren: Rüstungswettlauf, Erhöhung des Lebensstandards und noch Hilfen an die Satelliten!

Diese Politik des Abwartens in der Praxis durchzuführen, wird schwer fallen. Die Deutschen werden nicht resignieren. Vielmehr wächst die Furcht, die junge Generation der Ostzone erliege der kommunistischen Propaganda; infolgedessen bemächtigt sich der Öffentlichkeit in der deutschen Frage eine zunehmende Ungeduld; nicht nur die Opposition, nicht nur die Rechtskreise, sondern die eigene Partei wird zunehmend drängen. Die Spannung um die deutsche Frage wird sich erhöhen.

5. Dezember 1955

83 *Erfreuliche außenpolitische Debatte des Bundestags:* Am 1./2. Dezember fand die wegen Adenauers Krankheit verspätete außenpolitische Debatte über die Genfer Konferenz statt. Um das Ergebnis gleich vorweg zu nehmen: der außenpolitische Kurs Bonns bleibt unverändert, trotz der schleichenden Koalitionskrise, die der Parteichef der Freien Demokratischen Partei (FDP), Ex-Minister Dehler, mit seiner Idee provoziert hatte, die Wiedervereinigung in direkten Verhandlungen mit der URSS zu versuchen, also auf einem Adenauers Politik diametral entgegengesetztem Weg. In der Debatte setzte sich niemand, selbst nicht die FDP, dafür ein. Die Resolution der Regierungsparteien wurde von fast 2/3 der Abgeordneten gebilligt.

Zentralpunkt war die vom neuen Außenminister von Brentano abgegebene Erklärung der Bundesregierung zur außenpolitischen Lage. Ich stelle ihre Hauptgedanken heraus:

1. Zuerst gab Brentano eine Analyse der Genfer Konferenz: die Schuld am Scheitern der Genfer Konferenz falle einzig auf Molotow; den Vorwurf, die deutsche Regierung hätte zu wenig Initiative entfaltet, wies er energisch zurück: es könne Bonn nicht zur Last gelegt werden, daß es nicht am Konferenztisch saß. Die Regierung sei fortlaufend von den Westmächten konsultiert worden, und alle ihre Anliegen seien in die Anträge der Westmächte eingegangen.

2. Dann zeigte Brentano, wie inakzeptabel die sowjetischen Bedingungen in der deutschen Frage wären: ein europäisches Sicherheitssystem, aber auf der Grundlage der *Teilung* Deutschlands – Auflösung der Militärbündnisse, aber unverändert fortbestehende politische *Abhängigkeit* der *Satelliten-Neutralisierung* Deutschlands – *Räumung* Deutschlands durch die vier Besatzungsmächte, was einen eminenten strategischen *Vorteil* für die Sowjets bedeuten würde – Entmilitarisierung Deutschlands – Anerkennung der DDR durch die Westmächte – Bildung eines Gesamtdeutschen Rates, in welchem die *viermal* kleinere DDR auf *gleichem Fuß* behandelt würde – Erhaltung der „sozialen Errungenschaften" (lies kommunistischen) der DDR, was auf eine Gleichschaltung der Bundesrepublik mit der DDR hinausliefe.

3. Der letzte Teil galt der deutschen Außenpolitik. Was Brentano vortrug, war realistisch, aber wenig hoffnungsvoll. Der Kern dieser Ausführungen liegt in folgendem:

a) Aus der Genfer Konferenz zieht die Regierung die Folgerung: man kann im Augenblick durch keine Verhandlungen die Wiedervereinigung erreichen. Beschwörend machte Brentano die Welt darauf aufmerksam – den Westen und vor allem auch den Osten –, daß Deutschland in diesem Hauptpunkt nie resigniere!

b) Festhalten am Bündnis mit dem Westen und Ablehnung von Separatverhandlungen mit dem Kreml: „Die Bundesregierung wird die Politik der Wiedervereinigung Deutschlands weiterhin in engster Zusammenarbeit mit den verbündeten Westmächten fortsetzen. Sie denkt nicht daran, diese so unendlich wertvolle Freundschaft und Unterstützung durch Unaufrichtigkeit zu gefährden. Die feste Verankerung Deutschlands in der Gemeinschaft der europäischen Völker und der atlantischen Gemeinschaft bietet die sicherste Gewähr dafür, daß das wiedervereinigte Deutschland niemals mit seinen politischen und wirtschaftlichen Kräften Mißbrauch treiben wird."

Mit der Debatte wollte man, da ihr die von Ex-Minister Dehler provozierte Koalitionskrise vorausging, dem Westen die Vertrauenswürdigkeit Bonns demonstrieren und andererseits die innere Front so eng wie möglich schließen. Letzteres gelang weitgehend. Die Debatte verlief ohne Schärfe. Ollenhauer verzichtete auf Kampfstil und zeigte sich sehr versöhnlich. Er lehnte eine Schaukelpolitik zwischen West und Sowjets ab; er betonte die Kompromißlosigkeit der Sozialdemokratischen Partei Deutschlands (SPD) gegenüber dem Bolschewismus. „Eine Wiedervereinigung kann nur auf der Basis von Recht und Freiheit erfolgen." Die Meinungsverschiedenheit beginnt bei der Frage, wie die Zustimmung Moskaus zur Wiedervereinigung zu gewinnen sei. Die SPD möchte eine Anpassung der Pariser Verträge mit dem Westen diskutieren, wenn bestimmte militärische Formeln dieser Verträge sich als Hindernis der Wiedervereinigung erwiesen.

Alles in allem sah ich noch nie solche Einmütigkeit bei einer außenpolitischen Debatte. Trotzdem dürfte eine gemeinsame Außenpolitik nicht so bald bevorstehen. Höchstens die Möglichkeiten haben sich vergrößert, Hoffnungen wurden geweckt. Diese Tatsache verdient immerhin registriert zu werden.

Die Debatte machte die Hauptschwäche der deutschen Außenpolitik neuerdings offenbar. Über das Ziel – die Wiedervereinigung – sind sich die Parteien einig, nicht aber über den Weg. Wenn Molotow die Schuld am Scheitern der Genfer Konferenz zugeschoben wird, wenn man Separatverhandlungen mit dem Kreml ablehnt, wenn man sich weigert, für die Wiedervereinigung die Freiheit und Unabhängigkeit der Bundesrepublik zu opfern, so ist das sicher richtig, aber es genügt nicht, lediglich zu erklären, was man nicht will. Entscheidend ist: welches Programm die Bundesregierung entgegenzustellen hat. Auf diese Frage gibt die Regierung keine Antwort. Auch nicht die Opposition! Sie forderte: „das Gespräch über die Wiedervereinigung so gut als möglich in Gang zu bringen".

Brentano hatte ein sehr gutes Début! Seine Regierungserklärung wirkte fest, sachlich und klar und wurde vom Parlament – auch wenn die Opposition nicht klatschte – mit Sympathie aufgenommen. Mit diesem Auftreten hat sich Brentano – noch mehr als bisher – in die ersten Ränge der Politiker gestellt. In den

Gesprächen über die mutmaßlichen Kanzler-Nachfolger hört man nunmehr auch seinen Namen zitiert.

Adenauer hat der zweitägigen Debatte von A bis Z beigewohnt. Die kaum überstandene Krankheit war ihm an seiner außerordentlichen Blässe deutlich anzusehen. Im übrigen zeigte er die alte Lebhaftigkeit. Er intervenierte bloß ein einziges Mal in der Debatte, dafür in ungewöhnlicher und eindrucksvoller Weise: nach Ollenhauers maßvoller Rede dankte er ihm, daß auch er „die Freiheit als Vorbedingung der Wiedervereinigung voraussetzte und die Ausbreitung der sozialen Errungenschaften der DDR ablehne". Der ungewohnte Ton, die verbindlichen Worte verfehlten nicht ihren Eindruck. Wenn Adenauer zeigen wollte, er sei noch der Alte, so ist ihm dies voll gelungen!

Mit dieser Aussprache scheint mir übrigens die durch Dehlers unglückliche Rhetorik provozierte Koalitionskrise beseitigt. Der Kurs der deutschen Außenpolitik bleibt unverändert.